„Verwandeln allein durch Erzählen"

„Verwandeln allein durch Erzählen"

Peter Handke im Spannungsfeld von
Theologie und Literaturwissenschaft

Herausgegeben von Jan-Heiner Tück und Andreas Bieringer

FREIBURG · BASEL · WIEN

MIX
Papier aus verantwor-
tungsvollen Quellen
FSC® C083411

Sonderausgabe 2019

© Verlag Herder GmbH, Freiburg im Breisgau 2014
Alle Rechte vorbehalten
www.herder.de

Umschlaggestaltung: Verlag Herder
Umschlagmotiv: Peter Handke. © Wild + Team Agentur – UNI Salzburg,
Wikimedia commons
Satz: dtp studio mainz | Jörg Eckart
Herstellung: CPI books GmbH, Leck
Printed in Germany

ISBN 978-3-451-38773-9

Inhalt

Einleitung 9

Peter Handke
Wie ein Gewecktwerden für einen anderen Tag 17

Theologische Annäherungen

Elmar Salmann OSB
Gerettetes Glück. Religiöse Übungsmotive bei Handke 21

Jan-Heiner Tück
„Wandlung – die Urform der Wirklichkeit".
Spuren einer eucharistischen Poetik im Werk
Peter Handkes 29

Literaturwissenschaftliche Zugänge

Helmuth Kiesel
Verklärung und Heilszuversicht.
Peter Handkes „Über die Dörfer" 55

Hans Höller
Die Weltlichkeit der Bibel. Zu Handkes Klassik nach 1945 69

Liturgische Spuren

Andreas Bieringer
„Das war, als finge ein stehengebliebenes
Herz wieder zu schlagen an."
Liturgische Poesie bei Peter Handke 85

Alex Stock
„Im Kopf einen lateinischen Scharfsinn".
Theologische Anmerkungen zu Peter Handke 101

Beziehungswelten

Mirja Kutzer
Lieben auf Leben und Tod.
Fragile Beziehungswelten in Handkes Werk 117

Klaus Kastberger
Über die Liebe. Peter Handke und das Salz 139

Motive

Jakob Deibl
Und: Erzählen und Verwandeln bei Peter Handke.
Hölderlin-Metamorphosen in der „Wiederholung" 155

Anna Estermann
„statt ‚Bild' sag auch ‚Traum', ‚Illusion', ‚Ganz-Sein', ‚Mit-Sein'...".
Handkes ganz weltliche „Religion" der Bilder 175

Harald Baloch
Sich erzählen in Raum und Zeit.
Zu einer poetischen Struktur bei Peter Handke 195

Inhalt

Stimmen

Erich Kock
Die Andacht der Aufmerksamkeit oder:
Der Weg führt nach innen. Versuch über Peter Handke 203

Johannes Neuhardt
Auch die Natur hat Zeilen?
Ein merkwürdiger Weihnachtsgruß 215

Egon Kapellari
Verwandlung und Bergung der Dinge in Gefahr.
Religiöse Dimensionen im Werk Peter Handkes 217

Arnold Stadler
Sätze vom Meer.
Für Peter Handke 233

Die Autorinnen und Autoren 243

„Verwandeln allein durch Erzählen"
Peter Handke im Spannungsfeld
von Literaturwissenschaft und Theologie

Einleitung

Es gibt Literatur, die einen packt, weil sie sofort in einen spannenden Handlungsverlauf hineinzieht. Man will wissen, wie es ausgeht, und kann das Buch erst zur Seite legen, wenn es ausgelesen ist. Und es gibt Literatur, die das Erzähltempo verlangsamt und einen anderen Blick auf die Welt wirft. Sie geht dem Unbeachteten nach, ist auf der Suche nach der „wahren Empfindung", durchkreuzt die üblichen Wahrnehmungsmuster und bringt dabei immer wieder Überraschendes zutage. Peter Handke ist ein Dichter dieser zweiten Form; seine Bücher, sicher nicht immer einfach zu lesen, sind eine Schule der Andacht und Aufmerksamkeit.[1] Sie setzen gegen die Zeitnot unserer Epoche die lange Weile, gegen den beschleunigten Wandel unserer Lebenswelten eine Poetik des *ritardando*. „Eine zärtliche Langsamkeit ist das Tempo dieser Reden" – diesen Satz von Friedrich Nietzsche, den Handke einmal als Motto verwendet hat[2], könnte man vielen seiner Bücher voranstellen. Die Lektüre jedenfalls fordert vom Leser eine gewisse Abstandnahme von der Zeitnot des Alltags, um in das andere Tempo der Geschichten hineinzufinden, eine Abstandnahme von der Bilderflut, um die Bilder wahrzunehmen, die die Erzählung zeigt. Denn „Erzählen ist nicht Nacherzählen. *To tell a story is revelation*, ist Offenbarung. In jeder Geschichte, auch wenn sie ganz real ist, um das Wort realistisch zu vermeiden, muss es eine Offenbarung geben. Man muss etwas an-

---

[1] Vgl. dazu den Essay von Erich KOCK, *Die Andacht der Aufmerksamkeit, oder: Der Weg führt nach innen. Versuch über Peter Handke*, in diesem Band.
[2] Peter HANDKE, *Über die Dörfer*, Frankfurt/M. 1981, 9.

deres sehen können als das Kanonisierte. Der Blick des Lesers muss etwas entdecken können vom Menschen, was er vielleicht geahnt hat, was ihm aber nicht deutlich war. Sonst ist es kein Buch, keine Erzählung."[3] Der emphatische Begriff der Offenbarung, der ins Theologische hineinreicht und den Anspruch von Dichtung auch überfrachten kann, wird hier von Handke herangezogen, um das Erzählen zu kennzeichnen. Etwas bislang nicht Beachtetes, etwas Brachliegendes oder Verschollenes, etwas Verhülltes vielleicht, soll durch den Dichter – den *poeta vates?* – offengelegt und dem Blick des Lesers gezeigt werden, so dass dieser durch die Erzählung etwas sieht, was er vorher nicht gesehen hat. „Ein Geheimnis kann ich nicht ‚ausplaudern', ich kann es nur erzählend, umschreibend entfalten. Ich kann (ich soll) dem Geheimnis seine Fülle geben."[4]

„Verwandeln allein durch Erzählen" ist dieser Band überschrieben. Der Titel nimmt Bezug auf ein interdisziplinäres Symposium über das Werk Peter Handkes, das am 8. und 9. November 2012 an der Katholisch-Theologischen Fakultät der Universität Wien stattgefunden und Literaturwissenschaftler und Theologen zusammengeführt hat. Das Wort vom Verwandeln durch Erzählen, das eucharistische Anklänge aufweist, geht auf eine Passage in Handkes Buch *Mein Jahr in der Niemandsbucht* (1994) zurück. Hier schildert der Erzähler – das *alter ego* des Dichters –, wie er regelmäßig einen slawischen Gottesdienst besucht, um sich „dort den Frieden holen zu gehen"[5]. Näher heißt es: „Dass ich das Slawische meiner Vorfahren zugleich als eine Messe zu Ohren bekam, gehörte dazu, und unbedingt. Erst in dieser Form wurde mein Mitfühlen so einsilbig, und so ausdrücklich, wie es sein sollte. In mir war eine Freudigkeit, die aber nur herauskonnte durch Gesellschaft, zum Beispiel durch diese." Zugleich notiert der Erzähler die Unterschiede zur katholischen Liturgie: „Auch fehlte mir aus meinen katholischen Messen, jener Augenblick, da der Priester aufrief: ‚Sursum corda! Erhebt die Herzen!' (Oder habe ich das bis jetzt nur überhört?) Und seltsam hat es mich angemutet, dass der Ostkirchenpriester, zur Fleisch-und-Blut-Werdung des Brots und des Weins, damit diese vollzogen sei, noch ausdrücklich die entsprechenden Beschwörungsriten aussprach, während

---

[3] Peter HANDKE im Gespräch mit Ulrich GREINER, in: DIE ZEIT vom 1. Dezember 2010.
[4] DERS., *Die Geschichte des Bleistifts*, Frankfurt/M. 1985, 29.
[5] DERS., *Mein Jahr in der Niemandsbucht. Ein Märchen aus den neuen Zeiten*, Frankfurt/M. 2000, 569–573.

im katholischen Ritus zur Verwandlung die reine Erzählung ausreiche: ‚Am Abend, bevor Jesus gekreuzigt wurde, nahm er das Brot ...': Dieses *Verwandeln allein durch Erzählen* blieb mir näher."

Der vorliegende Band beleuchtet, wie der Untertitel angibt, das Werk Peter Handkes „im Spannungsfeld von Literaturwissenschaft und Theologie". Was kann das Gespräch von Literaturwissenschaft und Theologie bringen? Beide Disziplinen sind Geisteswissenschaften[6] und stehen wissenschaftspolitisch unter ähnlichem Legitimationsdruck. Beide Disziplinen haben primär mit Texten zu tun, aber Kooperationen in Forschung und Lehre gibt es, wenn überhaupt, bislang allenfalls vereinzelt. Mit der Ausbildung einer eigenen Auslegungswissenschaft zur Deutung der kanonischen Texte des Alten und Neuen Testaments verfügt die Theologie über eine hohe Lese- und Interpretationskompetenz. Aber bringt sie diese auch ein, wenn es um die Auseinandersetzung mit der Gegenwartsliteratur geht, die oft genug auf biblische Motive zurückkommt, diese fortschreibt oder verfremdet? Heutige Theologen – von rühmlichen Ausnahmen abgesehen – neigen dazu, Literatur auf religiös relevante Stellen hin abzusuchen. In einem Bild zugespitzt: Wie ein Trüffelschwein, das ein verfeinertes Geruchsorgan mitbringt und das Terrain nach kulinarischen Delikatessen durchwühlt, haben Theologen einen wachen Riecher für schöne Stellen und interessante Passagen. Sie durchforsten das Feld der Literatur und zitieren, was in die Predigt passt, was als Motto einen Aufsatz ziert oder einen theologischen Gedanken illustriert. Aus Trüffelschweinen werden – immer noch im Bild gesprochen – dann allerdings Wildsäue, wenn der Kontext der Zitate unbeachtet bleibt, wenn Brechungen überlesen, Distanzierungssignale und Verstörungen ignoriert werden, wenn Widerständiges passend gemacht wird und Literatur zum Stichwortgeber eigener theologischer Interessen missbraucht und vereinnahmt wird.[7]

---

[6] Wobei für die Theologie als Glaubenswissenschaft zusätzliche Vorgaben einfließen, die wissenschaftstheoretisch reflektiert werden müssen.

[7] Zum problembewussten Gespräch zwischen Theologie und Gegenwartsliteratur vgl. Christoph GELLNER, *„... nach oben offen". Literatur und Spiritualität – zeitgenössische Profile*, Ostfildern 2013; Erich GARHAMMER, *Zweifel im Dienst der Hoffnung. Poesie und Theologie*, Würzburg 2011; Jan-Heiner TÜCK, *Hintergrundgeräusche. Liebe, Tod und Trauer in der Gegenwartsliteratur*, Ostfildern 2010; Georg LANGENHORST, *„Ich gönne mir das Wort Gott". Annäherungen an Gott in der Gegenwartsliteratur*, Freiburg 2009; Mirja KUTZER, *In Wahrheit erfunden. Dichtung als Ort theologischer Erkenntnis*, Regensburg 2006.

Literaturwissenschaftler sind demgegenüber geschult, Texte in Kontexten zu lesen und angemessen zu interpretieren. Allerdings reagieren nicht wenige von ihnen mit Abwehrreflexen, wenn es um theologische Fragestellungen geht. Die Sorge vor dogmatischen Lektüreprämissen, die Reserve gegenüber der religiösen Indienstnahme von Literatur, antikirchliche Affektlagen oder einfach auch ein konfessorischer Atheismus mögen hierbei im Hintergrund stehen. Natürlich ließe sich der Ball wissenschaftstheoretisch zurückspielen und die Rückfrage aufwerfen, ob in der Literaturwissenschaft die Voraussetzungen der eigenen Lesepraxis immer hinreichend geklärt sind, ob es nicht auch andere, nichttheologische Funktionalisierungen von Literatur gibt und ob eine agnostische Haltung nicht auch auf einen quasireligiösen Kult des Fragezeichens hinauslaufen kann.[8] Aber die Literaturwissenschaft – um den Blick auf ihre Stärken zu lenken – verfügt über eigene Zugänge und Interpretationsverfahren, sie vermag die literaturgeschichtliche Tiefendimension und intertextuelle Vernetzung besser offenzulegen. Überdies steht sie nicht selten in enger Tuchfühlung mit der Gegenwartsliteratur. Zwischen literarischen Suchbewegungen und religiösen Weltdeutungen muss es allerdings nicht zwangsläufig zu Widersprüchen kommen, es kann gerade dann, wenn es um die Selbstverständigung des Menschen in Grenzlagen geht, zu überraschenden Entsprechungen kommen.

Religion ist aller Kirchen- und Glaubenskrise zum Trotz nach wie vor ein vitaler Faktor. Nicht die Religion ist am Ende, sondern die Modernisierungstheorien, die das Ende von Religion in den 60er und 70er Jahren des 20. Jahrhunderts prognostiziert haben. „Der sakrale Komplex", notiert Jürgen Habermas, der einst selbst die These vom Absterben der Religion im Kontext der Moderne vertreten hat, „der sakrale Komplex hat sich nicht aufgelöst; religiöse Überlegungen haben in der Symbiose mit dem Kultus ihrer Gemeinden ihre Vitalität bewahrt. Die Mitglieder religiöser Gemeinschaften können sogar das Privileg für sich beanspruchen, im Vollzug ihrer kultischen Praktiken den Zugang zu einer archaischen Erfahrung – und zu einer Quelle der Solidarität – be-

---

[8] Bereits NIETZSCHE hat hellsichtig notiert: „Insgleichen: wer dürfte es nunmehr den Agnostikern verargen, wenn sie, als die Verehrer des Unbekannten und Geheimnisvollen an sich, das Fragezeichen selbst jetzt als Gott anbeten?" Friedrich NIETZSCHE, *Zur Genealogie der Moral, Stück 25*, in: DERS., *Werke in drei Bänden*, hg. Von Karl Schlechta, Darmstadt 1997, Bd. II, 894.

halten zu haben, die sich den ungläubigen Söhnen und Töchtern der Moderne verschlossen hat."[9] Gerade die rituellen Praktiken, die sich säkularisierungsresistent erwiesen haben, haben in der Gegenwartsliteratur eine neue Präsenz erhalten. In den Aufzeichnungen von Botho Strauß tauchen sie auf, in den Büchern von Hanns-Josef Ortheil wird die sprachprägende Kraft der Liturgie herausgestellt, und bei Felicitas Hoppe figuriert die Beichte als Schule der Freiheit. In das „aufgespannte Ohr Gottes", das der Priester hinter dem Sprachgitter repräsentiert, darf alles hineingestammelt werden; Sprachfindung und Identitätsbildung gehen zusammen (dass andere Autoren andere, weniger erfreuliche Erfahrungen im Beichtstuhl, der „Sündenkabine", beschrieben haben, ist bekannt). Martin Mosebach prangert in seiner viel beachteten Streitschrift *Häresie der Formlosigkeit* die nachkonziliare Liturgiereform an und meint, den römischen Ritus gegen seine Feinde in Schutz nehmen zu müssen. Martin Walser diagnostiziert in seinem Essay *Rechtfertigung, eine Versuchung*, dass etwas fehlt, wenn Gott fehlt, und füllt diese Leerstelle in seinem Roman *Muttersohn* durch virtuose Inszenierungen des barockkatholischen Bilder- und Zeichenkosmos augenzwinkernd aus.[10] Bei Ulla Hahn, Arnold Stadler, Thomas Hürlimann, Daniel Kehlmann – um nur diese Namen zu nennen – gäbe es Ähnliches zu verzeichnen. Und bei Peter Handke?

Seit Jahrzehnten gehört Handke zu den bedeutendsten deutschsprachigen Autoren. Sein Werk ist facettenreich und komplex. Bislang sind vor allem die gesellschaftskritischen und geschichtsbezogenen Motive sowie die biographischen Hintergründe seines Œuvres aufgearbeitet worden. Auch haben die literarischen Variationen auf die veränderten Beziehungen zwischen Mann und Frau in der spätmodernen Lebenswelt entsprechende Aufmerksamkeit gefunden. Weniger beachtet sind bislang die religiösen Motive in Handkes Büchern, wenn man von Harry Balochs Studie *Ob Gott oder Nicht-Gott* einmal absieht. Dabei hat Handke von den *Hornissen* (1966) an immer wieder auf seine katholische Sozialisation in Griffen und Tanzenberg Bezug genommen. Die Sinndichte seiner Erzählungen, Theaterstücke und Aufzeichnungen erreicht er unter anderem durch biblische Anspielungen und liturgische Subtexte,

---

[9] Jürgen HABERMAS, *Nachmetaphysisches Denken II*, Berlin 2012, 95.
[10] Vgl. Jan-Heiner TÜCK (Hg.), *Was fehlt, wenn Gott fehlt? Martin Walser über Rechtfertigung – theologische Erwiderungen*, Freiburg i. Br. 2013.

die sowohl auf der Bühne als auch bei der Lektüre seiner Bücher ein starkes Echo auslösen. Auch finden sich immer wieder sporadische Notizen zur Bedeutung kirchlicher Zeremonien[11] und Beschreibungen von Messbesuchen. Die verborgene Präsenz des Heiligen kann – wie in *Der Große Fall* (2010) geschildert – die Erfahrung einer Freude freisetzen, die das Leid der anderen nicht ausblendet oder verrät, sondern verwandelnd umschließt. Der literarische Versuch, den Verstummten eine Stimme zu geben, steht in *Immer noch Sturm* (2011) in der Tradition des rettenden Eingedenkens, das die Evokation einer Hoffnung freisetzt, dass aus Totenköpfen Antlitze werden sollen. Diese und andere Motive zeigen, dass das Werk Handkes eine interdisziplinäre Auseinandersetzung provoziert. Das Wiener Symposium „Verwandeln allein durch Erzählen" hat daher versucht, Handkes Werk im Spannungsfeld von Theologie und Literaturwissenschaft zu beleuchten. Dabei kristallisierten sich unterschiedliche Lesarten heraus. Ob sich Handkes Umgang mit religiösen, biblischen, liturgischen Bezügen auf eine vernünftige Diesseitigkeit und Weltlichkeit beschränken lässt (der Schriftsteller als Verkünder eines „Evangeliums des Irdischen"?) – oder ob es in seinen Werken nicht doch Spuren einer produktiven Anverwandlung von religiösen, biblischen, liturgischen Bezügen gibt, die neue, andere Zugänge zum ganz anderen erschließen (der Schriftsteller als eigenständiger, mitunter durchaus eigenwilliger Hermeneut des Evangeliums?) – das ist die im Hintergrund schwelende und durchaus kontroverse Frage.

Die Miniatur *Wie ein Gewecktwerden für einen anderen Tag* von Peter Handke[12] bildet den Auftakt des Bandes. Theologische Annäherungen aus der Feder von *Elmar Salmann OSB* und *Jan-Heiner Tück* schließen sich an. Während Salmann Grundgesten des Handkeschen Schreibens aufführt und *en passant* auch die Gefahr einer Instrumentalisierung theologischer Quellen durch die Literatur anspricht, geht Tück eucharistischen Spuren im Werk Handkes nach. Zwei literaturwissenschaftliche Zugänge von *Helmuth Kiesel* und *Hans Höller* ergänzen die

---

[11] Vgl. etwa: „Ich erhielt die Nachricht vom Tod eines lieben Menschen und wollte an ihn denken, aber es gelang mir nicht. So verstand ich, dass es eine Zeremonie für ihn geben sollte, die Totenmesse: in dieser Zeremonie würde das Denken dann möglich sein, und ich würde daran teilnehmen." HANDKE, Geschichte des Bleistifts (s. Anm. 4), 56.

[12] Wir danken Peter HANDKE und Johannes RÖSER für die Lizenz zum Abdruck dieses Textes, der erstmals in der Zeitschrift *Christ in der Gegenwart* 6/2003 erschienen ist.

„Verwandeln allein durch Erzählen" 15

Annäherungen. Kiesel stellt Handkes apokalyptisches Stück *Über die Dörfer* in einen literaturgeschichtlichen Kontext und arbeitet dabei die Motive Verklärung und Heilszuversicht heraus. Höller betont in seinem Beitrag Handkes Wende zum Klassischen und weist entschieden auf die Wiederentdeckung der Weltlichkeit der Bibel hin. *Andreas Bieringer* und *Alex Stock* lassen demgegenüber liturgische Spuren, die Handkes Œuvre von Anfang an als „Grundmusik" durchziehen, umfassend zu Wort kommen. *Mirja Kutzer* und *Klaus Kastberger* nehmen in ihren Beiträgen die fragilen Beziehungswelten in Handkes Büchern in den Blick. Während Kutzer anhand des *kurzen Briefs zum langen Abschied* die Dreieckskonstellation von Religion, Liebe und Erzählung auslotet, steht Kastbergers Beitrag über die Liebe ganz im Zeichen des Salzes. Das Ensemble der Beiträge wird durch die Rubrik Motive ergänzt, in der für Handke wichtige Themenfelder aufgearbeitet werden. Den Anfang macht der Benediktiner *Jakob Deibl OSB*, der versucht, Handkes Erzählung *Wiederholung* mit Hölderlin-Metamorphosen zusammenzubringen. Die Germanistin Anna Estermann greift auf Handkes umfassende Bilderwelt im Licht einer weltlichen Religion zurück. Abgerundet wird die Rubrik von Harald Baloch, der sich mit Raum und Zeit als poetischer Grundstruktur in Handkes Erzählungen auseinandersetzt. Am Ende des Bandes sind persönliche, kirchliche und literarische Stimmen versammelt, um Peter Handke anlässlich seines siebzigsten Geburtstags (Dezember 2012) zu würdigen. Der Publizist Erich Kock versucht eine Gesamtdeutung und hebt in seinem dichten Essay die gesteigerte Sensibilität und obsessive Beobachtungsgabe Peter Handkes hervor. Einen eher persönlich gehaltenen Beitrag hat der Salzburger Priester Johannes Neuhardt beigesteuert, der als langjähriger Freund Peter Handkes einen „merkwürdigen" Weihnachtsgruß des Dichters zugänglich macht und deutet. Eine feinsinnige Würdigung religiöser Motive bei Peter Handke nimmt der Grazer Bischof Egon Kapellari vor, dessen Festvortrag im Rahmen des Wiener Symposiums an dieser Stelle dokumentiert wird. Der abschließende literarische Gruß stammt aus der Feder des Büchner-Preisträgers Arnold Stadler, dessen Brief an Peter Handke von hoher Wertschätzung zeugt.

Das Büchermachen ist eine eigene Kunst. Markus Andorf hat die sorgfältige Durchsicht und redaktionelle Bearbeitung der Beiträge übernommen, mit Dr. Stephan Weber vom Herder Verlag wurde die Konzeption des Bandes abgestimmt, im Hintergrund hat Dr. Hans Widrich wichtige Ratschläge gegeben, alle Autorinnen und Autoren haben ihre Beiträge – teils auf sanften Druck hin – pünktlich geliefert, und ohne die großzügige finanzielle Unterstützung durch die Universität Wien, Dr. Johannes Neuhardt, Salzburg, und die Stifte Wilten und Kremsmünster wäre weder die Durchführung des Symposiums noch die Drucklegung des Buches möglich gewesen. Allen sei daher ganz herzlich gedankt.

Die Herausgeber   Wien, im Advent 2013

Wie ein Gewecktwerden für einen anderen Tag

Peter Handke, Chaville

„Abendmahl"? Als ich, lange nach meiner 1. Kommunion, endlich von mir selber geschubst (oder von etwas, das mehr war als ich selber), kommunizieren ging, nach einer etwa dreißigjährigen Epoche ohne Hostie, war das eher eine Art Morgenmahl für mich – etwas wie ein Gewecktwerden, für einen anderen Tag, für eine andere Zeit. Zugleich gab es dabei die alte Scheu vor der Eucharistie – als ob ich diese nicht verdiente – diese Scheu war aber nicht mehr verkleinert oder verdorben durch die Scham, die ich beim Kommunionsgang als Kind oder Halbwüchsiger erlebt habe – es war eine Art erhabener, auch belustigter, oder erheiterter, spielerischer Scheu. Und zu dem erhaben-heiteren Spiel gehörte eben auch, daß ich mit anderen zu jenem „Mahl der Anderen Zeit" ging, daß ich in Gemeinschaft war; daß so Gemeinschaft erst, wie flüchtig auch immer, geschaffen wurde, so flüchtig wie beständig; eine der wenigen Gemeinschaften, die mir möglich wurden. Aber immerhin. Meine Dankbarkeit bleibt, und täglich vermisse ich das „mich zu DIR hinmahlzeiten" im Sinn von Celans „hinüberdunkeln zu dir". Nur leider hat der Katholizismus so viel, durch seine Hohen Kommissare, Übles angerichtet, mit Kriegsunterstützung, etc., daß ich das „Liebesmahl" inzwischen auch und mehr bei jenen Riten finde (oder aufsuche), welche die Römische Kirche nur zum Schein „brüderliche" nennt.

Theologische Annäherungen

Gerettetes Glück

Religiöse Übungsmotive bei Handke

Elmar Salmann OSB, Gerleve

I. Sieben Rhythmen des Lebens

„Verlier noch die letzte Spur der Verliebtheit in dein eigenes Wahrnehmen."[1] Mehr ist nicht zu sagen. Deshalb hier nur eine Miniatur, eine Etüde zum Lebens- und Schreibexperiment bei Handke und seiner möglichen religiösen Grundierung, den Verfremdungen und Transpositionen zwischen Literatur und Religion.

Übendes Leben, so der erste Ein- und Durchblick. „Laboraverimus", wie das Motto in der ‚Wiederholung' lautet, Leben als Labor, sich-durchgearbeitet-haben, erlitten-erarbeitete Gestaltwerdung, Handwerk des beschriebenen Lebens. Dazu sieben Rhythmen:

Ich protestiere, stehe auf, stoße an, bin Widerstand, sehe die Welt im Gegenlicht, widerspreche, bis ich vielleicht ganz anders, neu, unerwartet einverstanden sein kann und muss mit der mehrfach verkehrten Wirklichkeit. Ein zornig-prophetischer Gestus, der vieles bei Handke durchzittert – und was wären seelisch-soziale Wirklichkeit und Religion ohne diesen?

Ich gehe. Handke als Giacometti-Figur, als romantischer Wanderer, verkappter Pilger, streunender Sinnzigeuner, aufmerkend auf die Augenblicke, die zum Augenaufschlag führen, zum Erkennen, in welchem die belanglosen Dinge zum Phänomen werden, zur Erscheinung, ihren Auftritt auf der Wahrnehmungsbühne haben, ja zum Subjekt, das der Pilger umkreist, wie den Heiligen Berg Cezannes.

---

[1] Peter HANDKE, *Gestern unterwegs. Aufzeichnungen November 1987–Juli 1990*, Frankfurt/M. 2007, 400.

Wir gehen, bis wir uns von Anderem, Größeren unbedingt angegangen wissen. Aszese der Ortlosigkeit auf der Spur des Still-Lebens (Cezanne und Morandi): „Gott wandelt zwischen den Töpfen', sagt Therese von Avila zu den Stillleben Zurbarans."[2]
Ich sehe. Bis ein jedes Ding, und sei es das unansehnlichste, eben Ansehnlichkeit, ein Gesicht gewinnt. Erziehung zur Hingabe an den Augenblick, bis ein Stück dieser Welt zur Augenweide wird. Mich anschaut, ich mich als Angesehener weiß. Mir nicht mehr selbst gehöre. Eine Übung, die wir aus dem großen Text des Cusanus „De visione Dei" kennen, die Einübung in die Blickwende vom Absoluten her. Sein Sehen ist sein Schaffen. Gott verleiht einem jeglichen sein Ansehen. „Wenn wir uns gegenwärtig machten, dass Gott uns umfassend zuschaut, wären wir alle besänftigt."[3] Mystische Spuren zwischen Leben, Ethos, Religion und Schreiben.
Ich wiederhole. Religion und Poesie verwandeln den flüchtigen chronos und die kleinen kairoi, gefüllte Momente der Entgegenkunft, in Äonen, Zeiträume der Ein- und Wiederholung. Man lässt der Zeit selbst Zeit (Motto zum ‚Versuch über die Jukebox'), damit sie atmet; die Wiederkehr der Orte, Worte, Gesten, das Sich-Einstimmen in den Reigen einiger Grundmelodien und Kehrverse des Lebens, die Erinnerung: darin üben Kierkegaard, Proust und Handke sich ein. Es ist der herbe Charme des Rituals, der Liturgie, von Handke immer neu evoziert, angemutet, als Raum aufgesucht, als Leitmotiv in die Textur des Lebens und Schreibens eingewoben.
Ich übertrage. Simili modo (Langsame Heimkehr), das ständige ‚und' (Schluss der ‚Wiederholung'), die Freude an Analogie, Reprise, Übertragung zwischen Wort und Wirklichkeit und ihrem Neuwerden in der Metapher, die Unerhörtes miteinander verbindet. Da geschieht, wie in der Messe, ständige Wandlung zwischen Geist und Materie, deinem und meinem Sprechen, Schau und Verzehr.
Ich erzähle. Der stummen Wirklichkeit Stimmrecht geben; ohne Erzählen wird nichts wahr, plastisch, verständlich; wir werden die, als die wir uns darstellen, die vielen Versionen unserer Lebens- und Weltgeschichte werden langsam zur Mythobiographie eines Lebens.

---

[2] Peter HANDKE, *Am Felsfenster morgens. Und andere Ortszeiten 1982–1987*, Salzburg – Wien 1998, 532.
[3] DERS. – Peter HAMM, *Es leben die Illusionen. Gespräche in Chaville und anderswo*, Göttingen 2006, 33.

Mythos und Bibel leben davon: „Führ die Emmaus-Geschichte weiter in der Vorzukunft: wie [...] ihre Haltung, erhobene Köpfe, jene noch größere Freude angezeigt haben wird, die sie dann haben werden am Erzählen."[4] Deshalb kann der Leser aus diesem „Buch aus der Nacht der Zeiten [...] seine eigene Geschichte lesen, wie in keinem anderen Buch: er kann sie da entdecken, dann sie verstehen, dann sich ihr stellen. Der Leser ist der tragikomische Held aller biblischen Geschichten."[5]

Es glückt. Am Anfang und am Ende und in der Mitte ereignet sich ein Vor- und Überschuss, an Gelingen, Verstehen, Wort- und Wirklichkeitserfindung. Es widerfährt mir etwas, was bei aller Arbeit nicht garantierbar ist, eine Erfüllung, die in der alten Theologie Gnade, Gratia genannt wurde. Ein Zusammenstimmen von Melodie und Text des Lebens, von Gehen und Schauen, Üben und Ankommen. Ohne solche Mystik wäre alles gnadenlos, ohne Eleganz, Dankbarkeit, Sprache und Verstehen; nur hier werden wir einem jeden Partikel der Wirklichkeit gerecht.

II. Symbolische Formen des Lebens

Ein nächster Schritt: *symbolisch gefasstes Leben.* Übend ist das Leben unterwegs zu sich selbst. Es will auf seine ihm eigene Höhe und Tiefe kommen, sich selbst ergründen, ausdrücken, einholen. Bisher erschienen Poesie und Religion als integrale Teile eines solchen Einübungsweges. Darin erschöpft sich ihre Gegenwart aber nicht. Vielmehr sind Religion wie Kunst symbolische Fassungen und Vollzüge eines Lebens, das selbst symbolisch ist und sich in ihnen darstellend ausdrückt, reflektiert, öffnet, also sichtbar macht, was es selbst voraus- und freisetzt, worin es sich gründet und vollenden will. Seine eigene Bestimmung wird in jenen durchgeführt, frei ansichtig, nämlich selbst Symbol und Gabe eines Unvordenklichen, Herkünftigen, Abgründigen, Huldvollen zu sein, Metapher einer Verheißung, Spur auf dem Weg zu sich selbst, zu einer Erfüllung, in der das bisher Gespaltene, Wort und Wirklich-

---

[4] HANDKE, Felsfenster (s. Anm. 2), 532.
[5] DERS., *Langsam im Schatten. Gesammelte Verzettelungen 1980–1992*, Frankfurt/M. 1992, 123f.

keit, Innen und Außen, Hoffnung und Einlösung, Zeichen und Bezeichnetes, Her- und Zukunft endlich zueinanderfände, vielleicht gar verwandelnd sich ankündigte und vollzöge.

Poesie und Religion sind Lebens-Wirklichkeiten zweiten Grades – um des Lebens willen, um ihm Respekt, Form, Realisierung und Fülle zukommen zu lassen. Dabei sollen die schon angedeuteten Grundformen von Religion und Poesie noch einmal explizit Gestalt gewinnen:

Die Prophetie stellt als existentielle Form den inneren Widerspruch des Lebens dar, das mit sich selbst im Widerstreit liegt; sie bringt in mächtiger und oft gebrochener Form zur Sprache, was im Blick auf seine Bestimmung eben nicht stimmt, so der struppige, widerspenstige, sich querstellende und gegenlesende Handke, der Fürsprecher der Unterlegenen, Missachteten, Kleinen (vielleicht müsste man seine serbischen Einlassungen einmal so gelten lassen), und die großen Gestalten der Religion, von Amos und Jeremias bis Jesus und ...

Mythos: Er verheißt die Zusammenfügung von Erzählung und Wirklichkeit, Vision und Version, Herkunft und Entgegenkunft im erfüllenden Augenblick der Vergegenwärtigung. Er mündet oft in den Hymnus, die Preisung der Wirklichkeit. Handke ist – man denke an das ‚Gedicht an die Dauer' – ohne diese Stilformen und den mit ihnen verbundenen Anspruch nicht zu denken, die Bibel ist für ihn zu einem Großteil solche Memoria, erinnernde Erzählung, die zu Gegenwart und Ausschau ins Zukünftige führt.

Mystik bedeutet die innere Erfahrung der Einheit von Ich-Selbst-Wir-Verbundenheit; für einen Augenblick sind Erfahrung und Wirklichkeit in Berührungsnähe, kommt ein Umfassendes im Innen an. Fürderhin kann sich das Ich spontan nicht ohne seine Zugehörigkeit zu einer weiteren, größeren Welt (sei es Natur, Geschick, göttlicher Bereich oder eine geliebte Person) definieren, die jenes zugleich erfüllt und enteignet. Alle ‚Versuche' kreisen um diesen Kairos, üben ihn ein, verleihen ihm symbolische Prägnanz.

Ethos meint die Übereinstimmung von Sein und Sollen, Gnade, Arbeit, Gebot. Es kommt überein, was ein Mensch sein kann, will, muss, soll, darf, was ihm gewährt und abverlangt ist, von Geschick und Freiheit, Gebot und Tat. Die biographischen Bücher Handkes, um Mutter und Kind, viele Stellen in den Tagbüchern kreisen darum, die religiöse Einübung ohnehin.

Schrift: Man kann nur poetisch-religiös, ‚inspiriert' schreiben im Blick auf eine Nähe von Geist und Buchstabe, Erinnerung und Prophetie, Wirklichkeit und Wort, An- und Zuspruch, An- und Zumutung, eine nachlesende, einübende Verwirklichung. Die Texte des Evangeliums scheinen für Handke eine solche ‚Offenbarung' gewesen zu sein.[6]

Ritual: In ihm und seinen wiederholten Begehungen wird für einen verlässlichen Augenblick Wort und Wirklichkeit in realer Präsenz verdichtet. Ohne es verkommt Leben zur Vagheit, Beliebigkeit, stellt es eben nichts dar und vor. Man sollte einmal alle Spiegelungen katholischer Liturgie bei Handke zusammenstellen: vom ‚Wunschlosen Unglück' und dem Cézanne Buch (Die Lehre des Saint Victoire) bis zum ‚Großen Fall'.

Alle diese symbolischen Formen brauchen, bereichern, korrigieren einander. Sonst versteifen sie sich auf sich selbst, verlieren ihre symbolisch-metaphorische Offenheit und Frische und ersticken das Leben, die Poesie und die Frömmigkeit des Lebens und Denkens. Sie werden zu Ritualismus, Mystizismus, Ressentiment, Moralismus, Phantastik. Vor und in allem reflektieren sie das Leben, erheben und fassen es, damit dieses Fassung gewinne, Deutlichkeit, Offenheit, Tapferkeit, sich als Gestalt offenbar würde, als offenes Symbol, das sich nie in sich selbst erschöpft. Ob es Poesie ohne Spurenelemente dieser Formen gibt, wäre zu fragen. Und wie dann die freie Wahlverwandtschaft von Kunst/Literatur und mystisch-liturgisch dimensionierter Theologie zu begreifen ist, von Gnade und Anspruch gelebter Religion gar nicht zu reden.

III. Verhältnis von Religion und Poesie

Aber wie stehen nun Poesie und Religion als Übungsfelder und Symbolisierungen des Lebens zueinander? Sind sie einfach Parallelen, die sich im Unendlichen schneiden würden? Kaum wird es je Religion ohne Kunst, Erzählung, Hymnus, Musik, Architektur geben – und die Kunst? Handke jedenfalls ist in seinem lebenslangen Schreib- und Übungslabor, das auch seine Existenz einbezieht, Motiven, Zitaten, Vollzügen der Religion

---

[6] Vgl. HANDKE, Gestern unterwegs (s. Anm. 1), 500–545.

nahe. Und es sind alle diese Formen, die ihn prägen oder begleiten. Ritual, Mystik, Prophetie als Lebensgesten, symbolische Formen, Erinnerungsfetzen, Leitmotive sind in den Notizbüchern, Romanen und Essays allenthalben aufzufinden, bisweilen auch als geteilte Vollzüge. Sie sind Teil eines großen Exerzitiums, eines Übens, als ob sich hier die neuzeitliche Weise, religiös und existentiell zu sein, erfüllte. Man denkt an den ‚Discours' Descartes, der ja auch erzählend-biographische Teile enthält und seinerseits, wie die ‚Meditationen', Erinnerungsspuren an die Exerzitien des Ignatius von Loyola in sich trägt. Sloterdijk hat in seinen Büchern ‚Weltfremdheit' (1993) und ‚Du musst Dein Leben ändern' (2009) aus diesem Üben ein integrales Programm gemacht, das allen religiösen Vollzug und Inhalt ab-, auf- und einlösen soll.

Handke ist nun ein großer Übender, der in Existenz und Schreiben religiöse Motive umbesetzt (wie Blumenberg sagen würde), zitiert, zum Leuchten bringt, einlöst, verwirklicht, distanziert beleuchtet, verfremdend aufnimmt, absorbiert, anverwandelt und bisweilen sich auch von ihnen berühren, bewegen, verwandeln lässt, sie in seinen Lebensgestus, sein Ahnen und Empfinden, sein Weltverhalten und -deuten aufnimmt. Eine ständige Ambivalenz, zwischen Anziehung und Abstoßung, Aufnahme und Abwehr, bis in den unsteten Lebensstil hinein. Man könnte ihn als Gyrovagen, als streunenden Wandermönch bezeichnen, wie sie Benedikt in seiner Regel karikiert hat, als Gegenbilder zu der von ihm angestrebten ‚stabilen' Klosterordnung. Damit rückt Handke in die große Reihe derer, die nach der Unterdrückung der Klöster unter Napoleon das Mönchtum als Archetyp verinnerlicht und ausgeprägt haben. Seit Wackenroder, C. D. Friedrich und Novalis, über Schopenhauer (die mystisch-buddhistischen Passagen seines Hauptwerks), Nietzsche (Zarathustra), Rilkes Stundenbücher bis zu den Romanen Hermann Hesses, endlich in den Künstlervereinigungen von den Nazarenern, Nabis, Worpswede bis zum Blauen Reiter hat sich diese seltsame Assimilation vollzogen. Und noch Sloterdijks Bücher bezeugen das Faszinosum dieser Lebens- und Übungsform, in der sich alle bisher gesichteten Weisen des Exerzierens und Symbolisierens darstellen und verdichten.

Mit solcher Anempfindung sind freilich auch Gefahren verbunden. Es gibt bei Handke Überzeichnungen, Längen, Selbststilisierungen, die sein Werk oft schwer zugänglich machen. Der hohe Ton mystischer Passagen, das unendliche Aufzählen von Banalem, Eindrücken, Beobachtungsschnitzeln, denen, oft willkürlich, analoge oder symbolische Bedeutungen (simili modo) zugeschrieben werden, die Überfrachtung des mystischen Moments in den Tagebüchern, wo Bedeutungsdichte und -anspruch allzu nahe beim selbstbezogenen Impressionismus liegen und das meiste sequenz- und folgenlos bleibt. Jeder Ort und Gestus wird aufgeladen, typisiert und bleibt darin konturlos, anonym. Das gilt auch für die Personen, die Frau, das Kind, den Autor selbst, da schwankt alles zwischen raffinierter Mythisierung und banaler Verpuppung.

Eine letzte Grenzgefahr ist die, dass er religiöse Motive herbeizitiert und darin verbraucht. Was wird aus den Paulus- oder Bernanos-Zitaten im Geschehen der Essays oder Romane? Wird hier kritisiert, verfremdet, gespielt, einverleibt, umbesetzt, verwirklicht, eine Aura geborgt, um der eigenen Schreibe und Erfahrung Glanz, Tiefe, Höhe zu verleihen? Ähnliche Fragen richten sich an die Romane ‚Der Bildverlust' und ‚In einer dunklen Nacht ging ich aus meinem stillen Haus', die klare Anspielungen an Werk und Leben des Johannes vom Kreuz enthalten. Aber die Tunnel-Nachtfahrten des Apothekers aus der Salzburger Vorstadt und das Schweifen der Bankkauffrau durch spanische Ödlandschaften haben mit dem Wandlungsernst des Mystikers nichts gemein. Und selbst in den wenigen lyrischen Passagen[7], in denen sich die Roman-Essays vollenden und auflösen und Rhythmen der strengen Übungspoesie des Johannes aufgenommen werden, sind wir um Dimensionen hinter dem zurück, was bei diesem angezielt und vollbracht war. Da schadet solche Entleihung und Anmutung womöglich der Poesie wie der Religion, die aber nun ihrerseits selten genug auf der Höhe jener symbolischübenden Realisierung ist, wie sie oben geschildert wurde. Wie schnell verkommt sie zu Ritualismus, Pseudomystik, Moralismus, Fanatismus, endloser mechanischer Reihung, bleibt sie unter dem Niveau des Stilempfindens wacher Zeitgenossen. Ob da Religion und Kunstwelt nicht einander aufhelfen könnten?

Dennoch – das Große im Leben und Schreibexerzitium Handkes ist, dass er ständig neu mit sich, dem Augenblick, der Welt, dem Begegnenden etwas anfangen kann und muss, darin dem ewigen Poeten-Schöpfer von ferne verwandt. In den ‚Versuchen', im ewigen Wandern und Aufmerken, wie es die Notate festhalten und freisetzen, da erfin-

---

[7] Vgl. Peter HANDKE, *Der Bildverlust oder Durch die Sierra de Gredos*, Frankfurt/M. 2002, 754; DERS., *In einer dunklen Nacht ging ich aus meinem stillen Haus*, Frankfurt/M. 1997, 310.

det sich eine unendliche Kette von Momenten geretteten Glücks, die sich der Wahrnehmung verdanken und sie neu ermöglichen. Ein umgekehrtes Faustexperiment: Leben und Schreiben als Kairologie geglückter Begegnungen, Empfindungen, Hebungen. Dazu bedarf es einer Entblößung, einer Nacktheit, eines Aufatmens, wie es vielleicht nur den Kindern, den Helden und Märtyrern gegeben sei (so das Bernanos-Zitat im Aufgang von ‚Immer noch Sturm'); oder wie es in dem mystischen Rhythmus des eben erinnerten Gedichts am Ende des ‚Bildverlusts' aufscheint: „Ich wußte nicht wie du warst ... doch ich wußte und wußte und wußte wer du warst. Ich kannte deine Handlinien ... Doch ich kannte und kannte und kannte dich nicht. Ich wußte deine Hautfarbe nicht mehr ... Doch ich wußte und wußte und wußte um dich." Oder als Sentenz: „Noch einmal: Die Errungenschaft der Kunst bleibt wohl, daß sie von all den Meinungen erlöst und zurückführt ins Offene."[8] Wenn man das doch ein wenig auch von der gelebten Religion sagen könnte. Und ob nicht beide, Poesie und Gebet, sich in dem seltsam doppeldeutigen Stich- und Losungswort träfen: „Die Frage Gottes in mir: ‚Warum bist du nicht da?'"[9]

---

[8] HANDKE, Felsfenster (s. Anm. 2), 532.
[9] DERS., Gestern unterwegs (s. Anm. 1), 400.

Wandlung – die Urform der Wirklichkeit

Spuren einer eucharistischen Poetik im Werk Peter Handkes

Jan-Heiner Tück, Wien

Für Hans Widrich

I. Wandlung: Annäherungen an das Allerwirklichste

„Verwandeln allein durch Erzählen"[1], lautet ein Wort Peter Handkes, das zweifelsohne eucharistische Konnotationen anklingen lässt. Es gibt Worte, die die Wirklichkeit nicht nur beschreiben, sondern auch verwandeln. Worte, die etwas realisieren, was vorher nicht da war. Die Worte, die in der Liturgie über Brot und Wein gesprochen werden, sind solche Worte. Sie haben in der Optik des Glaubens wirklichkeitsverwandelnde Kraft. Sie stehen nicht isoliert, sondern gehören in einen Zusammenhang, den Zusammenhang einer *Erzählung*. Diese Erzählung beschwört – in rituell abgekürzter Weise – etwas längst Vergangenes herauf und holt es wieder in die Gegenwart: „Denn in der Nacht, da er verraten wurde, nahm er das Brot und sagte Dank, brach es, reichte es seinen Jüngern und sprach [...]." Es ist die Szene des letzten Abendmahls, die hier erzählt und in Erinnerung gerufen wird, und Peter Handke selbst hat in *Mein Jahr in der Niemandsbucht* zu erkennen gegeben, dass ihm die Schlichtheit dieser Erzählung näher ist als der Ritus der Herabrufung des Heiligen Geistes auf die Gaben von Brot und Wein: „Und seltsam hat es mich angemutet, dass der Ostkirchenpriester, zur Fleisch-und-Blut-Werdung des Brots und des Weins, damit diese vollzogen sei, noch ausdrücklich die entsprechenden Beschwörungs-

---

[1] Peter HANDKE, *Mein Jahr in der Niemandsbucht*, Frankfurt/M. 2000, 572.

riten aussprach, während im katholischen Ritus zur Verwandlung die reine Erzählung ausreichte: ‚Am Abend, bevor Jesus gekreuzigt wurde, nahm er das Brot ...': Dieses Verwandeln allein durch Erzählen blieb mir näher."[2] Es erinnert an Jesus am Vorabend seines Todes – versammelt mit den Zwölf – im Augenblick der Gefahr: Verrat und Gefangennahme stehen unmittelbar bevor – eine Situation des Abschiedes, in der jedes Wort, das gesprochen, jedes Zeichen, das gesetzt wird, testamentarisches Gewicht hat. Die Worte und Zeichen sollen sich dem Gedächtnis der Anwesenden einschreiben. Die Gesten der Selbstverteilung Jesu – das gebrochene Brot wird verteilt, der eine Becher allen gereicht – sind eine zeichenhafte Vorwegnahme des Todes, sie deuten die brutale Hinrichtung am Kreuz als einen Akt der Hingabe für alle. An diesen „Vorsterbeabend", dessen Überlieferung durch das Johannes-Evangelium Handke einmal als „die gewaltigste Erzählung der Menschheit" bezeichnet hat[3], erinnert auch die *narratio* des Einsetzungsberichts in der eucharistischen Liturgie. Doch dann ereignet sich mitten in der Erzählung ein sprachpragmatisch bedeutsamer Umschlag, wenn der Priester unversehens nicht mehr als Erzähler agiert, sondern selbst im Namen des abwesenden Anderen spricht: „Dies ist mein Leib, der für euch hingegeben wird." Diese Worte, die *in persona Christi* über das Brot gesprochen werden, haben für den, der glaubt, performative Kraft, sie verwandeln das Brot in die Substanz des Leibes Christi; sie sind – um mit Handke zu sprechen – „die Ur-Form" der Wandlung. „Ein Schwanken ging durch die Welt, als das Brot in den göttlichen Leib und, ‚simili modo', der Wein in das göttliche Blut verwandelt wurde. [...] Entschlossen kniete der Erwachsene nieder."[4]

---

[2] Ebd.

[3] Vgl. Peter HANDKE – Peter HAMM, *Es leben die Illusionen. Gespräche in Chaville und anderswo*, München 2006, 133: „Aber die Johannes-Passion, die Erzählung von Vorsterbeabend und Sterbeabend von Jesus, das ist die gewaltigste Erzählung der Menschheit. Ich mag nicht gern Superlative, aber mit welcher Trauer [...] Trauer und Begeisterung der Jünger Johannes das Sterben eines Menschen erzählt, der einfach nur durch sein hingegebenes Sterben gottgleich wird, vielleicht auch dadurch erst in den Augen des Erzählers so geworden ist, da [...] wundert man sich nicht, dass Bach so [...] die Parallelmusik [...] in den Sinn gekommen ist."

[4] Peter HANDKE, *Langsame Heimkehr*, Frankfurt/M. 1984, 206. Vgl. DERS., *Am Felsfenster morgens (und andere Ortszeiten 1982–1987)*, Frankfurt/M. 2000, 74: „Was ist die *Urform*? Die Verwandlung; die Wandlung." Vgl. auch: DERS., *Der Chinese des Schmerzes*, Frankfurt/M. 1986, 192: „Endlich erdröhnte in der Ferne die Donnerglocke. Dort vollzog sich jetzt das Ritual der Wandlung: des Brotes in den ‚Leib', des

An diese „Urform" der Wandlung kann der Schriftsteller anschließen, selbst dann, wenn er die Optik des Glaubens nicht teilt und den Sprechakt des Priesters, der an die Weihe gebunden ist, nicht vollziehen kann. Aber analog zum Wandlungsgeschehen in der Liturgie kann ein Dichter die Sprache als eine *formgebende Wirklichkeit* betrachten, die dem Material des Erlebten und den mannigfachen Imaginationen der Einbildungskraft Gestalt gibt. Gerade bei Peter Handke erschöpft sich die Sprache nicht darin, Instrument der Mitteilung zu sein, das die Außenwelt und ihre Begebenheiten, die Innenwelt und ihre sich wandelnden Empfindungen möglichst genau wiedergibt. „Meine Herkunft aus der Herkunftslosigkeit", hat er einmal notiert, „wird mich für immer davon abhalten, einen ‚Text', eine ‚Story', ein ‚Sittenbild', eine ‚Widerspiegelung', ja sogar ein ‚Gedicht' zu schreiben; aber was sonst? – Eine die Leere in Energie umwandelnde und so erhaltende Erzählung."[5] Bei Handke geht es demnach nicht um *stories*, bei denen spannende Handlungsabläufe, ungewöhnliche Figurenkonstellationen, überraschende Begebenheiten im Zentrum stehen, sondern um die Sprache als Form der Wirklichkeitsverdichtung und Wirklichkeitserhaltung. Im Journal *Die Geschichte des Bleistifts* heißt es an anderer Stelle: „Was war wirklich? Jedenfalls war nichts wirklich ohne eine Form. Ohne eine Form hatte es das Erlebnis gar nicht gegeben."[6] Die Sprache ist die Form, nach der je neu gesucht werden muss, um die erlebte Wirklichkeit, das Material, vor dem Verschwinden zu bewahren und wieder in die Gegenwart zu holen. Handkes Poetik, die in der *Lehre der Sainte-Victoire* in Anlehnung an Paul Cézanne entfaltet und durch Aufzeichnungen in den Journalen weiter vertieft wird, hat eine gewisse Nähe zu dem, was man eine *eucharistische Poetik* nennen könnte: Wie die Materie von Brot und Wein durch die Form der Worte verwandelt und transsubstantiiert wird, so sucht der Dichter das Material des Erlebten, die Imaginationen der Einbildungskraft durch sprachliche

---

Weins in das ‚Blut'. Die Glocke wummerte zweimal hintereinander, jedesmal nur ganz kurz. Aber das war, als finge ein stehengebliebenes Herz wieder zu schlagen an." Vgl. auch DERS., *Die Lehre der Saint-Victoire*, Frankfurt/M. 1996, 20: „Damals geschah die Verwandlung. Der Mensch, der ich war, wurde groß, und zugleich verlangte es ihn auf die Knie, oder überhaupt mit dem Gesicht nach unten zu liegen, und in dem allen niemand zu sein."

[5] Peter HANDKE, *Die Geschichte des Bleistifts*, Frankfurt/M. 1985, 25.
[6] Ebd., 174. Auch die rituelle Erstarrung in einem Formalismus wird angesprochen, wenn es weiter heißt: „Aber mit der Form würde es vielleicht später kein Erlebnis mehr geben?" (ebd.).

Formung zu vergegenwärtigen, zu realisieren. „Mich in die Formen zu begeben – auch eine Meßfeier ist eine Form –, das gibt mir zu *denken*."[7] Allerdings ist der Dichter kein Priester, der bei der Wandlung die Worte des menschgewordenen Wortes Gottes selbst in Anspruch nimmt. Der Dichter spricht im eigenen Namen, er signiert seine Bücher selbst, er erschreibt sich die Wirklichkeit, die er erlebt oder imaginiert hat, mit Worten, die er selbst zu verantworten hat. Er muss an die Realpräsenz in der Eucharistie nicht glauben, aber solange er an die Worte glaubt, mit denen er selbst die Wirklichkeit umschreibt, solange er seiner Dichtung einen Sinn zuschreibt und auf die „Bergung der Dinge in Gefahr"[8] aus ist, setzt er insgeheim vielleicht doch auf eine Instanz, die den Sinn seiner Worte noch einmal verbürgt. Dies ist zumindest die kühne These George Steiners, dass „jede logisch stimmige Auffassung dessen, was Sprache ist und wie Sprache funktioniert, dass jede logisch stimmige Erklärung des Vermögens der menschlichen Sprache, Sinn und Gefühl zu vermitteln, letztlich auf der Annahme einer Gegenwart Gottes beruhen muss"[9]. Nietzsches Frage, ob Gott ein Phantom der Grammatik ist, wird hier mit der Gegenfrage kontrapunktiert, ob nicht alle Sinnkonstruktionen der Sprache letztlich auf eine sinnverbürgende verborgene reale Gegenwart verweisen, die nicht produziert wird, sondern aller menschlicher Produktion vorausliegt. Handke selbst hat dieser Frage einmal eine quasi ontologische Wendung gegeben, als er notierte: „Beschäftigte mich denn nicht schon länger der Gedanke, ‚nur mit einem Glauben könnten die Dinge auch auf die Dauer wirklich bleiben?'"[10] Kann das, was gewesen ist und dichterisch in Sprache gefasst wird, bleiben ohne Rückbezug auf eine letzte Wirklichkeit, die für das Bleiben des Gewesenen einsteht? Und wie kann diese letzte Wirklichkeit selbst in Sprache vorkommen?[11]

[7] Ebd., 249.
[8] Vgl. dazu den Beitrag von Egon KAPELLARI in diesem Band.
[9] George STEINER, *Von realer Gegenwart. Hat unser Sprechen Inhalt?* Mit einem Nachwort von Botho Strauß, München 1990, 14 und 279–283.
[10] HANDKE, Die Lehre der Sainte-Victoire (s. Anm. 4), 65f.
[11] HANDKE, der seine Reserve gegenüber einer gottprotzigen Rhetorik wiederholt zum Ausdruck gebracht hat (vgl. nur das Notat: „Gebraucht jemand im Schreiben ganz selbstverständlich das Wort ‚Gott', so fällt mir das Weiterlesen schwer" – Geschichte des Bleistifts [s. Anm. 5], 295), hat wohl kaum zufällig im Blick auf Musik die „Vorstellung eines höheren Wesens" angedeutet: „Orgelmusik: Vorstellung, es müßte doch etwas geben, das der Grund dieses Klanges wäre; diese Musik kann nicht für

Wandlung – die Urform der Wirklichkeit

In der *Lehre der Sainte-Victoire* hat Handke durchaus emphatisch (weil eigens durch Kursivschrift hervorgehoben) vom *Allerwirklichsten* gesprochen. Die verborgene Gegenwart des ganz Anderen, die hier aufscheint, wird nicht beschrieben, geschweige denn bewiesen. Sie wird durch sprachliche Alteritätssignale angezeigt, wie der folgende Passus zeigen mag:

„Ich hätte mich nie als gläubig bezeichnen können, das Kind von einst noch weniger als mich jetzt: aber hatte es nicht schon ganz früh ein Bild der Bilder gegeben? [...] Dieses Bild war ein Ding, in einem bestimmten Behältnis, in einem großen Raum. Der Raum war die Pfarrkirche, das Ding war der Kelch mit den weißen Oblaten, die geweiht Hostien heißen, und sein Behältnis war der in den Altar eingelassene, wie eine Drehtür zu öffnende und zu schließende Tabernakel. – Dieses sogenannte ‚Allerheiligste' war mir das *Allerwirklichste*. Das Wirkliche hatte auch seinen wiederkehrenden Augenblick: sooft nämlich die durch die Worte der Wandlung sozusagen Gottes Leib gewordenen Brotpartikel mitsamt ihrem Kelch im Tabernakel geborgen wurden. Der Tabernakel drehte sich auf; das Ding, der Kelch, wurde, schon unter Tüchern, in die Farbenpracht seiner Stoffhöhle gestellt, der Tabernakel drehte sich wieder zu – und jetzt der strahlende Goldglanz der verschlossenen konkaven Wölbung."[12]

Der Erzähler weigert sich, sich als gläubig zu bezeichnen. Ein Bekenntnis zur realen Gegenwart bleibt aus. Er bezeichnet sich aber auch nicht als ungläubig, ein Gegenbekenntnis fehlt, das die Erfahrung der Abwesenheit Gottes zum Credo eines Atheisten gerinnen ließe. Daher scheint mir eine Deutung von Handkes Dichtung als Manifestation einer ausschließlich ins Diesseits gewendeten Religion nicht zutreffend.[13] Festlegungen werden vermieden.[14] Der Erzähler ruft sich vielmehr mit einer

sich, aus sich entstanden sein; sie erzeugt die Vorstellung eines höheren Wesens, das ich mir sonst nicht denken kann." Ebd., 266. Vgl. aber auch die Respektbekundung: „Der Lehrer, dessen Kind an Leukämie gestorben ist, hat während der ganzen Jahre der Krankheit, wenn er Unterricht hielt, in den Sprechpausen still gebetet." Ebd., 204.

[12] HANDKE, Die Lehre der Sainte-Victoire (s. Anm. 4), 66 (kursiv im Original).
[13] Vgl. DERS., Geschichte des Bleistifts (s. Anm. 5), 310f.: „Im Paradies der Farben und Formen: dort spielen die Bilder Cézannes, und das habe ich heute morgen sogar an den fahlen, wirr verschlungenen Lianen vor dem Fenster gesehen, die, meinen Blick zurückgebend, mir eine Ahnung des Paradieses gegeben haben; – und doch, dachte ich dann: wäre ich eine Ewigkeit nur in dem Paradies der Farben und Formen, wäre ich vielleicht enttäuscht, wenn es keinen persönlichen Gott gäbe."
[14] Vgl. auch die Devise der Nova: „Lasst ab vom Gegrübel, ob Gott oder Nicht-Gott: das eine macht sterbensschwindlig, das andere tötet die Phantasie, und ohne Phantasie wird kein Material Form; diese ist der Gott, der für alle gilt." In einem kühnen Akt

gewissen Offenheit das „Bild der Bilder" in Erinnerung, das ihm als Kind aufgegangen ist. Dabei umschreibt er den wiederkehrenden Augenblick, in dem die Brotpartikel durch die Worte der Wandlung „sozusagen Gottes Leib" werden. Dieses Mysterium der Wandlung ist mit den Sinnen nicht wahrnehmbar. Es ist das Wort, das die Wirklichkeit wandelt, aber der Effekt der Wandlung ist empirisch nicht nachweisbar. Es bleibt ein „sinnlicher Verifikationsmangel"[15], der ein Einfallstor des Zweifels sein kann: Ist wirklich etwas geschehen? Hat das Wort tatsächlich die Kraft, die Dinge zu wandeln? Oder wird hier durch den Priester nur ein Hokuspokus inszeniert?[16] Die Zeichen bleiben ja, was sie sind; Brot und Wein sehen aus und schmecken – wie eben Brot und Wein: *Visus, tactus, gustus in te fallitur.*[17] Aber das Wort behauptet, dass in den Gestalten von Brot und Wein der Andere nahekommt, und wer dem Wort Glauben schenkt, für den gilt: *„Hoc est enim corpus meum –* Dies ist mein Leib." Das Allerheiligste jedenfalls, der Tabernakel, in dem die konsekrierten Hostien aufbewahrt werden, erscheint dem Kind als das *Allerwirklichste*. Zutreffend vermerkt Harry Baloch: „Handkes Augenmerk gilt nicht mehr allein den Wandlungsworten, sondern auch, ja vor allem, einer Phase des Messgeschehens, da die sakramentale Verbindung von Forma (Wandlungsworten) und Materia (Brot und Wein) schon geschehen ist, und die *Bergung* des Kelches mit ‚Gottes Leib' im Tabernakel erfolgt. Die Referenz vergleicht primär nicht mehr die Wandlungsworte (,simili modo') mit dem *Akt* oder dem Moment des künstlerischen Sehens, sondern die bleibende Präsenz der gewandelten Gestalt des Brotes in Kelch und Tabernakel mit dem bereits vollendeten Werk des Künstlers."[18]

Was nun das *Allerwirklichste* inhaltlich näher ist, bleibt in der Erzählung ungesagt, aber es gibt Alteritätsinsignien, die es zur Erscheinung kommen lassen: Der Kirchenraum, der auf den Hochaltar zuläuft,

---

wird hier die formgebende Phantasie selbst zum „Gott" erklärt. Peter HANDKE, *Über die Dörfer*, Frankfurt/M. 1981, 117. Vgl. dazu den Beitrag von Helmuth KIESEL.

[15] Alex STOCK, *Poetische Dogmatik: Christologie*, Bd. 3: Leib und Leben, Paderborn 1998, 317.

[16] Die magische Formel „Hokuspokus" ist bekanntlich abgeleitet von den *verba testamenti* über das Brot: „*Hoc est corpus meum.*"

[17] Vgl. zum Hymnus *Adoro te devote*: Jan-Heiner TÜCK, *Gabe der Gegenwart. Theologie und Dichtung der Eucharistie bei Thomas von Aquin*, Freiburg ³2014.

[18] Harry BALOCH, *Ob Gott oder Nicht-Gott. Peter Handke und die Religion*, Klagenfurt 2010, 270–294, hier 289.

der Hochaltar, in dessen Zentrum der goldene Tabernakel eingelassen ist, der Tabernakel, in dessen Wölbung der Kelch mit den Hostien geborgen wird. Die Farbenpracht der Tücher, der Goldkranz, das Ewige Licht, das Handke unerwähnt lässt, zeigen die Nähe des Allerheiligsten an, das dem Kind als das *Allerwirklichste* erscheint. Handkes Aufzeichnung „‚Glänzen durch Abwesenheit' – schöner Ausdruck"[19] erhält in dieser Passage eine neue Bedeutungsnuance. Der Leib des Herrn, der *in propria specie* abwesend ist, zeigt seinen Glanz in Gestalt von Zeichen, *in specie sacramenti*, in denen seine verhüllte Gegenwart nahekommt.[20] Es ist dieses *Allerwirklichste*, welches die Aufmerksamkeit des Kindes in Bann schlägt und sammelt.

Diese Bewegungsrichtung ist bedeutsam. Das Allerwirklichste ist nicht das Produkt menschlicher Aufmerksamkeit, sondern ein *Ding*, das dem Bewusstsein entgegensteht. Diese Exteriorität des Zeichens vermag die Alterität des in den Zeichen nahekommenden Anderen anzuzeigen. Seine Gegenwart ist Gabe, nicht Produkt. Würde die eucharistische Gegenwart erst durch die Aufmerksamkeit des Einzelnen (oder der versammelten Gemeinschaft) zustande kommen, wäre sie gebunden an den subjektiven (oder kollektiven) Akt einer Bedeutungszuschreibung, die auch wieder zurückgenommen werden könnte. Das menschliche Bewusstsein spiegelte sich dann lediglich *im Anderen seiner selbst*. Man hätte es mit einer Form spiritueller Idolatrie zu tun, würde man das anbeten, was man zuvor *selbst* in einem feierlichen Akt als heilig deklariert hat. Das Brot aber wird jedes Mal dann, wie Handke sagt, Gottes Leib, wenn die Worte der Wandlung gesprochen werden, in denen der Priester das performative Wort des erhöhten Christus selbst in Anspruch nimmt, der seine Präsenz in den eucharistischen Gaben gewährt. Diese Präsenz kann nicht hergestellt, sondern allenfalls dankbar empfangen werden. Die Präsenz des Gebers in der Gabe anzuerkennen, heißt danken.

Das ist nun zweifellos ein Gedanke, der mit Handke über Handke hinausgeht und ins Theologische hineinreicht. Halten wir hier nur fest, dass es in einer eucharistischen Poetik um das Zueinander von Form und Materie geht. Die Sprache ist die Form, die dem Material der er-

---

[19] Peter HANDKE, *Phantasien der Wiederholung*, Frankfurt/M. 1996, 29.
[20] Zu dieser Unterscheidung vgl. Thomas VON AQUIN, *Summa theologiae* III, q. 73, a. 5. Dazu: TÜCK, Gabe der Gegenwart (s. Anm. 17), Kap. II.

lebten Wirklichkeit und den flüchtigen Imaginationen der Einbildungskraft Gestalt und Dauer gibt. Dabei geht es weder Handke noch seinem Vorbild Cézanne um eine bloße Abschilderung der Wirklichkeit im Sinne des Realismus. Cézanne ist kein Landschaftsmaler, er hat die Natur nicht einfach auf der Leinwand abgebildet, vielmehr hat er „Konstruktionen und Harmonien parallel zur Natur" zu einer Bilderschrift verschränkt, damit gewissermaßen in und unter der Gestalt von Farben und Formen die Wirklichkeit neu erscheint. Handke, der analog dazu Wirklichkeit in der Gestalt von Sprache verdichtet, notiert dazu: „Cézanne: ‚die Empfindung (durch den Gegenstand) realisieren': auch eine Messe könnte solch eine ‚Realisation' sein."[21]

Die Messe als Realisation – als Wirklichkeit, in der sich die Zeiten verschränken. Vergangenes wird wirklich, Künftiges vorweggenommen – und das in der Gegenwart. Thomas von Aquin hat diese Verschränkung der Zeiten im Sakrament der Eucharistie durch eine dreifache Bestimmung konkretisiert. Die Eucharistie ist demnach zunächst ein *signum rememorativum*, das an das letzte Abendmahl und die Passion Jesu Christi erinnert; sie ist zugleich ein *signum demonstrativum*, das die versammelten Gläubigen durch die Kommunion zu einer Gemeinschaft zusammenschließt, Gnade gewährt und Dankbarkeit freisetzt; sie ist schließlich ein *signum prognosticum*, das einen Vorgeschmack der kommenden Welt gewährt. Auch in Handkes Werk kommen diese Zeitdimensionen vor, ohne immer rückgebunden zu sein an die Eucharistie. Die bisherigen Annäherungen an die eucharistische Poetik Handkes und seine Rede vom *Allwirklichsten* in der Lehre von der Sainte-Victoire verlangen eine Bewährung im Medium der Erzählung. „Die höchste Erzählung ist nicht die Beschreibung von Aktionen, Reflexionen, Reflexen, sondern die Wiedergabe einer Folge von Dingen; die Evokation einer so unerhörten wie einleuchtenden Dingfolge; die Dinge, in

---

[21] HANDKE, Die Geschichte des Bleistifts (s. Anm. 5), 280. „Aber mit der Zeit wurde sein [Cézannes] einziges Problem die Verwirklichung (‚réalisation') des reinen, schuldlosen Irdischen: des Apfels, des Felsens, eines menschlichen Gesichts. *Das Wirkliche war dann die erreichte Form*; die nicht das Vergehen in den Wechselfällen der Geschichte beklagt, sondern ein Sein in Frieden weitergibt. – Es geht in der Kunst um nichts anderes. Doch was dem Leben erst sein Gefühl gibt, wird beim Weitergeben dann das Problem." DERS., Lehre der Sainte-Victoire (s. Anm. 4), 18. „,Endlich wirklich!' – so müsste der erste Ausruf vor einem Kunstwerk sein." DERS., Phantasien der Wiederholung (s. Anm. 19), 67. Vgl. zum Hintergrund: Martina KURZ, *Bild-Verdichtungen. Cézannes Realisation als poetisches Prinzip bei Rilke und Handke*, Göttingen 2003.

Wandlung – die Urform der Wirklichkeit 37

einem einmaligen Zusammenhang wahrgenommen, der durch das Evozieren ein für allemal gilt."[22] Diese Bewährung im Medium der Erzählung möchte ich im Blick auf die rememorative Dimension versuchen, indem ich im zweiten Teil dieses Aufsatzes auf Handkes Stück *Immer noch Sturm* eingehe. Die Erinnerung an die Opfer der Geschichte, an die Verschollenen und Vergessenen, wird hier zum Vollzug einer *memoria passionis*, die im Eingedenken zugleich einen Verheißungshorizont freisetzt. Dieser mündet ein in die Evokation einer Hoffnung, dass aus Totenköpfen Antlitze werden mögen. Dass die Teilnahme an der Eucharistie darüber hinaus eine die Gegenwart verwandelnde Kraft haben kann, zeigt Handkes Erzählung *Der Große Fall*, auf die ich im dritten Teil eingehe. Hier setzt die Teilnahme an einem Gottesdienst eine anhaltende Freude frei, die den Schmerz der anderen nicht vergisst.

II. Memoria passionis – und die Hoffnung für die Verschollenen

„Du musst das Gedächtnis verlieren! Du musst *dein* Gedächtnis verlieren und ein Gedächtnis für die andern werden"[23] – schreibt Handke in seinem Journal *Das Gewicht der Welt*. Diese Selbstaufforderung, das eigene Gedächtnis zu verlieren, um Gedächtnis für die anderen sein zu können – man könnte geradezu von einem Akt anamnetischer Stellvertretung sprechen – wird eingelöst, wenn die unbeachtete Geschichte der einfachen Menschen hinter der offiziellen Geschichtsschreibung in das Brennglas der dichterischen Aufmerksamkeit rückt: „Beim Anblick von Wolken, Feldern und den Leuten in der Landschaft: plötzlich wieder atemberaubend deutlich die Geschichte, die hinter der offiziell dräuenden Geschichte durch die Jahrhunderte sich ereignete als Passionsgeschichte dieser Leute, im Tod, im Kleingemachtwerden, die eigentliche Geschichte, meine Geschichte, meine Arbeit."[24]

Aus der anamnetischen Solidarität mit den Zukurzgekommenen und Kleinen, eben den Opfern der Geschichte, die in den aktuellen gesellschaftlichen Erinnerungsdiskursen – gerade nach Auschwitz – zu

---

[22] HANDKE, Am Felsfenster morgens (s. Anm. 4), 229.
[23] DERS., *Das Gewicht der Welt. Ein Journal*, Frankfurt/M. 1977, 80.
[24] Ebd., 192.

Recht eingefordert wird, erwächst solange keine rettende und erlösende Kraft, als sie nicht in den Horizont der *memoria Dei* hineingerückt wird. Menschen können Menschen, die Opfer von Gewalt und Terror geworden sind, die für den Fortschritt kommender Generationen gearbeitet haben, ohne an diesem Fortschritt selbst noch partizipieren zu können, zwar vor dem zweiten Tod, dem Tod des Vergessens, eine Zeit lang bewahren und durch Erinnerung in moralischer Absicht eine bessere gesellschaftliche Zukunft anstreben. Den Tod widerrufen aber können sie nicht, darin liegt die Ohnmacht menschlichen Gedenkens. Handke selbst hat dies angedeutet, als er in der *Lehre der Sainte Victoire* notierte: „Zwei Dorfalte hörte ich einmal sagen: ‚Wenn sie nicht glauben,– zu was sind sie dann überhaupt da?' Ohne gemeint zu sein, fühlte ich mich doch davon betroffen. Beschäftigte mich denn nicht schon länger der Gedanke, ‚nur mit einem Glauben könnten die Dinge auch auf die Dauer wirklich bleiben?' Was war dieses Geheimnis des Glaubens, das die Dorfrichter zu kennen schienen?"[25] Das *memoriale passionis et resurrectionis* wird in der Eucharistie „Geheimnis des Glaubens" genannt. Dieses Geheimnis, auf das Handke anspielt, steht gegen eine kulturelle Amnesie, welche die Toten dem Vergessen überantwortet und die Geschichte auf eine Geschichte der Sieger verkürzt.[26] Statt das Glück in einer Art Gedächtnisverlust zu suchen – „Selig sind die Vergesslichen!" heißt es im fünften Evangelium Nietzsches[27] –, statt die Trauer über das Leid der anderen zu betäuben oder in einem Kult der Fühllosigkeit zu unterdrücken, bezieht der anamnetische Kult der Eucharistie die Leidensgeschichte der Welt auf das Gottesgedächtnis, die *memoria Dei*. „Alles wird sterben, was wir Menschen uns je so ausgedacht haben – aus Not, aus Zorn, aus Wunsch –, aber der Gottesgedanke, das einzige *nicht* Ausgedachte und Auszudenkende, ist unsterblich; wird nicht sterben."[28]

Walter Benjamin, der sich 1940 auf der Flucht vor der Gestapo an der spanischen Grenze in Port-Bou das Leben genommen hat, hat 1937

---

[25] HANDKE, Die Lehre der Sainte-Victoire (s. Anm. 4), 65.
[26] Vgl. dazu Johann Baptist METZ, *Wider den Bann kultureller Amnesie*, in: DERS., *Memoria passionis. Ein provozierendes Gedächtnis in pluralistischer Gesellschaft*, Freiburg 2006, 123–157.
[27] Vgl. Harald WEINRICH, *Lethe. Kunst und Kritik des Vergessens*, München 1997, 160–168, hier 166.
[28] HANDKE, Am Felsfenster morgens (s. Anm. 4), 350.

gegenüber Max Horkheimer darauf bestanden, dass die Vergangenheit nicht vergangen sei, sondern unabgeschlossen sein müsse. „Das Eingedenken kann das Unabgeschlossene (das Glück) zu einem Abgeschlossenen und das Abgeschlossene (das Leid) zu einem Unabgeschlossenen machen. Das ist Theologie, aber im Eingedenken machen wir eine Erfahrung, die uns verbietet, die Geschichte grundsätzlich atheologisch zu begreifen, so wenig wir sie in unmittelbar theologischen Begriffen zu schreiben versuchen dürfen."[29] Benjamin, der sich der Tradition der Unterdrückten verpflichtet wusste, nimmt hier einen Gerechtigkeitsimpuls der jüdischen Apokalyptik auf. Auch die Vergangenheit, so macht er geltend, muss noch eine Zukunft vor sich haben. Die Toten, die Vergessenen dürfen nicht auf immer tot und vergessen bleiben. In seinen *Thesen zum Begriff der Geschichte*, die als sein philosophisches Vermächtnis gelten können, hat Benjamin – in Anlehnung an ein Bild von Paul Klee, das *Angelus Novus* heißt[30] – vom Engel der Geschichte gesprochen, dessen Antlitz der Vergangenheit zugewendet ist, dessen Augen aufgerissen sind und dessen Mund leer steht. Er sieht mit Schrecken die sich auftürmenden Trümmer der Vergangenheit. „Aber es weht ein Sturm vom Paradies her, der sich in seinen Flügeln verfangen hat und so stark ist, dass der Engel sie nicht mehr schließen kann. Dieser Sturm treibt ihn unaufhaltsam in die Zukunft, der er den Rücken kehrt, während der Trümmerhaufen vor ihm zum Himmel wächst. Das, was wir den Fortschritt nennen, ist *dieser* Sturm."[31]

---

[29] Walter BENJAMIN, *Gesammelte Werke*, Bd. V/1, Frankfurt/M. 1983, 589.
[30] Schon früher hatte BENJAMIN auf das Motiv des Engels Bezug genommen: Vgl. die *Ankündigung der Zeitschrift Angelus Novus* (*Gesammelte Schriften*, Bd. II/1, 241–246, hier 246) sowie am Schluss des Essays *Karl Kraus* (ebd., 334–367, hier 367 – freundlicher Hinweis von Leonhard Plakolm). Darüber hinaus spielt das Angelus-Motiv eine Rolle in der Korrespondenz zwischen Benjamin und Scholem. Vgl. Walter BENJAMIN, *Briefe*, Frankfurt/M. 1978, Bd. 1, 269. Dort heißt es in einem Gedicht von Gershom SCHOLEM: „Mein Flügel ist zum Schwung bereit/Ich kehrte gern zurück/Denn blieb' ich auch lebendige Zeit/Ich hätte wenig Glück//Mein Auge ist ganz schwarz und voll/Mein Blick wird niemals leer/Ich weiß was ich verkünden soll/Und weiß noch vieles mehr." Vgl. Gershom SCHOLEM, *Walter Benjamin*, in: DERS., *Judaica* II, Frankfurt/M. ⁵1995, 193–227, bes. 223f.
[31] Vgl. Walter BENJAMIN, *Über den Begriff der Geschichte*, in: DERS., *Gesammelte Werke*, Bd. I/2, Frankfurt/M. 1991, 691–704, hier 697f. Zum Hintergrund Jan-Heiner TÜCK, *Christologie und Theodizee bei Johann Baptist Metz. Ambivalenz der Neuzeit im Licht der Gottesfrage*, Paderborn 2. erw. Aufl. 2001, 109–117.

Peter Handkes Stück *Immer noch Sturm* (2010) dürfte – neben der Sturm-Szene aus Shakespeares *King Lear*[32] – auf Benjamin anspielen, der in Handkes Werk immer wieder Spuren hinterlassen hat. Auch Handke verknüpft das Bild vom Sturm mit dem Begriff der Geschichte und greift dazu auf theologische Motive zurück, wenn es heißt: „Einmal die Heimat verloren – für immer die Heimat verloren. Es herrscht weiterhin Sturm. Andauernder Sturm. Immer noch Sturm. Geschichte. Der Teufel in uns, in mir, in dir, in uns allen, spielt Gott, höchste Instanz, höchstes Prinzip. Die Summe des Unrechts wird Summe des Rechts."[33] Die teuflische Unrechtsgeschichte, aus der keiner aussteigen kann, in die jeder involviert ist, wird Siegergeschichte, die Opfer produziert und diese links liegen lässt. In seinem Stück sucht Handke daher den Vergessenen und Verschollenen – namentlich seinem Onkel Gregor, einem Partisanen, der aus dem Zweiten Weltkrieg nicht zurückgekommen ist, aber auch seiner Familie im „Jaunfeld", ja allen Kärntner-Slowenen, die als Verlierer der jüngeren Geschichte gelten können – ein literarisches Denkmal zu setzen. Er gibt den Verstummten eine Stimme, er lässt sie sprechen und setzt sich ihren Fragen aus.[34] So spricht Gregor, der unfreiwillig-freiwillig zum Widerstandskämpfer geworden ist, rückblickend: „Die Geschichte, sie hat mein und unser Leben aufgefressen, das Lebensgefühl. Und was ist ein Leben ohne Lebensgefühl? ... Jahrhundertelang die Sklaven der Geschichte, haben wir uns eingebildet, endlich ihre Herren geworden zu sein, und haben gerade so sich zu ihren Opfern gemacht. Heißt es nicht, dass zur Tragödie die Vermessenheit desjenigen gehört, den sie trifft? Haben wir Wälderkrieger sich demnach vermessen, als wir selber unser Recht sich angeeignet haben? ... Was mich betrifft, den Swinetz Gregor: Nie, auch nicht mit den Waf-

---

[32] Im *Versuch über die Müdigkeit* wird King Lear eigens gewürdigt, dort heißt es: „Und ebenso wenig gelingt mir eine Vorstellung von der Müdigkeit eines Reichen, oder Mächtigen, ausgenommen vielleicht der abgedankten, wie der Könige Ödipus und Lear." Peter HANDKE, *Die drei Versuche*, Frankfurt/M. 1998, 43.

[33] Peter HANDKE, *Immer noch Sturm*, Berlin 2010, 161f.

[34] Seine Abneigung gegen Schriftsteller, die mit den Mächtigen paktieren und die Siegergeschichte literarisch veredeln, hat Handke im Blick auf García Marquéz klar zum Ausdruck gebracht: „Dass dieser Schriftsteller, der ein guter Schriftsteller ist, solche Kretins als Helden einer Geschichte auftreten lässt, das ist für mich einfach ein Sakrileg. So was in der Literatur vorkommen zu lassen! [...] Die Schurken darf man nicht auf den Altar heben." HANDKE – HAMM, Es leben die Illusionen (s. Anm. 3), 36f.

fen auf den Bergen, ist es mir in den Sinn gekommen, Geschichte zu machen."[35] Er hätte sich lieber um den Hof gekümmert und Apfelbäume gepflanzt, hätte an den Sonntagen lieber mit dem Vater und den Brüdern gekegelt, statt den Unterdrückern aus dem Hinterhalt der Wälder bewaffneten Widerstand zu leisten. Nicht ohne Resignation bilanziert er: „Wehe dem Volk, nicht wahr, welches Geschichtsvolk wird: vom Opfervolk zum handelnden und siegreichen geworden, zwingt es ein anderes Volk in die Rolle des Opfervolks, nicht wahr. Wehe den Unbesiegten!? Hätten wir also weiter die Dulder sein sollen? Uns weiter die Seelensprache nehmen lassen sollen? Haben wir uns denn im Kampf nicht die Heimat verdient? Und was ist jetzt? Ach, Geschichte. Ah, Leben. Aus der Geschichte lernen? Ja, die Hoffnungslosigkeit. Was willst du von uns, Nachfahr? Warum wir? Wir haben doch verloren. Sind kein Thema. Und auch kein Stoff zum Träumen."[36]

Aber gerade den Verlorenen gilt Handkes Blick, gerade sie macht er zum Thema, um sie dem Vergessen zu entreißen und ihnen postum Gerechtigkeit widerfahren zu lassen.[37] Und hier rückt unversehens eine eucharistische Szene in den Blick, die nach dem Krieg spielt und in *Immer noch Sturm* im fiktiven Gespräch mit dem verschollenen Onkel Gregor erinnert wird. Sie handelt von den Widerstandskämpfern, wie sie ins Dorf zurückkehren und den Sonntagsgottesdienst besuchen: „[...] ‚und wie wir uns dort niedergekniet haben, um den Leib des Herrn zu empfangen, nach dem wir während der Jahre im Wald nur so gelechzt haben, ein Bedürfnis sondergleichen war uns allen diese Kommunion, wie andererseits das Bedürfnis bei einer Frau zu liegen, ein Bedürfnis? Ein Heimweh!, da' – Ich: ‚Da hat der Priester euch, wie ihr da gekniet habt, übergangen, mir nichts! dir nichts!' Gregor: ‚– und den Leib Christi den anderweitigen Kniern dargereicht, und ich und die Unsrigen sind noch die längste Zeit mit den empfangsbereit herausgestreckten Zungen dagekniet, bis ich begriffen habe – nein, nichts habe ich begrif-

---

[35] HANDKE, Immer noch Sturm (s. Anm. 33), 150.
[36] Ebd., 152.
[37] Vgl. Peter HANDKE, *Gedicht an die Dauer*, Frankfurt/M. 1986, 45: „An die Stelle des Geredes in mir,/der Marter aus vielen Stimmen,/tritt die Nachdenklichkeit,/eine Art erlösenden Schweigens,/aus welchem dann doch, bei der Ankunft am Ort,/ein ausdrücklicher, mein höchster Gedanke sich aufschwingt:/Retten, retten, retten!" Oder: „Die Grundfrage jedes Erzählers (sollte sein): Wie rette ich meinen Helden?" DERS., Phantasien der Wiederholung (s. Anm. 19), 15.

fen und werde es nie begreifen. Die gerade noch im Evangelium ‚Das Leben ist erschienen!' verkündet haben, haben dieses Leben mit der verweigerten Kommunion wieder verschwinden lassen, für immer und ewig."[38] Diejenigen, die ihr Leben für die Gemeinschaft eingesetzt haben, werden von der Gemeinschaft ausgeschlossen; diejenigen, die als Partisanen jahrelang in den Wäldern Widerstand geleistet haben, werden vom Priester in der Kirche vor allen Augen übergangen, obwohl sie nicht nur ein lechzendes Bedürfnis nach dem Leib des Herrn, sondern echtes Heimweh empfinden. Der priesterliche Akt der Kommunionverweigerung, der das Nachhausekommen schmerzlich verhindert, erntet blankes Unverständnis. Das Stück bringt die Fassungslosigkeit der bei der Kommunion Übergangenen ins Wort und deutet wenig später nicht ohne Bitterkeit an, dass viele Priester „im Krieg die Mitgewaltigen der fremden Gewaltherren"[39] waren.

Die Erinnerung an das Unrecht und die vergangenen Leiden führt insgesamt allerdings nicht zu einem Fatalismus, der die Weltgeschichte einfach zum Weltgericht erklärt[40] und sich damit abfindet, dass Gras über das Geschehen wächst. Vielmehr setzt die *memoria passionis* eine gewaltige Hoffnung frei. So heißt es an der wohl stärksten Stelle des Stücks: „Ich möchte eure Totenköpfe streicheln – sie zwischen die Hände nehmen, so! Nein, keine Totenköpfe seid ihr mir, sondern Antlitze. Ich verehre euch. Warum? Weil ihr Hasenherzen wart, aber tapfer. Als gehörten Hasenherzen und Tapferkeit zusammen. Und nie auch wart ihr Angreifer. Allein in der Verteidigung seit ihr zu Männern geworden, und zu Frauen, und zu was für welchen. Ein anderes ewiges Licht soll euch leuchten! So gedenke ich eurer, und denke umgekehrt von euch mich gedacht."[41]

---

[38] DERS., Immer noch Sturm (s. Anm. 33), 143–144.
[39] Ebd., 144. An anderer Stelle heißt es wohl über eine Fronleichnamsprozession: „Ein Priester im Festtagsornat, unterwegs mit einer golden leuchtenden Monstranz, unter einem Baldachin getragen von vier Ministrantenknaben. Als letzter, oder auch zwischendrin, quert eine Gestalt mit einer riesigen Hakenkreuzfahne den Hintergrund. Schwenkt sie die Fahne? Es scheint nur so, im Sturm" (ebd., 131).
[40] Vgl. Eberhard JÜNGEL, *„Die Weltgeschichte ist das Weltgericht" – aus theologischer Perspektive*, in: DERS., *Ganz werden. Theologische Erörterungen V*, Tübingen 2003, 322–344.
[41] HANDKE, Immer noch Sturm (s. Anm. 33), 154.

Wandlung – die Urform der Wirklichkeit

Hier wird eine Gemeinschaft des wechselseitigen Eingedenkens[42] ins Wort gebracht, die quersteht zum schnellen Vergessen der Vorfahren, die, wenn sie einmal verstorben sind, das Leben nicht weiter belasten sollen. Gegen den kollektiven Gedächtnisverlust, der heute am Wandel der Bestattungsformen bis hin zu anonymen Gräberfeldern ablesbar ist, steht die Kultur des Eingedenkens. In Anspielung an die Schlussdoxologie des Eucharistischen Hochgebets heißt es in *Immer noch Sturm* über die Vorfahren weiter: „dank euch, durch euch, in euch und mit euch!" Und weiter: „Auferstehen sollt ihr. Ich rufe euch aus den Gräbern zur Auferstehung. Gott ehre eure Gesichter."[43] Leidenserinnerung mündet hier ein in die emphatische Evokation einer Hoffnung. Die erloschenen Gesichter der Toten, Ausdruck der Einmaligkeit ihrer Person und ihrer Lebensgeschichte, sollen neu gewürdigt, sollen geehrt werden. Durch Gott![44]

Rettendes Eingedenken durch Dichtung, Verdichtung der Zeit durch Erzählen, Einbergung des Gewesenen ins Heute – man fühlt sich von ferne an eine Vision des Propheten Ezechiel erinnert, der in eine Ebene voll von Gebeinen versetzt wird und den Auftrag erhält, ein Wort zu sprechen, das die Kraft hat, den Tod zu widerrufen: „Ihr ausgetrockneten Gebeine, hört das Wort des Herrn! So spricht Gott, der Herr, zu diesen Gebeinen: Ich selbst bringe Geist in euch, dann werdet ihr lebendig. Ich spanne Sehnen über euch und umgebe euch mit Fleisch: ich überziehe euch mit Haut und bringe Geist in euch, dann werdet ihr lebendig. Dann werdet ihr erkennen, dass ich der Herr bin" (vgl. Ez 37, 4–6). Die Plastizität, mit der in dieser apokalyptischen Vision der Tod widerrufen wird, mag heute befremden, aber sie bringt die Sehnsucht ins Wort, dass unsere Vorfahren, denen wir mehr verdanken, als wir ahnen und sagen können, leben, ja dass ihre Namen unaustilgbar in das Gedächtnis Gottes eingeschrieben sind. „Es *gibt* die Sehnsucht, die Toten zu er-

---

[42] Eine vergleichbare Wendung findet sich in HANDKEs *Versuch über den geglückten Tag*, in: DERS., *Die drei Versuche*, Frankfurt/M. 1998, 295: „Er schwieg. Er schwieg im Zeichen der Toten. Nicht ‚Er (sie) hat das Zeitliche gesegnet' musste es heißen, vielmehr: ‚Er, sie, die Gestorbenen, segnen mir das Zeitliche, wenn ich sie nur lasse.'"

[43] HANDKE, Immer noch Sturm (s. Anm. 33), 154f.

[44] Die Compassion mit den Leidenden hat Handke auch an anderer Stelle betont. „Der Blick in die Gesichter der leidenden Menschen, ihn aushalten, als Gottesdienst; ein anderer Gottesdienst ist mir nicht denkbar (die Shoah); ‚Treue den leidenden Menschen' (mein Motto)." HANDKE, Am Felsfenster morgens (s. Anm. 4), 351.

wecken"[45] – „Es gehören doch auch die *Namen* zur Herrlichkeit"[46] – „Ich möchte eure Totenköpfe streicheln – sie zwischen die Hände nehmen, so! Nein, keine Totenköpfe seid ihr mir, sondern Antlitze!", schreibt Peter Handke, der als Dichter sicher kein Prophet ist und sein möchte, der aber alte prophetische Traditionen neu aufnimmt und dichterisch fortschreibt. Kaum zufällig hat er in seinem Journal *Gestern unterwegs* die Gemeinschaft mit den Toten als „das achte Sakrament"[47] bezeichnet.

III. Der Hunger nach mehr – und eine Freude, die das Leiden der anderen nicht vergisst

Das Leidensgedächtnis kann eine Hoffnung freisetzen, die das Vergangene nicht vergangen sein lässt. Die eucharistische *memoria passionis* kann – paradox genug – aber auch Anlass für eine Freude sein, die sich von flüchtigen Freuden unterscheidet: „Die Lust, wenn sie vorbei ist, ist vorbei, die Freude, wenn sie vorbei ist, ist nicht vorbei."[48] In Handkes Roman *Der Große Fall* wird vom Einbruch einer solchen Freude erzählt.[49] Der Roman handelt von einem Schauspieler, der in einer Metropole (Paris?) einen Preis verliehen bekommen soll. Am Tag der Auszeichnung beschließt er morgens, den Weg vom Stadtrand, wo er die Nacht verbracht hat, ins Zentrum zu Fuß zu gehen. Als der Schauspieler in die Gassen am Rande der Stadt kommt, verspürt er nachmittags (kurz vor drei Uhr?) unversehens den zweiten Hunger – einen Hunger, der nach mehr ausgreift, als durch Essen gestillt werden könnte: „Der Hunger nach Essen wurde gesteigert durch den Hunger auf eine, nein, auf die Frau, dort unten in der Stadtmitte – mit ihr eins werden, jetzt ... – und der Hunger nach der Frau wurde gesteigert, durch einen Hunger nach

---

[45] Ebd., 28 (kursiv im Original).
[46] Ebd., 197 (kursiv im Original). Vgl. auch Peter HANDKE, *Die Morawische Nacht*, Frankfurt/M. 2008, 424: „Gelobt seien, trotz allem, die Namen!"
[47] Peter HANDKE, *Gestern unterwegs. Aufzeichnungen November 1987 bis Juli 1990*, Frankfurt/M. 2007, 258: „Das Achte Sakrament (das Poussin nicht gemalt hat): das Sakrament – die Gesellschaft mit den Toten."
[48] DERS., *Am Felsfenster morgens* (s. Anm. 4), 32.
[49] Ich greife hier auf Ausführungen zurück, die ich erstmals in dem Essay *Wirklichkeitsverdichtung. Zu Peter Handkes „Der Große Fall"*, in: Stimmen der Zeit 10 (2011) 701–709, entfaltet habe.

Wandlung – die Urform der Wirklichkeit 45

– ja, nach was? nach was nur?"[50] Die Leerstelle, die den Satzfluss durch Fragen unterbricht, zeigt an, dass die unstillbare Sehnsucht nach Größerem die sprachlichen Möglichkeiten offensichtlich übersteigt. Trotz des Geschreis und des Getöses in den Straßen der Stadt hört der Schauspieler Glockenschläge, die nicht nur die Stunde der Zeit anzeigen, sondern auch an die Ewigkeit erinnern.[51] Er folgt instinktiv dem Geläut, und „eines wusste er in seinem Heißhunger nach einem bestimmten Leib und ebenso nach dem Schöpfer Geist nun doch, im Voraus: Das Gotteshaus wäre offen, und trotz der Nachmittagsstunde würde darin eine Messe gelesen" (177). Die Szene, in der er die Kirche betritt, wird genau beschrieben: Die Kerzen stehen bereits angezündet auf dem Altar, der Priester sitzt in goldenem Ornat in der offenen Sakristei und bereitet sich, „in sein Buch versenkt und zugleich hellwach, auf das Amt vor" (ebd.). Der Geistliche feiert still die Messe und nimmt über weite Strecken die gleiche Gebetsrichtung ein wie der Schauspieler, der als einziger Teilnehmer anwesend ist. Dieser stört sich nicht daran, im Gegenteil scheint er es durchaus in Ordnung zu finden, dass der Priester nicht „vom Allerheiligsten abgewandt"[52] zelebriert. Mit großer Andacht werden Epistel und Evangelium verlesen, es folgt eine eigenwillige Predigt über die Ohnmacht und Allgegenwart Gottes, den Hunger des Mannes und den Durst der Frau – als habe der Priester die Gedanken seines einzigen Zuhörers gelesen.

Man könnte meinen, hier werde eine bloß ästhetische Faszination an der sakralen Aura des Priesters und seinen gottesdienstlichen Hand-

---

50 Peter HANDKE, Der Große Fall, Berlin 2010, 174 (Seitenzahlen im Folgenden im Haupttext in Klammern).
51 Vgl. zum Motiv der Glocke: DERS., Über die Dörfer (s. Anm. 10), 27f: „Einst hat man uns erklärt: die Glocken geben nicht die Zeit an, sondern gemahnen an die Ewigkeit. Doch unsereinem erklingen sie nichts mehr, und sie rufen niemanden – großer Klöppel, luftverdrängender Eisenguss, mieser Blechlärm. Hunde kommen in die Kirchen gelaufen und trinken die Weihwasserbecken leer. Keiner kümmert sich vor Ort. Wieviel Überlieferungswertes geht da immer wieder vor sich [...] – und keiner hält etwas fest; nichts mehr wird weitergegeben." – „Die Glocken reißen alles zusammen (Tränen)." DERS., Die Geschichte des Bleistifts (s. Anm. 5), 230 – „Es gibt keine herzlichere Erinnerung an das Sterbenmüssen als die Glocken freitags um drei." DERS., Am Felsfenster morgens (s. Anm. 4), 99. – „Die Glocken, vor allem die am Freitag um drei, bestärken mich in meiner Schwachheit (,comune dolor' ist Petrarcas Wort für den Karfreitag)." DERS., Phantasien der Wiederholung (s. Anm. 19), 99.
52 Nach einer Wendung von Arnold STADLER, welche die geläufige Rede „mit dem Rücken zum Volk" kontrapunktiert. DERS., Salvatore, Frankfurt/M. 2009, 16.

lungen literarisch festgehalten. Auch an anderen Stellen hat Handke auf die Wichtigkeit hingewiesen, dass die Priester eine Kultur des Wortes[53] pflegen und die liturgische Kunst des Zeichensetzens üben. „Mit Hilfe der Messe lernen die Priester, schön mit den Dingen umzugehen: das sanfte Halten von Kelch und Oblate, das gemächliche Auswischen der Behältnisse, das Umblättern des Buchs; und das Ergebnis des schönen Umgangs mit den Dingen: herzbeflügelnde Fröhlichkeit."[54] Aber auch das Gegenteil hat er kritisch vermerkt: „Die meisten Priester sind geistlose Arrangeure, die da vorn am Altar ordinäre Haushaltsgeräusche vollführen. Jedes kleine Zeichen von Geist aber würde mich sogleich zu Tränen rühren."[55] Anders als Martin Mosebach, der die *Häresie der Formlosigkeit* in der nachkonziliaren Liturgie angeprangert hat, ohne zu versuchen, die im Ritus verkapselten Sinnpotentiale deutend zu erschließen, geht es Handke darum, zu erzählen, was in der Messe geschieht und welchen Wandlungsimpuls dieses Geschehen für seinen Protagonisten hat. In *Der Große Fall* wird nun die Reaktion des Schauspielers auf die heilige Handlung beschrieben und gerade dadurch indirekt auf die Bedeutung des Geschehens hingewiesen: „Bei der Verwandlung des Brotes in den Leib und des Weins in das Blut hätte es sich gehört, dass der einzige Teilnehmer der Eucharistiefeier auf die Knie fiele. Das hatte der Schauspieler bisher nicht einmal in den Filmen über sich gebracht, und auch jetzt knickte er die Knie in seiner Kirchenbank nur, wie seit der Kindheit, in dem Kalkül, der Priester werde darin ein Hinknien sehen. Im selben Moment aber spürte er ein Bedürfnis, eine Sehnsucht – oder war das Teil seines Hungers – nicht allein auf die Knie zu fallen, sondern der Länge nach hinzustürzen und mit dem Gesicht nach unten liegenzubleiben" (180f).[56] Das völlige Nie-

---

[53] „Jeder Priester müßte sich doch die ganze Woche (oder jeden Tag) darauf freuen, das Evangelium zu verlesen. Aber wie ist es wirklich? (Rhetorische Frage) – Die Mikrophone als Tod der Frohbotschaften." HANDKE, Phantasien der Wiederholung (s. Anm. 19), 73. Oder: „Eine Meßfeier müßte ein unverwechselbarer Vorgang ein, was sie meist nicht ist. Sie dürfte zum Beispiel keine ‚Gesangskunstdarbietung' sein." DERS., Die Geschichte des Bleistifts (s. Anm. 5), 289.
[54] HANDKE, Phantasien der Wiederholung (s. Anm. 19), 8.
[55] DERS., Die Geschichte des Bleistifts (s. Anm. 5), 244.
[56] Vgl. HANDKE, Die Lehre der Sainte-Victoire (s. Anm. 4), 21: „Damals geschah die Verwandlung. Der Mensch, der ich war, wurde groß, und zugleich verlangte es ihn auf die Knie, oder überhaupt mit dem Gesicht nach unten zu liegen, und in dem allen niemand zu sein." Vgl. auch die frühe autobiographische Äußerung (1957): „Während der Messe wartete ich auf die Bewegungsänderungen, vor dem Evangelium

derstrecken des Körpers – die *Prostratio* – ist nur in der Weiheliturgie und am Karfreitag vorgesehen, wenn um drei Uhr nachmittags der Sterbestunde des Herrn gedacht wird. Doch nicht ohne Erleichterung registriert der Schauspieler, dass das Gestühl der Kirchenbänke ihn daran hindert, sich auf dem Boden niederzustrecken. Er bleibt gesammelt, folgt aber nicht der Einladung zur Kommunion. Offen bleibt, warum. Fühlt er sich nicht disponiert? Oder würde er durch die Teilnahme aus der Rolle des Zuschauers herausgerissen und zu einem Beteiligten, der gerade durch den Vollzug der Kommunion nicht so bleiben kann, wie er ist, weil die Begegnung mit dem ganz Anderen Umkehr und Änderung einschließt? Der Text schweigt, er bringt nur zum Ausdruck, dass ein letzter Vorbehalt bleibt. Am Ende der Zeremonie empfängt der Schauspieler den Segen, den der Priester, der ihn vorher kaum beachtet, nun eigens an ihn – im Singular! – adressiert: „Geh hin in Frieden!" (181)

An die Feier der Messe schließt sich dann aber doch ein gemeinsames Mahl in der Sakristei an.[57] Der Priester, ein Spätberufener und ehemaliger Automechaniker, der unter dem Priestergewand einen blauen Arbeitsanzug trägt, tauscht sich mit dem Schauspieler aus – in einer anhaltenden Atmosphäre der „Heiterkeit". Sie teilen die Flasche Wein, die der Priester aus einem „Supermarkt-Plastiksack" hervorholt. Die Feier der Liturgie bleibt demnach nicht isoliert und weltabgehoben, sie setzt sich fort im Fest des Lebens und führt zu einer vertieften Weltzuwendung.[58] Die sakrale Handlung wird gewissermaßen geerdet. Der Priester nennt den Schauspieler „Christoph" (Christusträger) und mutmaßt, dieser trage das „Gewicht der Welt" (eine Anspielung auf einen früheren Buchtitel Handkes). Der Priester errät den Beruf des Schauspielers. Er habe ihn erkannt an der Fähigkeit, sich bis zur totalen Unauffäl-

---

auf das Aufstehen, vor der Predigt auf das Sitzen, vor der Wandlung auf das Knien." Aber auch: „Wenn ich die Hostie mit den Zähnen berührte, erschrak ich." Peter HANDKE, *Ich bin ein Bewohner des Elfenbeinturms*, Frankfurt/M. 1973, 11. Oder: „Verb für den Knienden – ,er denkt weiter'" DERS., Am Felsfenster (s. Anm. 4), 73.

[57] Zum Zusammenhang zwischen Eucharistie und Agape vgl. Andreas BIERINGER in diesem Band.

[58] Vgl. die auf Ps 104,15 anspielende Aufzeichnung: „Als mir in dem öden Gasthaussaal die Flasche Wein auf den Tisch gestellt wurde, frohlockte tatsächlich das Herz (,und die Bibel hat doch recht': ihre Alltäglichkeit wiederfinden)." HANDKE, Die Geschichte des Bleistifts (s. Anm. 5), 53. Oder die Aufzeichnung: „Mit dem Schluck Wein die Verwandlung der Enge in die Weite: aber es genügt *ein* Schluck." DERS., Phantasien der Wiederholung (s. Anm. 19), 27.

ligkeit selbst zurückzunehmen, gleichsam zur Unperson zu werden, an der Ernsthaftigkeit und Unbedingtheit. Er, der Priester, sei ebenfalls eine Art Schauspieler. Das Wort vom Priester als Schauspieler, das auch andernorts bei Handke begegnet[59], mag auf den ersten Blick anstößig erscheinen. Aber schon vorher wird die Frage nach der angemessenen Darstellung als das eigentliche Problem des Schauspielers gekennzeichnet: „Jemand, der auch in seinen Mußeperioden, nicht beständig, nicht tagaus, nachtein mit dem Problem, dem schönen, dem einengenden, dem befreienden, dem beglückenden und peinigenden Problem des Darstellens lebte, hatte nach ihm, kein Recht, sich Schauspieler zu nennen, ein Wort, das für ihn eine andere Bedeutung hatte als für nicht wenige" (183). Auch der Priester bringt etwas zur Darstellung. Er ist keiner, der eine Schau gibt und sich selbst in den Mittelpunkt spielt (auch wenn dieses Selbstmissverständnis bei Priestern mitunter begegnet), vielmehr ist der Priester einer, der im Namen eines anderen spricht und handelt – gerade in der Liturgie.

Nach dem „Schmaus" mit dem Priester pilgert der Schauspieler beschwingt weiter stadteinwärts und spürt eine Freude in sich, die sich von anderen, vorangegangenen Freuden unterscheidet. Diese „sind schnell wieder vorbei" (186), sie stoßen gerade dann, wenn sie sich ausbreiten wollen, an das Unglück der anderen – und verebben. Darf man sich freuen, wenn es anderen schlecht geht? Die moralische Selbstzensur verbietet ein Glück, das die Solidarität mit den Armen und Leidenden der Welt aufkündigt. Das Postulat einer Erinnerungssolidarität mit den Geschlagenen der Geschichte, das seit Walter Benjamin in den philosophischen Diskurs der Moderne eingegangen ist, scheint jede Freude unter den Verdacht der Leidunempfindlichkeit zu stellen und im Keim zu ersticken.[60] Zu Recht lehnt es das mitleidlose Vergessen der Sieger, die die Erinnerungsspuren an die Opfer auslöschen, um ungestört leben und besser genießen zu können, als Zynismus der Macht ab. Die Freude steht unter Ideologieverdacht, sie darf nicht aufkommen, da das Einge-

---

[59] „Die meisten Gläubigen knien in den Kirchen als Leichenbündel mit Leichenbittermienen; und die meisten Priester sind schlechte Schauspieler (sie sollten aber sehr gute sein)." DERS., Die Geschichte des Bleistifts (s. Anm. 5), 227.

[60] Vgl. dazu die Bemerkung von Theodor W. ADORNO, Ästhetische Theorie, Frankfurt/M. 1970, 66: „Das Unrecht, das alle heitere Kunst, vollends die der Unterhaltung begeht, ist wohl eines an den Toten, am akkumulierten und sprachlosen Schmerz."

denken fremden Leids das Bewusstsein beherrschen soll. Es sind nicht nur die unzähligen Opfer der Kriege und Naturkatastrophen, von denen in den Nachrichten allabendlich die Rede ist, es ist auch der Gedanke an den fernen Sohn und seine Einsamkeit, der den Schauspieler belastet. Er hat sich seit Jahren nicht um seinen Sohn gekümmert, das sind die moralischen Hypotheken der instabilen Beziehungswelten, in denen er sich bewegt, das ist das schlechte Gewissen, das im Hintergrund des Bewusstseins knirscht: „Meine Freude durfte nicht mehr sein. Und zuletzt stellte sie sich auch nicht mehr ein." (187)

Das Erstaunliche nun an der Freude nach der Teilnahme an der Messe ist, dass sie das Leid der anderen nicht verdrängt oder vergisst. „Das Unglück wurde darin allgegenwärtig, aber es erschien als Teil dieser Freude, und es durchwirkt sie, statt sie zu durchkreuzen. Es war eine Freude durchwirkt von Schmerz, in welcher er dahinpilgerte, und er spürte in ihr, mit ihr und durch sie (wie es in Anlehnung an die Schlussdoxologie des Hochgebetes heißt) keinerlei Unrechtsbewusstsein und schlechtes Gewissen: nicht seine persönliche Freude war es, die ihn trug, nicht hatte sie zu schaffen mit ihm allein, sie überstieg ihn. Diese schmerzhafte Freude war eine einhellige." (188)[61] Diese Freude kann nicht gemacht, sie kann nur empfangen werden. Sie kommt – wie es lapidar heißt – „aus einer Reinigung, durch eine Zeremonie, eine gemeinsame – mochten sie auch bloß zu zweit gewesen sein" (189).

Was der Schriftsteller Peter Handke hier in dichter Sprache beschreibt, ließe sich eucharistietheologisch weiter ausloten. Die Verwandlung der Gaben von Brot und Wein in der eucharistischen Liturgie wird zur Gabe der Verwandlung, das Alltagsbewusstsein findet durch Sammlung, Dank und Gabe zu einer verloren geglaubten Freude zurück, die am Leid der anderen keine Grenze findet, sondern dieses verwandelt in sich enthält. Man könnte von einer Transsubstantiation des Bewusstseins sprechen, die sich der verborgenen Gegenwart Christi ver-

---

[61] Vgl. dazu HANDKE – HAMM, Es leben die Illusionen (s. Anm. 3), 43: „Und dann, wenn ich mich im Alleingehen freigehe, kommt der Moment, wo die Freude, oder besser gesagt die Unbändigkeit so stark wird, dass diese Unbändigkeit grenzt, oder rührt, oder besser gesagt, an alle anderen, nein, an viele Schicksale, die mir begegnet sind. Das ist dann, was Goethe im Tasso ausgedrückt hat. Es rollt ein Rad von Schmerz und Freude durch meine Brust. So dass also die Freude sich in das Rad verwandelt, wo der Schmerz dazukommt, wenn das Rad an die andern Schicksale rührt, im Gehen."

dankt. Aber die Dichte der Szene bei Handke wird gerade auch durch den völligen Verzicht auf theologische Fachbegriffe erreicht. Die Freude, die sich nach der Feier der Eucharistie ganz absichtslos einstellt, verrät die Leidenden nicht. Sie steht einem verbreiteten Lebensgefühl entgegen: „Wenn man sich freut, hat man schon Angst, sich gegen die Solidarität mit den vielen Leidenden zu vergehen. Ich darf mich eigentlich gar nicht freuen, denkt man in einer Welt, in der soviel Elend, soviel Ungerechtigkeit da ist."[62] Aber die österliche Freude über die Überwindung des Todes durch den Auferstandenen ist nicht mit einem leid-unempfindlichen Triumphalismus zu verwechseln. Es wäre fatal, sie in einer Haltung der Doxologieverweigerung zu unterdrücken. Denn sie bleibt rückgebunden an die Passion auf Golgotha und die Erfahrung der Gottesnacht. Am Kreuz ist der nach Gott schreiende und am Ende tödlich verstummte Christus den Leidenden und Verlorenen gleich geworden, hier hat er sich auf die Seite der Geschlagenen der Geschichte gestellt. Auch als Auferstandener ist er gezeichnet durch die Spuren des Leids, er ist, wie die Wundmale des Verklärten zeigen, durch den Schmerz und die Negativität hindurchgegangen. Er kommt auch heute nahe und gewährt durch die Gabe seiner Gegenwart eine stille Freude, die mehr und anderes ist als die funkelnden Verlockungen von Fun, Wellness und Jugendkult.[63] So deutlich zieht Handke die Linien im *Großen Fall* nicht mehr aus, aber kaum zufällig beschließt der Schauspieler nach dem Besuch der Messe, das für den Abend angesetzte Spektakel der Ehrung fahren zu lassen.[64]

---

[62] Joseph RATZINGER, *Salz der Erde. Christentum und katholische Kirche an der Jahrtausendwende*. Ein Gespräch mit Peter Seewald, Stuttgart 1996, 39.

[63] HANDKE, Phantasien der Wiederholung (s. Anm. 19), 32: „Lust ist rücksichtslos, Freude nicht (deshalb kann niemand mir meine Freude vorwerfen)".

[64] Wie eine poetische Variation auf das Wort des Ignatius liest sich eine Wendung bei James JOYCE: „transmuting the daily bread of experience into the radiant body of *everliving life*" (DERS., *Dubliners – A Protrait of the Artist as a Young Man*, New York 1964, 343).

Ausblick

Der Glaube lebt da, wo er erzählt und bezeugt werden kann. Eine Theologie, die gelehrt das Mysterium der eucharistischen Wandlung in Begriffen zu umschreiben sucht, aber nicht in der Lage ist, deutlich zu machen, was *wirklich* geschieht, wenn der Gekreuzigte und Auferstandene in den Zeichen von Brot und Wein nahekommt, droht zu einem verkopften Glasperlenspiel zu werden. In diesem Sinn ist sie bleibend rückverwiesen auf die Sprachfähigkeit und Erzählkunst der Gläubigen. Was geschieht, wenn die Wandlung der Gaben für die, die kommunizieren, zu einer Gabe der Wandlung wird? Wenn die Feier der Liturgie zu einem Fest des Lebens wird, wenn alles geteilt wird und die Dinge des Alltags plötzlich in neuem Licht erscheinen? Was geschieht, wenn beim Kommuniongang des Volkes alle in einer Reihe stehen und ohne Drängelei warten, bis sie drankommen und den Leib des Herrn empfangen: Wohlsituierte und Bettler, Kranke und Behinderte, Gesunde und Fitte, Eifrige und Faule, Alte und Junge, Erfolgreiche und Versager?[65] Wenn im Akt des Eingedenkens – *re-membering* – die verstreuten Glieder – *membra disiecta* – zusammenfinden und bilden, was sie empfangen: *corpus Christi*? Was, wenn die Teilnahme an der Kommunion eine stille Freude freisetzt, die das Leid der anderen nicht vergisst, wenn das „Hinübermahlzeiten zu dir" einen Vorgeschmack der Fülle gewährt?

Im Sinne solcher Fragen hat Peter Handke einmal geäußert: „Wenn jemand nur sagt, er sei religiös, geht mir das auf die Nerven. Wenn er nicht erzählt, was das ist. Das Erzählen ist das Entscheidende. Wenn ich an der heiligen Messe teilnehme, ist das für mich ein Reinigungsmoment sondergleichen. Wenn ich die Worte der Heiligen Schrift höre, die Lesung, die Apostelbriefe, die Evangelien, die Wandlung miterlebe, die Kommunion und den Segen am Schluss ‚Gehet hin in Frieden!', dann denke ich, dass ich an den Gottesdienst glaube. Ich weiß nicht, ob ich an Gott glaube, aber an den Gottesdienst glaube ich. Die Eucharistie ist für mich spannender, die Tränen, die Freude, die man dabei empfindet, sind wahrhaftiger als die offizielle Religion. Ich weiß, ich habe, wenn ich das sage, eine Schattenlinie übersprungen, aber dazu stehe ich."[66]

---

[65] Vgl. Peter HANDKE, *Versuch über den Stillen Ort*, Berlin 2012, 91f.
[66] Vgl. DERS. im Gespräch mit Ulrich GREINER, in: DIE ZEIT vom 1. Dezember 2010.

Literaturwissenschaftliche Zugänge

Verklärung und Heilszuversicht
Peter Handkes „Über die Dörfer"

Helmuth Kiesel, Heidelberg

I.

Um 1980 sah die Zukunft der Welt und des Menschengeschlechts für viele Schriftsteller sehr düster aus. Christa Wolf machte 1983 die unglückliche trojanische Seherin Kassandra zur Heldin ihrer gleichnamigen Erzählung und ergänzte diese um vier „Vorlesungen", in denen sie die seit der Antike dominierende männlich-rationalistische Kultur als eine Kultur der „Selbstzerstörung"[1] charakterisierte und unter Verweisen auf die amerikanischen Waffenarsenale apokalyptische Vorstellungen aufrief. Günter Grass imaginierte drei Jahre später mit seinem Roman *Die Rättin* (1986) das Ende des Menschengeschlechts durch einen atomaren Zusammenstoß der Supermächte, der zwar nicht geplant war, sondern zufällig zustande kam, aber letztlich doch auch in der Konsequenz der rationalistischen und auf Gewalt und Zerstörung ausgerichteten abendländischen Kultur liegt.[2] Andere befürchteten nicht das Ende des menschlichen Lebens durch eine atomare Katastrophe, wohl aber das allmähliche Ende der geisterfüllten menschlichen Geschichte und der eben noch bestehenden Hochkultur. Ernst Jünger entwarf 1977 in seinem Roman *Eumeswil* das Bild einer spätzeitlichen Zivilisation auf der „fellachoiden"[3] Endstufe des Verfalls und Siechtums.[4] „Die

---

[1] Christa WOLF, *Voraussetzungen einer Erzählung: Kassandra*, Darmstadt – Neuwied 1983, bes. 40, 101, 109 und 115.
[2] Günter GRASS, *Die Rättin*, Darmstadt und Neuwied 1986, bes. 188 f.
[3] Ernst JÜNGER, *Sämtliche Werke*. Bd. 17, Stuttgart 1980, 75.
[4] Ebd., 70.

Geschichte ist tot",[5] weil alle „Ideen" oder „Götter", die das geschichtliche Handeln der Menschen gelenkt und beflügelt haben, verbraucht sind.[6] Das Zeitalter des von Nietzsche prophezeiten „Letzten Menschen", der als flacher, geistloser Zivilisationstechniker und Konsument existierte, ist bereits vorüber. Seine Erben sind die „Schwindlinge", die auf einer „Großen Deponie" leben oder eigentlich vor sich hin „dämmern", weder Stein noch Holz noch Metall bearbeiten können und sich in den Überbleibseln der versunkenen Zivilisation mehr schlecht als recht einrichten.[7] Jüngers Roman ist eine zugespitzte Darstellung der „Gesellschaft des Verschwindens" oder des Aufbrauchs der materiellen und geistigen Ressourcen, die der Soziologe Stefan Breuer 1992 in seinem gleichnamigen Buch beschrieb[8] und die zuvor schon Hans Magnus Enzensberger mit seinem Gedichtband *Die Furie des Verschwindens* (1980) und mit seinem Posthistoire-Epos *Der Untergang der Titanic* (1978) beschworen hatte. Im *Untergang der Titanic* scheitert wohl das titanische Projekt des sozialistischen Umbaus der Welt am Eisberg der kapitalistischen Geschichte, die unaufhaltsam ihren Weg geht und alle Gegner zum Kentern bringt und dazu verurteilt, in der Misere der kapitalistischen Verhältnisse auszuharren. Der *Untergang der Titanic* endet bei Enzensberger keineswegs mit dem Tod aller Passagiere oder des lyrisch-epischen Ichs. Dieses findet sich am Ende im Meer der Geschichte, kämpft um sein Überleben, während auf fernen Musikdampfern Orchester spielen, und fragt sich, was mit den Dinosauriern geschehen ist:

> „Aber die Dinosaurier, wo sind sie geblieben? Und woher rühren
> die Tausende und Abertausende von klatschnassen Koffern,
> die da leer und herrenlos auf dem Wasser treiben? Ich schwimme und heule.
> Alles, heule ich, wie gehabt, alles schlingert, alles
> unter Kontrolle, alles läuft, die Personen vermutlich ertrunken
> im schrägen Regen, schade, macht nichts, zum Heulen, auch gut,
> undeutlich, schwer zu sagen, warum, heule und schwimme ich weiter."[9]

---

[5] Ebd., 338.
[6] Ebd., 71.
[7] Ebd., 372.
[8] Stefan BREUER, *Die Gesellschaft des Verschwindens: von der Selbstzerstörung der technischen Zivilisation*, Hamburg 1992.
[9] Hans Magnus ENZENSBERGER, *Der Untergang der Titanic*. Eine Komödie, Frankfurt/M. 1978, 115.

Später tritt an die Stelle des tristen Meeres, auf dem sich die Menschen am Ende der Epoche finden, wie zuvor schon bei Jünger, das Bild der Deponie. Zum vorzeitig zelebrierten Jahrtausendwechsel erschienen am 30. Dezember 1999 in der *Frankfurter Allgemeinen Zeitung* zwei Gedichte, die, völlig unabhängig voneinander entstanden, die Deponie oder Müllhalde als Ort des menschlichen Daseins benennen: „Wir auf den Deponien ausgesetzt", heißt es in Volker Brauns Gedicht *Da habt ihr das Jahrhundert*, das die Entzauberung der Welt und den Verlust aller Zukunftshoffnungen und Weltverbesserungsideologien des 20. Jahrhunderts beschwört, und Hans Magnus Enzensberger überquert in seinem Gedicht *Auch ein Millenium* die Linie, an der „alle Neune" in neue Nullen verwandelt werden, auf einer „Ausfallstraße", die „zwischen Möbelparadiesen und Müllhalden" hindurchführt. Der Weg von den einen zu den andern ist kurz, der Unterschied letztlich nur gering, die Möbelparadiese sind nur Vorstufen oder andere Erscheinungsformen der Müllhalden, und dort landet früher oder später das ganze „Millenium".

In diese Untergangsstimmung hinein schrieb Peter Handke im Winter 1980/81 sein „dramatisches Gedicht" *Über die Dörfer*, das am 8. August 1982, einem Sonntag, im Rahmen der Salzburger Festspiele unter der Regie von Wim Wenders uraufgeführt wurde. Zweifellos hätte es den Beifall des Begründers der Salzburger Festspiele, Hugo von Hofmannsthal, gefunden; genau solche Schauspiele hat er sich als Kernstücke der Festspiele vorgestellt. Die professionellen Theaterkritiker urteilten 1982 zwar anders, schrieben Verrisse, die an dem Stück nichts Gutes ließen, und mokierten sich insbesondere über den „Weihespielcharakter" und „Predigerton". Inzwischen hat sich das Blatt aber gewendet, und das „Dramatische Gedicht" *Über die Dörfer* erfährt die Wertschätzung, die ihm gebührt. Es ist, obwohl durch und durch modern, ein Drama von klassischer Dignität, formal, sprachlich und inhaltlich. *Über die Dörfer* ist ein Beispiel für jene berühmte Bestimmung von Kunst, die Charles Baudelaire 1863 gab, als er in seiner Schrift über den Maler Constantin Guys bemerkte: „La modernité, c'est le transitoire, le fugitif, le contingent, la moitié de l'art, dont l'autre moitié est l'eternel et l'immuable."/„Die Modernität ist das Vorübergehende, das Entschwindende, das Zufällige, ist die Hälfte der Kunst, deren andere Hälfte das Ewige und Unabänderliche ist."[10]

---

[10] Charles BAUDELAIRE, *Œvres complètes*. Vol. 2, Paris 1976, 695 (Le peintre de la mo-

Untertitel und Gattungsbezeichnung erinnern an Lessings *Nathan den Weisen*, das Aufklärungsmärchen, das aus mörderischen Kreuzzugsgeschichten und potentiell mörderischen Religionsverhältnissen das utopische Tableau einer über alle nationalen, kulturellen und religiösen Unterschiede hinweg versöhnten Menschheitsfamilie hervorgehen lässt. Die Bezeichnung „dramatisches Gedicht" hat mehrere Bedeutungsaspekte. Einer betrifft die Sprache. Lessings *Nathan* war bei seinem Erscheinen 1779 seit Jahrzehnten das erste Drama, das, nachdem Lessing mit seinem bürgerlichen Trauerspiel die Prosa durchgesetzt hatte, wieder in Versen geschrieben war, wenn auch nicht im heroischen Alexandriner, sondern im einfacheren Blankvers. In Handkes Stück mag dem die manchmal wirklichkeitsferne, bisweilen formelhafte und oft pathetische Sprache entsprechen. Ein anderer Aspekt betrifft die Idealität oder den utopischen Charakter des Dargestellten, der gemeint ist, wenn man etwas als ein „Gedicht von..." bezeichnet. In diesem Sinn bedeutet das Syntagma „dramatisches Gedicht", dass ein dramatischer Vorgang oder Konflikt in der besänftigenden, ausgleichenden und harmonisierenden Form des Gedichts dargestellt und einer Lösung zugeführt wird, die als „Gedicht" im idealistischen oder utopischen Sinn zu verstehen ist. Den Kern des „dramatischen Gedichts", verstanden als Drama, bilden dann die Stellen, an denen der Konflikt geistig – wenn auch nicht gleich praktisch – bewältigt wird und ein besserer, idealer oder heilsmäßiger Zustand aufscheint. In Lessings *Nathan* ist die „Ringparabel" dieses Gedicht. In Handkes *Über die Dörfer* entsprechen ihr Novas Anweisungsrede an Gregor am Ende der Exposition (19 f.) und Novas große Schlussrede, die von Nova selbst als ihr „dramatisches Gedicht" bezeichnet wird (96).

II.

Ein Konflikt, der zu einem Drama mit einem bösen Zerwürfnis am Ende führen könnte, ist in der Ausgangssituation angelegt und wird von Gregor, dem Protagonisten des Stücks, gleich zu Beginn skizziert: Gregor ist ein Schriftsteller und stammt aus einer Gebirgslandschaft

dernité)/*Das Schöne, die Mode und das Glück: Constantin Guys, der Maler des modernen Lebens*, Berlin 1988, 21.

wie Kärnten. Er hat lange Jahre im Ausland gelebt und kehrt nun in die Heimat zurück. Er hat zwei Geschwister, eine Schwester namens Sophie und einen Bruder namens Hans. Dieser wohnt mit seiner Familie im Haus der Eltern, das aber Gregor als der Älteste samt dem Grundstück geerbt hat. Nun hat Hans ihm geschrieben, er möge doch auf Haus und Grund verzichten. Beides soll verkauft werden, damit die Schwester, die als Verkäuferin arbeitet (16),[11] einen kleinen Laden erwerben und sich so einen „eigenen Bereich" schaffen kann. Dies beschreibt Sophie später selbst mit Worten, die das existentiell Bedeutsame dieses Vorhabens anzeigen: Mit dem Erwerb des Ladens ginge nicht nur ihr „Traum" von einem selbständigen Leben in Erfüllung; es geschähe ihr auch das „Recht", das ihr so gut wie jedem anderen Menschen zukommt. (56) Gregor zögert indessen, dem Ansinnen der Schwester zu entsprechen. Er hat zwei Bedenken: Zum einen würde er das von den Eltern in harter Arbeit geschaffene Anwesen (17 f.), das für den Bruder zum „Reservat" geworden ist (15 und 17), mit einer „Hypothek" belasten, was, wie ihm gewiss ist, letztlich zum Verlust führen würde (17 und 71); Gregor sieht das „Werk" der Eltern „verschwinden" (18), aber er will „erhalten", „um jeden Preis: erhalten" (19). Zum andern fragt Gregor sich, ob seine Schwester, die eine nicht berechnende, sondern die Kunden gut beratende Verkäuferin ist, im eigenen Laden nicht zur kalten, immerzu berechnenden und an den Profit denkenden „Geschäftsinhaberin" würde (56 f.). Anspruch stößt auf Bedenken; ein Drama liegt in der Luft.

Der Brief des Bruders mit dem Ansinnen der Schwester hat Gregor in die Heimat zurückgerufen. Deren Aussehen hat sich seit Gregors Weggang allerdings stark verändert, und zwar, wie sich zunächst aus Gregors eigenen Beobachtungen ergibt, zum Negativen hin. Der Bruder Hans arbeitet nicht mehr in seinem Beruf als Sägewerker, sondern auf einer Großbaustelle fern des heimatlichen Dorfes (12). Die Schwester Sophie ist nicht mehr Angestellte einer Gemischtwarenhandlung, sondern eines Warenhauses (12 und 16). Die kleinen Häuschen gehören nicht mehr denen, die darin wohnen, sondern den Banken (18 f.). Das Negativbild wird erweitert und intensiviert, wenn die Großbaustelle in den Blick kommt und die Verwalterin den Wandel der Lebensverhältnisse beschreibt (21 f.): Wo jetzt ein riesiges Bauwerk, vielleicht ein Damm

---

[11] Seitenangaben nach der Originalausgabe: Peter HANDKE, *Über die Dörfer*. Dramatisches Gedicht, Frankfurt/M. 1981.

oder ein Autobahnkreuz entsteht, war früher ein Hochwald. Das Leben spielt sich nicht mehr im Dorf ab, sondern in der Barackensiedlung. Radio und Fernseher haben das Buch verdrängt. Die Kirche ist „fast dauernd abgesperrt", doch gibt es nun eine Dressurhundeschau. „O Zeiten", klagt die Verwalterin, „o Zeiten" (21). Gregors weitere Feststellungen wirken zunächst ähnlich negativ (23): Staubschwaden wehen durch das Tal, das Wasser des Flusses ist lehmig, die Atmosphäre schwefelig. Aber der Anblick eines Begräbnisses wird für Gregor zum „Gleichnis" der Verwandelbarkeit der Dinge, und plötzlich sieht er auch das im Umbau begriffene Tal in einem neuen, zukünftigen Licht: Die „Staublöcher" werden bald „versiegelt" sein, die Betonbögen werden zum Bestandteil der Natur werden, aus dem Bauschutt werden sich neue Seitentäler ergeben. „Das Land bleibt schön und wird weiter gut tun", folgert Gregor und mahnt die Verwalterin: „Sag also nicht: O Zeiten!, sondern: O Zeit!" (24), womit die Fähigkeit der Zeit gemeint ist, die Dinge zu heilen, zu verwandeln, zum Guten zu wenden.

Zwar beginnt Gregor am Ende seiner Darlegungen an deren Gültigkeit zu zweifeln: „Werde ich morgen dem, was ich jetzt weiß, noch glauben können?" (24), fragt er sich selbst. Aber die Verwalterin hat seine Erneuerungsrede bereits aufgegriffen und ruft nun nach einem Künstler, wie es ihn schon einmal gab, der dem Tal „seinen Zug" gibt, das Nichtige „behaucht", das Überliefernswerte aufliest und festhält, die Menschen des Tales preist, den Ort „mit seinen Farben und Formen verherrlicht" (26). Was mit Gregors ersten Beobachtungen beim Gang über die Dörfer und zumal mit der ersten Rede der Verwalterin wie eine zivilisations- und modernekritische Suite von Jeremiaden begann, setzt sich nun – allerdings unterbrochen durch weitere sozialkritische Auslassungen (bes. 40 und 53) – in einer Reihe von Bildern fort, die zeigen, welche Potentiale die Menschen auch in dieser Zeit noch haben und welche Möglichkeiten die fortlaufend sich erneuernde Zeit ihnen gibt. *Über die Dörfer* ist ein apokalyptisches Stück im eigentlichen Sinn; die Apokalypse wird in ihm nicht, wie um 1980 üblich,[12] auf die Katastrophe reduziert, sondern als Offenbarung eines neuen Heils inszeniert. Man könnte auch sagen: Es ist ein Stück, das den Menschen sagen will, dass sie sich auf dem Weg in eine neue und bessere Welt dramatische Zerwürfnisse und Katastrophen ersparen können.

[12] Vgl. Gunter E. GRIMM – Werner FAULSTICH – Peter KUON (Hg.), *Apokalypse. Weltuntergangsvisionen in der Literatur des 20. Jahrhunderts*, Frankfurt/M. 1986.

Gregor, der heimkehrende Künstler, spielt in diesem Vorgang die Rolle eines Katalysators. Vor ihm breiten die Geschwister ihre Lebenserfahrungen und Lebensvorstellungen aus. Ihm führt Hans an einem festlichen Abend, der den Charakter eines Offenbarungs- und Verwandlungsspiels annimmt, seine Kameraden von den Baustelle vor: Menschen, die allesamt „Rätsel" sind (37 f.) und darauf warten, ihr „Recht" zu bekommen (49). Dies zu schaffen, obliegt dem „Mann mit der Schrift" (49), dem „Sänger mit der heiteren Stimme" (50), dem Künstler Gregor also, zu dem die Schwester Sophie auch sagt: Du „kannst der Helfer sein" (60), und: Du „hast die Kraft zur Verklärung" (59). Damit fällt ein Wort, das für das Kunstverständnis der Moderne von eminenter Bedeutung ist. Gerade als die Kunst sich stärker als zuvor an die „prosaische" Wirklichkeit des Lebens halten wollte, in der Epoche des Realismus also, bestanden führende Vertreter des literarischen Realismus darauf, dass die Kunst – im utopischen Widerspruch zur bedrückenden Defizienz und niederziehenden Negativität der wirklichen Verhältnisse – die Aufgabe habe, die Dinge in einem versöhnlichen, idealisierenden, verklärenden Licht zu zeigen. Bei Gottfried Keller und Theodor Fontane ist der Gedanke der Versöhnung, der in Handkes Stück übrigens auch verwendet wird (71), und der Idealisierung oder Verklärung nicht nur eine programmatische Forderung; er realisiert sich im Werk auf Schritt und Tritt, vorzugsweise im Medium des Humors, aber auch auf dem Weg sinnstiftender Anspielungen und Symbolisierungen, die die Dinge auf eine andere Ebene heben. Wer ein Beispiel sucht, braucht nur das Ende von *Effi Briest* zu lesen: Effi, die jugendlich-unbedachte Ehebrecherin, stirbt neun Jahre nach ihrem Vergehen als Büßerin und reine Seele. Die Eltern haben ihr verziehen und sehen, dass sie selber mitverantwortlich waren. Der Pfarrer sagt ihr, dass sie mit der Gnade Gottes rechnen dürfe. Ihr treuer Hund Rollo liegt auf ihrem Grab und will ihr nachsterben. Auch bei anderen Hauptautoren der Moderne spielt der Begriff der Verklärung eine große Rolle. So beschließt Walt Whitman seinen großartigen *Song of myself*, der das 24. Kapitel von *Leaves of Grass* bildet, mit der Erklärung, dass durch seine dichterische Rede die „langverstummten Stimmen endloser Geschlechter" von Gefangenen, Sklaven, Kranken, Verkrüppelten, Verzweifelten, Verfemten usw. zum Klingen gebracht, „erhellt und verklärt"/„clarified and transfigur'd" würden.[13]

---

[13] Walt WHITMAN, *Leaves of Grass*. Edited with an Introduction by Jerome Loving, Ox-

Ein Teil der Figuren von Handkes Stück erinnert durchaus an Whitmans Liste der Ausgestoßenen und Missachteten. Die Arbeitskameraden von Hans sind durchweg abenteuerliche und angeschlagene Gestalten. Die Arbeit hat sie mitgenommen. Dem einen ist das Ohr abgefroren (31), dem andern tritt beim Quaderschleppen trotz Bruchband der Darm aus dem Leib (32). Ein anderer hat anarchische Züge, die ihn gefährlich erscheinen lassen (35 f.). Gerne „pissen" sie „in den weichen Beton" (37). Am Montag wird die „Bettwand mit neue[n] nackte[n] Weiber[n]" beklebt (33), ab Mitte der Woche werden die Männer „unruhig und versuchen zu onanieren" (38). Es ist kein schmeichelhaftes Bild, das Hans von seinen Kameraden entwirft, aber erstaunlicherweise wirkt es in Handkes Stück geradezu gewinnend. Plötzlich sieht man die Menschen in ihrer Versehrtheit und Bedürftigkeit, in Phantasien und Marotten der Art, die für gewöhnlich nicht gutgeheißen werden; doch spricht Hans – und mit ihm das Stück – mit solcher Liebe und mit solcher Anerkennung von ihnen, dass alle Vorbehalte ihre Kraft verlieren, eine neue Sicht möglich wird und alles in verklärtem Licht erscheint. Zur Verklärung gehört, dass das Negative nicht einfach verschwindet, sondern in einem neuen, milderen, heilsmäßigen Licht erscheint.[14] Das gilt nicht nur für die Menschen, sondern auch für die Welt, die Gregor vor sich sieht, und für das gesellschaftliche Leben. Gewiss ist es eine vielfach umgegrabene und überbaute Welt, und gewiss ist das Leben durch und durch bürokratisiert. Aber auch diese Welt und dieses Leben sind Teil eines Kosmos, der in erhabener Schönheit strahlt, und sollten in seinem Licht gesehen werden:

„Wer sagt, daß die Kilometerpauschale
unvereinbar sei mit der Sternenspirale?" (49)

---

ford – New York 1990, 48. Deutsch: Walt WHITMAN, *Grashalme. Nachdichtung von Hans Reisiger, mit einem Essay von Gustav Landauer*, Zürich 1985, 72, wo allerdings „transfigur'd" abschwächend und säkularisierend mit „geklärt" übersetzt wird.

[14] Jörg SPLETT, *Transfiguration. Verklärung zur Kenntlichkeit*, in: IKaZ Communio 42 (2013) 401–414, bes. 406.

III.

Für einen gewöhnlichen Menschen wäre die Aufgabe, seine Zeitgenossen und ihre Lebenswelt zu enträtseln, zu verklären und zu versöhnen, zu groß. Aber Dichter sind keine gewöhnlichen Menschen. Seit der Antike und erst recht seit den großen Dichterhymnen Goethes und Hölderlins weiß man, dass Dichter in ihrem Singen und Sagen von Genien getragen und von Göttern inspiriert werden. Nicht im eigenen Namen reden sie, sondern im Namen eines Gottes, der sie sehend macht und sie – freilich unter anstrengungsvoller Arbeit und unter Gefährdung ihrer Existenz – das richtige Wort finden lässt. So ist es auch bei Handke. Sein Gregor wird bei seinem Gang über die Dörfer von einer weiblichen Gestalt namens Nova begleitet. Ihr Name, die verkürzte Form von „stella nova", verweist auf das Auftauchen eines neuen Sterns (oder das Sichtbarwerden eines Sterngebildes aufgrund thermonuklearer Reaktionen) und mithin auf einen Vorgang, der seit jeher als Anzeichen für den Beginn einer neuen Zeit betrachtet wird. Handkes Nova ist solch eine Botin einer neuen Zeit. „Aus mir spricht der Geist des neuen Zeitalters", sagt sie (96). Im Übrigen bleibt ihr ontologischer Status etwas im Zwielicht. Einerseits sagt sie, sie sei ein „Abkömmling aus einem anderen, nicht gar verschiedenen Dorf" (96), und gibt sich durch die mehrfach gebrauchten inkludierenden Pronomina „wir" und „uns" als Mensch aus. Andererseits redet sie auch wieder von „eurer Geschichte" (96), von „eurem Krieg" (98) und von „euer[em] Weitergehen" (100), so dass der Eindruck entsteht, sie sei vielleicht nicht nur aus einem anderen Dorf, sondern aus einer ganz anderen Sphäre. In der Forschungsliteratur hat man sie deswegen auch als „dea ex machina" bezeichnet: als Göttin, die, wie in antiken Epen und Dramen üblich, aus dem Himmel (oder der Bühnenmaschinerie) herabsteigt, um Konflikte, die die Menschen allein nicht mehr bewältigen können, zu lösen. Dagegen hat man allerdings auch eingewandt, dass Handkes Nova den Familienkonflikt nicht eigentlich löse und die Probleme der Zeit nicht wirklich bewältige oder wegzaubere, sondern nur hilfreiche Anleitungen ausspreche, Empfehlungen gebe und Postulate aufstelle, und allesamt von der Art, wie sie Menschen bei genügendem Nachdenken über sich und die Welt hätten selber entwickeln können. So wäre Nova nichts als ein alter ego des Dichters oder die Personifikation seiner seherischen Kräfte, der gegenwartsdiagnostischen wie der visionären, der kritischen wie der versöhnenden.

Welcher Natur Nova auch sein mag, sie gibt jedenfalls hilfreiche Anweisungen. Zunächst erfährt Gregor von ihr, wie er sich gegenüber dem konfliktträchtigen Ansinnen der Schwester, das ihn in die Heimat zurückgerufen hat, verhalten soll (19 f.): Er soll „über die Dörfer" gehen, um zu sehen, wie es um Land und Leute bestellt ist, und um sein „Recht" unter ihnen zu finden, womit kein Besitzrecht gemeint sein kann, sondern nur das Recht, einen eigenen Standpunkt zu haben und von diesem aus den Menschen etwas zu sagen. Er soll allem Beachtung schenken und den Einklang mit der Natur suchen, „bis das Rauschen der Blätter süß wird". Und nicht zuletzt sagt Nova ihm: „Pfeif auf das Schicksalsdrama, mißachte das Unglück, zerlach den Konflikt." Der gelassene Gang über die Dörfer mit seiner Aufmerksamkeit für alles und jeden wird Verklärung herbeiführen und Versöhnung vorbereiten. Nova trennt sich dann von Gregor (20), folgt ihm aber über die Dörfer, macht also alle seine Erfahrungen mit und beobachtet die Auseinandersetzung mit den Geschwistern, die an den Rand eines „Krieges" (83) führen, um sich schließlich an alle zu wenden. Dies geschieht an einem bedeutungsvollen Ort, nämlich von der Friedhofsmauer herab, vor der sich die Familienmitglieder und Arbeitskameraden versammelt haben und eine kleine Gemeinde bilden. Es geschieht in einem festlich wirkenden Akt, und es geschieht in einer Form, die die wichtigsten Strukturelemente der christlichen Liturgie – Versammlung, Verkündigung, Antworten – aufweist.[15]

Mit der Feststellung, dass zwischen Handkes Stück und der christlichen Liturgie Analogien bestehen, ist das „dramatische Gedicht" *Über die Dörfer* nicht schon christianisiert oder auch nur zum religiösen Schauspiel gemacht. Bekanntlich gibt es auch eine Säkularisierung religiöser Formen. Zudem verweist die Wortgeschichte von ‚Liturgie' auf eine profane Herkunft. Ursprünglich, im antiken Athen, diente das Wort nämlich zur Bezeichnung eines Dienstes (érgon), der dem Volk (laós) zu leisten war und keineswegs religiösen oder kultischen Charakter hatte: Volksdienst, nicht Gottesdienst. Prinzipiell ist also ein ‚liturgisches' Sprechen ohne religiösen oder gar christlichen Gehalt denk-

---

[15] Vgl. Andreas BIERINGER, „*Die Ehre Gottes ist der lebendige Mensch*": Walter Kaspers Theologie der Liturgie angesichts der Krise der Moderne, in: IKaZ Communio 40 (2011) 192–200. Vgl. auch Andreas BIERINGER, „*Hühnerleiter wird Jakobsleiter*": Spuren der Liturgie in Peter Handkes Stück Immer noch Sturm, in: IKaZ Communio 39 (2010) 701–708.

bar, doch kann man die religiöse Aufladung des ‚Liturgie'-Begriffs auch nicht einfach ignorieren oder abstreifen; sie schwingt im gegenwärtigen Wortgebrauch allemal mit und färbt die Bedeutung des Gesagten entsprechend ein. Zwischen ‚Liturgie' im ursprünglichen profanen Sinn und ‚Liturgie' im späteren religiösen Sinn herrscht eine geschichtlich gewachsene Wechselbeziehung. Handkes Stück spielt mit ihr auf eine vielfach irritierende, also zum Nachdenken anregende, aber kaum dingfest zu machende Weise. Wenn man das „dramatische Gedicht" *Über die Dörfer* nach der Lektüre weglegt, fällt es schwer, zu sagen, ob man (eher) (nur) einem ‚Volksdienst' oder (eher) (auch) einem ‚Gottesdienst' beigewohnt hat (oder beigewohnt haben soll).

Der Grundgestus von Novas Rede ist das jesuanische „Ich aber sage euch". Die Beschreibung der negativen, vielfach belasteten und perspektivenlosen Gegenwart, die, wie eingangs bemerkt, in der Literatur um 1980 dominierte, wird durch die Beschwörung der Heilbarkeit und Erneuerbarkeit von Mensch und Welt konterkariert. Vielfach wird dafür auf religiöse Vorstellungen und religiöses Vokabular zurückgegriffen, aber durchaus auf eine Weise, die eher an Nietzsches *Zarathustra* als an die Evangelien erinnert und mit christlichen Vorstellungen kollidieren dürfte. Durchsetzt und gleichsam verlängert wird Novas Rede durch eine „Karawanenmusik" (98), die „bis zum Schluß an Inständigkeit zunimmt" (101) und über das Ende hinaus anhält, als wolle sie die Hörenden mit auf den Weg nehmen. Die versammelten Menschen tragen zunächst „Blattmasken", wie sie früher in diesem Tal hergestellt wurden (84), nehmen diese aber während Novas Rede ab (101): Die Menschen offenbaren sich einander und werden füreinander in ihrem unmaskierten menschlichen Sosein erkennbar.

Novas anspielungsreiche Rede ist von großer gedanklicher Komplexität und wirkt an einigen Stellen rätselhaft. Sie bedarf der Exegese, doch ist es nicht leicht, ihr gerecht zu werden. Im Folgenden seien die wichtigsten Postulate hervorgehoben: Die Menschen haben keinen Grund zum Verzweifeln und sollen, anstatt über das Sein oder Nicht-Sein, Lebensmöglichkeit oder nihilistische Lebensverachtung, zu grübeln, sich einander zuwenden und an die „menschenerhaltende Menschennatur" (96) glauben. Der Krieg soll beendet sein (96 und 102); nicht Gewalt zählt und ist beständig, sondern Schönheit: „Das Bergblau *ist* – das Braun der Pistolentasche ist *nicht*." (97) Die „aufgehende Sonne" und die Natur, in der „nichts ‚aus' ist", sollen „Vorbild" und

„Maß" sein (97). Die Zuwendung zur Welt und zu den Menschen soll mit Dankbarkeit, Begeisterung, Liebe und Ernst geschehen, zudem mit Langsamkeit, mit der „gute[n] Kraft des Übersehens" (99) und nicht zuletzt auch mit jenem „Humor" (105), der die vermeintlichen oder tatsächlichen Mängel und Begrenztheiten der anderen gelassen zu tolerieren weiß und die eigenen Ansprüche relativiert. Es gilt, an das große und leere Reich der Zukunft zu glauben (101); „die kreisenden Raben" – man mag an die Krähen in Nietzsches Gedicht *Vereinsamt* denken – „sind keine Unglücksvögel, sondern bringen euch Heroen" – wie einst dem Propheten Elias (1 Kg 17,6) und später dem Eremiten Antonius – „die Speise" (102). Am Gedanken der „heilen Welt", an den zum letzten Mal der fromme Werner Bergengruen mit seinem 1950 erschienenen Gedichtband *Die heile Welt* erinnerte und dafür heftige Kritik seitens Theodor W. Adornos erfuhr,[16] soll „form-sehnsuchts-durchdrungen" festgehalten werden (102). Die Menschen sollen sich nicht als die „Lebensunfähigen und Fruchtlosen einer End- oder Spätzeit" fühlen, wie das im damals aufkommenden Begriff der (oder des) „Posthistoire" impliziert war, sondern als „Ebenbürtige", zu geschichtlicher Leistung, zur Welteroberung (oder Neuordnung der Welt) durchaus Fähige (102). Der Raum dafür ist nicht eng, sondern weit, denn immerzu erneuert sich die Zeit (102). So wird Novas Rede zur Apotheose der Welt in ihren unbegrenzten zeitlichen Möglichkeiten und des menschlichen Schaffens in und an ihr:

> „Mit euch ist die heilige weite Welt. Jetzt ist der heilige Tag. Wirkend arbeitend seht ihr ihn und könnt ihn fühlen. Jetzt: das sind die Farben. Ihr seid jetzt, und ihr seid die Gültigen. Daß ihr seid, ist ein Datum. Handelt danach. Und laßt ab von dem Gegrübel, ob Gott oder Nicht-Gott: das eine macht sterbensschwindlig, das andre tötet die Phantasie, und ohne Phantasie wird kein Material Form: diese ist der Gott, der für alle gilt. Das Gewahrwerden und Prägen der Form heilt den Stoff!" (103)

Die Rede von Göttern, Gott und Göttlichem ist etwas irritierend, vor allem vor dem Hintergrund transzendenter und personaler Art. Solche sind indessen wohl nicht gemeint. Wo immer von Göttern, Gott oder Göttlichem die Rede ist, geschieht es im Zusammenhang mit den Menschen, am deutlichsten an der folgenden Stelle, an der – gegen Ende

---

[16] Vgl. Theodor W. ADORNO, *Gesammelte Schriften*, Bd. 6, Frankfurt/M. 1973, hier 428 f. (*Jargon der Eigentlichkeit*, 1964).

Verklärung und Heilszuversicht 67

der langen Rede – die bisher vorgetragenen Postulate zusammengefasst und schließlich in einem Satz verdichtet werden:

> „Leute von jetzt: entdeckt, entgegengehend, einander als Götter – als Raumaushalter, Raumerhalter. Wollt es, werdet es, seid es – und führt euch nicht auf als die Hunde, bei deren Anblick sofort die Phantasie erstirbt. Menschen, götterflüchtige Götter: Schafft den großen Satz. Wollet den Sprung. Seid die Götter der Wende." (103 f.)

IV.

1982 wurde Handkes Artistenevangelium, seine Frohbotschaft von der Erneuerungsfähigkeit der Welt und sein Werben für eine produktive, schöpferische Weltsicht, von den meisten Kritikern als peinlich empfunden und belächelt. Die germanistische Exegese hat die zunächst verkannten Qualitäten des Stücks in den folgenden Jahren verdeutlicht und hat das Urteil der feuilletonistischen Kritik revidiert.[17] Heute sieht man noch deutlicher, wie groß das Missverständnis gegenüber diesem geradezu einzigartigen Stück war. In einer Zeit, die sich am Ende fühlte und aus Untergangsängsten lethargisch wurde, erinnerte es allein an die Zukunftsfähigkeit der Welt und an die schöpferischen Kräfte des Menschen. In einer Zeit, in der Dramenliteratur und Theater alle traditionellen Formen abstreiften und – was nicht kritisiert, sondern nur festgestellt sei – unter Preisgabe einer geschlossenen Handlung und eines konsistenten Textes zur dezentrierten Montage heterogenster Elemente tendierte,[18] erschien mit *Über die Dörfer* ein Stück, das von klassischer Einfachheit und Bündigkeit ist, aber doch auch in seiner Zuwendung zu den „gemeinen" Menschen und ihrer Sprache sowie in der Betonung der spielerischen Elemente die literarische Moderne fortschreibt. Und in einer Zeit, in der die Autoren nicht Dichter, sondern Schriftsteller sein wollten; in der „Alltäglichkeit" zum Hauptgegenstand des Schreibens und zur sprachlichen Norm wurde; in der man Pathos vermied und zum hohen Ton allenfalls im Zitat der Klassiker fand – : in dieser Zeit des Verschwindens von Dichtung, die, wie noch Rilke wuss-

---

[17] Verwiesen sei auf die 2001 erschienene Dissertation von Alexander Au, in der auch die vorausgehende Literatur zur Geltung gebracht wird: Alexander Au, *Programmatische Gegenwelt: eine Untersuchung zur Poetik Peter Handkes am Beispiel seines dramatischen Gedichts* Über die Dörfer, Frankfurt/M. usw. 2001.
[18] Vgl. dazu Hans-Thies LEHMANN, *Postdramatisches Theater*, Frankfurt/M. 1999.

te und bekräftigte,[19] wesentlich „Rühmung" (der Welt und der Existenzmöglichkeiten) ist, legte Handke mit *Über die Dörfer* ein Stück vor, das trotz seiner Nähe zur Sprache der „gewöhnlichen" Menschen – mit Brechts Worten[20] – jener „pontifikalen Linie" der deutschen Dichtung zugehört, die mustergültig von Hölderlin vorgeführt wurde und – im Kern – Reflexion der Heilsgeschichte und Verkündigung von Heilswissen ist. Die Geschichte des Menschengeschlechts auf dieser Welt muss keine Unheilsgeschichte bleiben oder vollends werden. Sie ist heilbar. Sie zu heilen, liegt in der Hand der Menschen. *Über die Dörfer* ist eine Anweisung, aber keine dogmatische und einengende, sondern eine rein ermunternde und Freiheit lassende. Sie sagt nicht, dass die Herbeiführung einer besseren Welt von der einen oder anderen Energieart, von einem Mehr oder Weniger an Wachstum, von dieser oder jener politischen Organisationsform abhängt. Sie sagt nur, dass es in der Hand des Menschen liegt, eine bessere Welt zu schaffen, und dass dies gelingen kann, wenn sich die Menschen auf ihre schöpferischen Kräfte verlassen, sich solidarisch („entgegenkommend") und tolerant („liebend") zueinander verhalten und der Suggestionskraft destruktiver Lösungen widerstehen. *Über die Dörfer* ist eine große Ermutigung.

---

[19] Siehe die neunte der *Duineser Elegien*, wo dem Dichter gesagt wird „Preise dem Engel die Welt", und das siebte und achte Sonett aus dem ersten Teil der *Sonette an Orpheus*, wo es heißt: „Rühmen, das ist's!" und „Nur im Raum der Rühmung darf die Klage gehn". Dem entspricht in Handkes Stück die ganz am Ende stehende Feststellung: „Das einzig wirkende Beten ist die Danksagung [...]" (105).

[20] Vgl. Bertolt BRECHT, *Werke. Große kommentierte Berliner und Frankfurter Ausgabe.* Band 6: Journale I, Berlin – Weimar 1994, 416 f. (Notiz vom 22.8.1940).

Die Weltlichkeit der Bibel

Zu Handkes Klassik nach 1945

Hans Höller, Salzburg

Die Eintragungen im Journalband *Die Geschichte des Bleistifts*[1] geben ein Bild von der existenziellen Dramatik, mit der sich Handkes literarische Neuorientierung in der zweiten Hälfte der siebziger Jahre vollzieht. Der Journalband geht auf die – unveröffentlichten – Tagebücher aus den Jahren 1976 bis 1980 zurück. In diese Zeit fällt Handkes schwere Lebens- und Schreibkrise Ende 1978. Sie stellt die prekärste Phase im Prozess der Verwandlung seines Schreibens und der Neubegründung seiner literarischen Autorschaft dar. Der dezidierte Anspruch auf die Schönheit und das Klassische, den er in der Kafka-Rede im Herbst 1979 am deziertesten formuliert hat, geht aus dieser Krisenerfahrung hervor. Als hätte er durch den Komplex der Schuld und Scham in Kafkas Werk hindurch gehen müssen, um frei zu werden für ein anderes Schreiben, wählte er die Kafka-Preis-Rede als medialen Ort für die Proklamation seiner Wende zum Klassischen: „Das Wort sei gewagt: Ich bin, mich bemühend um die Formen für meine Wahrheit, auf Schönheit aus – auf die erschütternde Schönheit, auf Erschütterung *durch* Schönheit; ja, auf Klassisches, Universales, das, nach der Praxis-Lehre der großen Maler, erst in der steten Natur-Betrachtung und -Versenkung Form gewinnt."[2]

Unverkennbar folgt die neue literarische Orientierung der Goethe'schen Kunst-Anschauung. In der Forschung ist die entscheidende Bedeutung Goethes bei Handkes Begründung einer neuen Klassik nach

---

[1] Peter HANDKE, *Die Geschichte des Bleistifts*, Salzburg 1982.
[2] DERS., *Rede zur Verleihung des Franz-Kafka-Preises*, in: DERS., *Meine Ortstafeln. Meine Zeittafeln. 1967–2007*, Frankfurt/M. 2007, 73–75, hier 74.

1945 bereits dargestellt worden.³ Dieser Rekonstruktion der Bedeutung Goethes, des größten Spinoza-Anhängers in der deutschen Literatur,⁴ möchte ich hier den Versuch an die Seite stellen, Handkes Wendung zum Klassischen mit seiner Wiederentdeckung der Weltlichkeit der Bibel zu verbinden – „Wiederentdeckung", weil die dreitausendjährige Schriftüberlieferung eine Geschichte immer wieder neuer, nicht selten häretischer Lesarten darstellt, unter denen Handkes Evangelium des Irdischen einen noch wenig gewürdigten Platz einnimmt. Es erinnert an Heinrich Heines „drittes, neues Testament" im Geiste des Spinoza,⁵ nur dass bei Heine die Überlieferung des spinozistischen Denkens noch zur lebendigen Tradition gehörte. Spinoza war Heine sowohl durch die eigenen Forschungen zur jüdischen Kulturgeschichte gegenwärtig als auch durch seine Nähe zu Goethe und zur Lessing'schen Aufklärung, der sich Heine zurechnete. Handke hat, abgeschnitten von diesen literarischen Traditionen, in den sechziger Jahren des letzten Jahrhunderts eher zufällig zu Spinoza gefunden.

Die Welt der Evangelien und der Bibel und die katholische Liturgie gehörten zu den tiefgreifenden Erfahrungen der Jahre im geistlichen Internat des Stiftsgymnasiums von Tanzenberg genauso wie die moderne Literatur. Eine schönere Beziehung – sowohl weltlich als auch geistlich – zwischen dem einen und dem andern hätte er nicht finden können als durch das Denken Spinozas. Das „stärkste System der Diesseitigkeit, das in der Neuzeit überhaupt erschienen ist",⁶ hat Ernst Bloch die Philosophie des Spinoza genannt, und gleichwohl damit übereingestimmt, sein Leben „ein Heiligenleben der Wissenschaft" zu nennen.⁷

Anders als in Heinrich Heines hegelianischer Deutung der philoso-

---

³ Vgl. Martina KURZ, *Bild-Verdichtungen. Cézannes Realisation als poetisches Prinzip bei Rilke und Handke*, Göttingen 2003, sowie die stärker literaturtheoretisch orientierte Untersuchung von Anna Eleonore ESTERMANN, *Goethe bei Handke. Zur Rezeption ästhetischer Konzepte in der Tetralogie „Langsame Heimkehr"*, Masterarbeit, Universität Salzburg 2012.
⁴ Spinoza sei der Philosoph, der Goethe „in seinem Weltbild bestimmt hat, ihm die Sprache, ihm den Begriff, ihm die Klarheit, ihm die Form gegeben hat für das, was in ihm schon lebte", heißt es – mit dem charakteristischen Gestus – in Ernst BLOCHS *Leipziger Vorlesungen* (Ernst BLOCH, *Neuzeitliche Philosophie I: Von Descartes bis Rousseau. Leipziger Vorlesungen*, Bd. 3, Frankfurt/M. 1985, 68 [stw 569]).
⁵ Heinrich HEINE, *Auf diesem Felsen bauen wir [Neue Gedichte]*, in: DERS., *Sämtliche Schriften*, hg. v. Klaus Briegleb, Bd. 4, München 1997, 325.
⁶ BLOCH, Neuzeitliche Philosophie I (s. Anm. 4), 117.
⁷ Ebd., 57.

phisch-theologischen Überlieferung gibt es bei Handke nicht die teleologisch-philosophische Stufenleiter vom Alten über das Neue Testament zum ‚dritten, neuen Testament' des Spinozismus, zu dem sich Heine – wie Handke ein begeisterter Schüler des Spinoza – in seinem sensualistisch innerweltlichen Credo bekannte: „Auf diesem Felsen bauen wir/Die Kirche von dem dritten,/Dem dritten neuen Testament;/Das Leid ist ausgelitten"[8] – die Leidensgeschichte im Zeichen des Kreuzes ist beendigt und der Mensch findet als Körper- und Geistwesen hier, mitten in der sichtbaren, hörbaren, spürbaren Welt seine „Erlösung". Vernünftiger und irdischer als in der *Ethica Ordine Geometrico demonstrata* ist das Menschenwesen in der Welt selten jemals „erlöst" worden als bei Baruch de Spinoza. Denkt man an die von Handke als extrem repressiv und entfremdet beschriebenen Jahre im katholischen Tanzenberger Stifts-Gymnasium, begreift man, warum die Lehre des Spinoza bei ihm zu einer sein literarisches Werk durchstrahlenden philosophischen Erfahrung werden konnte. In der klassischen Kunstdoktrin der *Lehre der Sainte-Victoire* (1980) erhält Spinozas *Ethik* – ohne dass der Philosoph namentlich genannt wird – eine tragende Rolle. In dieser erzählerischen ‚Doctrine' erinnert sich der Autor an die biographisch erste Begegnung mit der Philosophie des Spinoza in der Zeit seines Grazer Jus-Studiums Anfang der sechziger Jahre. In einer rechtswissenschaftlichen Vorlesung in Graz habe er die Bekanntschaft mit dem Werk des jüdischen Philosophen gemacht, auf den er in seinen philosophischen Studien während der Arbeit an der Tetralogie *Langsame Heimkehr* (1979–1981) wieder zurückkommt. Die – unveröffentlichten – Tagebücher von 1980 und von 1983 dokumentieren die genaue Auseinandersetzung mit der *Ethik*, zuerst mit einer deutschsprachigen Übersetzung, 1983 mit dem lateinischen Text.[9] In *Die Lehre der Sainte-Victoire* erzählt der Autor, wie ihn in der Zeit seines Jus-Studiums in Graz bei der Begegnung mit der *Ethik* „eine bis dahin unerhörte Wissenslust ergriff". Er verdankte die Begeisterung für Spinoza einem außergewöhnlichen Gastprofessor, der „in einer Rechtsvorlesung die Sollensnatur der Dinge

---

[8] HEINE, Auf diesem Felsen bauen wir (s. Anm. 5), 325.
[9] Die Spinoza-Auseinandersetzung in den noch unveröffentlichten Tagebüchern ist nun zum ersten Mal von dem Marbacher Literaturwissenschaftler Ulrich von Bülow aufgearbeitet worden. Diese wichtige Studie wird voraussichtlich 2014 unter dem Titel *The Philosopher's Stone? Peter Handkes Spinoza-Lektüren* in einer Publikation des Österreichischen Literaturarchivs Wien erscheinen.

in rätselhaft einfache mathematische Sätze brachte". Er war für ihn der „einzige Mensch auf der Universität", „dessen ‚Schüler'" er „zu werden begehrte (es war tatsächlich ein Begehren)".[10]

Der Protagonist von Handkes erstem Roman, *Die Hornissen* (1966), den er in der Zeit des rechtswissenschaftlichen Studiums schrieb, trägt den Namen „Gregor Benedikt", als würden im Vor- und Nachnamen der Romanfigur neben dem familiären Mythos des Onkels Gregor, seines „Schreibvorfahren", auch die zwei gegensätzlichen literarisch-philosophischen Komponenten seines Werks verkörpert: die Erinnerung an Kafkas Gregor Samsa, der in einen Käfer verwandelt wurde, und die Erinnerung an Benedictus de Spinoza, wie die christlichen Verehrer Baruch de Spinoza nannten. Handkes Werk könnte man als die immer neue Erlösung des Gregor Samsa ansehen, der, in ein Insekt verwandelt, nicht mehr aufstehen konnte. Im ersten Eintrag in *Die Geschichte des Bleistifts* findet man die Vision eines Insekts, das die Menschenwelt drückt – und von dem der Schriftsteller sich zu befreien habe: „Ich schloß die Augen und sah, quer über den Himmel, ein gigantisches Weltzerstörungsinsekt daliegen, aber noch verpuppt."

Entscheidend dürfte für den von der Welt der Schrift faszinierten Gymnasiasten das Nebeneinander von religiöser Erziehung und einer intensiven Lektüre der Weltliteratur gewesen sein. Auch als er sich in den Jahren nach dem Austritt aus dem Stiftsgymnasium von der repressiven kirchlichen Erziehung distanziert hatte, blieben die religiöse und die weltliche literarische Schrift-Überlieferung für ihn der Fundus einer den Menschen befreienden Weltdeutung. Es gibt keinen anderen zeitgenössischen Schriftsteller, wenigstens in der deutschsprachigen Literatur, bei dem sich ein ähnliches befreiendes weltliches Evangelium finden würde wie bei Handke. Mit einer Anspielung an das Wort von Ernst Bloch könnte man sagen, dass bei ihm „das unter Gott gedachte [...] endlich Mensch geworden" ist.[11] Sogar die Wandlung, der Inbegriff des Mysteriums der katholischen Liturgie, wird in Handkes Kunstlehre der Sainte-Victoire zum weltzugewandten Bild der poetischen bzw. künstlerischen „Verwandlung und Bergung der Dinge in Gefahr", die sich im Kunstwerk ereignet,[12] und die Mess-Liturgie insgesamt wird verwan-

---

[10] Peter HANDKE, *Die Lehre der Sainte-Victoire*, Frankfurt/M. 1984, 33.
[11] Ernst BLOCH, *Karl Marx und die Menschlichkeit. Utopische Phantasie und Weltveränderung*, Reinbek bei Hamburg 1969, 145 (= rde 317).
[12] HANDKE, Die Lehre der Sainte-Victoire (s. Anm. 10), 65f. (zit. n. Harald BALOCH, *Sine*

delt in eine Liturgie des bewusster gelebten Alltags und der aufmerksameren Wahrnehmung der Lebenswelt. Andreas Bieringer hat diese Verbindung von liturgischer Praxis und Ästhetik genau dargestellt und von einer „kontemplative[n] Form der Aufmerksamkeit"' gesprochen, die Handke „den Menschen, Namen, Gesten, Gebärden, Geräuschen, Dingen, Orten, Plätzen, Räumen, Tages- und Jahreszeiten, Zeiten des Kirchenjahres, den Naturdingen und -erscheinungen entgegenbringt"[13]. Mir erscheint dabei auch die problemlose Verschränkung von kirchlich-kultischen Praktiken mit der klassischen Ästhetik bemerkenswert, wobei die Sakralisierung des Irdischen meines Erachtens nicht auf etwas Transzendentes abhebt, sondern dazu angetan ist, den Glanz der Weltdinge und unsere Freude in der Welt zu erhöhen. Diese Übergängigkeit zwischen einem spezifisch religiösen Wortschatz und einzelnen Leitwörtern der Klassik, die auf die innerweltliche Erlösung des Menschen hinaus will, zeigt sich eindrucksvoll in der Beschreibung des epiphanischen Augenblicks, als der junge, angehende Schriftsteller in Graz zum ersten Mal aus einer Musikbox die neue ‚Weltmusik' der Beatles – den „Chor der frechen Engelszungen" – hörte und der Erzähler sich ein Vierteljahrhundert später fragt, wann „je wieder solch eine Anmut in die Welt treten" würde?[14] Weder dürfte „je" der klassische Begriff der „Anmut" – die freie Bewegung der Schönheit – und der theologische Begriff der „Levitation" in einem Atemzug miteinander genannt worden sein, noch dürften sie so irdisch und geschichtlich konkret bestimmt worden sein wie in der Beschreibung dieses historischen Augenblicks am Beginn der sechziger Jahre, als sich mit der Popmusik eine neue Jugendkultur in Österreich durchsetzte. Sie bedeutete den mentalitätsgeschichtlichen Bruch mit der Kriegsgeneration der Väter. Mit der Jukebox wurde das „‚Espresso-Stübchen' an der Durchfahrtsstraße von der ‚Stadt der Volksabstimmung von 1920' [Völkermarkt – H. H.] zur ‚Stadt der Volkserhebung von 1938' [Graz – H. H.] angeschlossen an eine ganz

---

fine dicentes. Skizze zu Peter Handkes religiöser Welt, in: DERS., *Informationen zur Deutschdidaktik*. Zeitschrift für den Deutschunterricht in Wissenschaft und Schule 25 [2001], Heft 4, 54–61, hier 60).

[13] Andreas BIERINGER, *„Hühnerleiter wird Jakobsleiter". Spuren der Liturgie in Peter Handkes Stück „Immer noch Sturm"*, in: IKaZ 39 (2010) 701–708, hier 702. A. Bieringer verweist in diesem Zusammenhang auf die Studie von Erich KOCK, *Die Andacht der Aufmerksamkeit oder: Der Weg führt nach Innen*, in: IKaZ Communio 38 (2009) 648–656.

[14] Peter HANDKE, *Versuch über die Jukebox*, Frankfurt/M. 1990, 84.

andere Elektrifizierung".[15] Die österreichischen Stationen der nationalsozialistischen Unheilsgeschichte, die der Autor mit den Straßennamen aufruft, machen den historischen Kontext bewusst, in welchem „Levitation" und „Anmut" zusammenfinden in einem neuen Kosmopolitismus. Ich wüsste keine ungewöhnlichere Aktualisierung der Bibel in der Literatur nach 1945 als diese Verschränkung des Mystischen mit einer freien, weltzugewandten Haltung, die sich mit dem Klassischen im Bunde weiß.

Ungewöhnlich ist auch die existenzielle Dramatik, mit der Handke in den späten siebziger Jahren das Verlangen nach einer „vernünftige[n], irdische[n] Erlösung" begründet hat, und nicht weniger ungewöhnlich nimmt sich die Verschränkung der biblischen Überlieferung mit der klassischen Literatur im geschichtlichen Raum nach der Shoah aus. Und ungewöhnlich ist nicht zuletzt die ‚Erdung' der Bibel und der säkularen Klassik im materiellen Lebensalltag und in der sinnlichen Wahrnehmung. Man könnte darin die ästhetisch bewusste Form der Anerkennung der leibseelischen Realität des Menschenwesens sehen, welche nach der systematischen Zerstörung der menschlichen Integrität und der physischen Vernichtung von Millionen von Menschen im NS-System so notwendig war wie niemals davor. Von einem „leibhaft […] Hinzutretenden am Sittlichen" spricht Theodor W. Adorno mit einem Rekurs auf den Kantischen Imperativ in der *Negative[n] Dialektik* (1966): „Nur im ungeschminkt materialistischen Motiv überlebt Moral."[16] Und als weiteres Motiv, das der „Moral" der klassischen idealistischen Philosophie nach Auschwitz ‚hinzutritt', könnte man die Forderung ansehen, die fremde Macht zu erkennen, die sich über die Welt hergemacht hat.

Im ersten Eintrag von *Die Geschichte des Bleistifts,* des Journalbands aus der Zeit der Wendung zum Klassischen, begründet Handke die Notwendigkeit einer „vernünftige[n], irdische[n] Erlösung":

„Alle warteten darauf, wiederentdeckt zu werden: so unentdeckt, konnten sie nur im Schein weiterleben, sich selber bloß Ballast, sich dahinschleppen; sie brauchten eine vernünftige, irdische Erlösung. ‚Jedes

---

[15] Ebd., 81.
[16] Theodor W. ADORNO, *Negative Dialektik*, in: DERS., *Gesammelte Schriften*, Bd. 6, Frankfurt/M. 1966, 358, zit. n. Oskar NEGT, *Arbeit und menschliche Würde*, 478 [Kap. IV/6: „Die Wunde Auschwitz"].

Wesen ist ein Schrei danach, anders gelesen zu werden.' War die Welt nicht schon immer untergegangen gewesen und ging nur manchmal, kurz, mildstrahlend wieder auf? Ich schloß die Augen und sah, quer über den Himmel, ein gigantisches Weltzerstörungsinsekt daliegen, aber noch verpuppt. Schriftsteller, arbeite mit letzter Kraft die Würde des Menschen hervor."[17]

Die Passage ist schwer zu verstehen, weil hier in wenigen Sätze verschiedene Bilder und Gedankenassoziationen aufgerufen werden: das Szenario des Wartens, das man aus Becketts Dramen kennt; das für Handke charakteristische „vernünftige, irdische" Verständnis von „Erlösung", also die weltliche Neudefinition einer theologischen Vorstellung; der Ausdruck „wiederentdeckt", der auf frühere Entdeckungen des Menschen verweist, im Sinne etwa der – geschichtlich – immer neuen Versuche, den Menschen zu würdigen, ihn neu zu ‚lesen'.[18] ‚Wiederentdeckung' impliziert einen anderen Begriff der Geschichte als den einer kontinuierlichen oder einer dialektischen Entwicklung. Die rhetorische Frage: „War die Welt nicht schon immer untergegangen gewesen und ging nur manchmal, kurz, mildstrahlend wieder auf?" impliziert das Kontinuum einer Unterdrückungsgeschichte, in der nur episodisch eine andere, gewaltlose Welt auftaucht. Das friedliche „Gesetz" des Schreibens, das Handke in *Langsame Heimkehr* für sich in Anspruch nimmt, hat diese immer wieder verhinderte andere Geschichte im Auge. In dieser ersten Erzählung aus der Zeit der Wendung zum Klassischen versteht er das Schreiben als die „von jedermann (auch von mir) fortsetzbare, friedenstiftende Form". „Das Gesetz", so heißt das dritte Kapitel von *Langsame Heimkehr*, hat jene – „mildstrahlend" – in Erscheinung tretende andere Geschichte im Auge. Im universellen „Raum" des Werks sollten „alle zu einer Menschenmöglichkeit weiterhelfenden Erfindungen, Entdeckungen, Töne, Bilder und Formen der Jahrhunderte" vereint werden.[19]

Zur Schwierigkeit, die zitierte Passage am Beginn des Journalbands zu verstehen, tragen auch die allegorischen Bilder des Weltzustands und die Darstellung einer kreatürlichen Not bei, die schwer mit unse-

---

[17] HANDKE, Die Geschichte des Bleistifts (s. Anm. 1), 8.
[18] Zum Prinzip der epischen Wiederholung, die als Form des „Wiederfinden[s] bzw. Erneuen[s] [...] gegen den Freudschen Wiederholungszwang" gesetzt wird, vgl. Karl WAGNER, Ins Leere gehen. Die Wiederholung: „Epos eines Heimatlosen", in: DERS., Weiter im Blues. Studien und Texte zu Peter Handke, Bonn 2010, 89–103, hier 94f.
[19] Peter HANDKE, Langsame Heimkehr, Frankfurt/M. 1979, 167.

rer Lebenswelt in Verbindung zu bringen ist, ein endzeitliches Elend, das die Notwendigkeit der Literatur aus dem Aufschrei der bedrängten Kreatur herleitet. Diese äußerste Negativität, in der das ‚andere' Lesen unabdingbar erscheint, trägt die Spur der extremen theologischen Weltdeutung Simone Weils. Es ginge um ein Lesen, das dem unerkannten Menschenwesen gerecht würde, weil dieses „gewiß etwas anderes" ist, „vielleicht etwas völlig anderes ist als das, was man in ihm liest". Der als Zitat ausgewiesene Satz, ohne dass Handke den Namen der Verfasserin bekannt gibt – „Jedes Wesen ist ein stummer Schrei danach, anders gelesen zu werden"[20] – stammt aus Simone Weils *Schwerkraft und Gnade*, den postum zusammengestellten philosophischen Aufzeichnungen der katholischen Philosophin, die, als Jüdin aus Frankreich geflüchtet, 1943 im englischen Exil starb.

Bevor ich versuche, die literarische Form von Handkes weltlicher Lesart der Bibel an einigen konkreten Beispielen zu beschreiben, möchte ich Handkes Verbindung der weltlich klassischen Literatur und der katholisch religiösen Überlieferung auf dem Hintergrund von Weils emphatischer Idee einer größeren, umfassenderen Überlieferung erhellen. Für das Verständnis von Handkes weltöffnendem Katholizismus ist Weils Begriff des Christentums als „katholisch de jure" aufschlussreich. Sie versteht darunter, indem sie den etymologischen Wortsinn von ‚katholisch' evoziert, jene Liebe zur Welt, die weit über das enge, repressive „de facto"-Katholische hinausreicht und die sie davon abhalte, jemals der Kirche beizutreten. Das „Katholische *de jure*" ist für sie der Raum der Welt und einer Literatur, auf die sie ihren Rechtsanspruch geltend macht und von der sie sich „anders" gelesen fühlt und im Irdischen erlöst sieht. In *Das Unglück und die Gottesliebe* skizziert sie diese große Überlieferung, welche die heterodoxen und häretischen Überlieferungen, die mystischen Traditionen und die klassische Literatur genauso umfasst wie das gelebte konkrete, irdische Dasein der Menschen. So vieles liege außerhalb des „de facto" katholischen Christentums, so vieles, das sie liebe „und nicht aufgeben will", weshalb sie, die Gläubige, nicht in die Kirche eintreten kann. In Handkes Büchern kann man zwar nichts von Simone Weils selbstquälerischem Katholizismus fin-

---

[20] Simone WEIL, *Schwerkraft und Gnade*. Aus dem Französischen übersetzt und mit einem Nachwort versehen von Friedhelm Kemp, München – Zürich 1989, 182–185, hier 183.

den, aber in seiner Liebe zur großen menschheitlichen Überlieferung trifft er sich mit ihr, und sogar in manchen Vorlieben, besonders in der Hinneigung zu heterodoxen Denktraditionen (bei ihm sind es vor allem die griechischen Vorsokratiker, die Mystiker, Spinoza, der Benjamin'sche Messianismus) und im Eingedenken mit den nicht literarischen, exilierten Völkern, unter denen in Handkes Werk der Zug der vertriebenen Indianer einen besonderen Platz einnimmt. Es sind „so viele Dinge, die Gott liebt; denn sonst hätten sie kein Dasein. Die ganze unermeßliche Erstreckung der vergangenen Jahrhunderte, mit Ausnahme der letzten zwanzig; alle von farbigen Rassen bewohnten Länder; das ganze weltliche Leben in den Ländern weißer Rasse; in der Geschichte dieser Länder alle der Ketzerei beschuldigten Überlieferungen, wie die Überlieferung der Manichäer und Albigenser; alles, was von der Renaissance an seinen Ausgang genommen hat, das zwar allzu oft entwürdigt, aber doch nicht völlig wertlos ist."[21]

Ich möchte in diesem Zusammenhang auch auf Simone Weils Verhältnis zur industriellen Arbeit und auf ihre radikale Macht-Kritik eingehen, weil die Frage des Arbeitsbegriffs und die Frage der Macht alles andere als gleichgültig sind für das Verhältnis zur literarischen Tradition, für das Menschenbild und für das Verständnis des Schreibens. Der Imperativ in Handkes Journal-Notat – „Schriftsteller, arbeite mit letzter Kraft die Würde des Menschen hervor" – und das Verlangen nach einer „vernünftige[n], irdische[n] Erlösung" sind nicht zuletzt auf die Frage von Arbeit und Macht bezogen.

Die katholische Philosophin hat die Frage der Macht im Sprachbild des ‚Großen Tiers' thematisiert. Sie hat es aus Platons *Politeia* übernommen und bezeichnet damit alles, „was Macht ausübt und Macht ausgeübt hat". Bachmann sieht in Weils Auseinandersetzung mit der Macht die Aktualität ihres kritischen Denkens, das darauf drängt, „das ‚Große Tier' in jeder Form, in der es auftritt, zu erkennen", aus seinem Bann auszubrechen und seine Macht „einzuschränken".[22] Dieser Blick kann unsere Aufmerksamkeit schärfen für Handkes Umschrift der Zeichen,

[21] Simone WEIL, *Das Unglück und die Gottesliebe.* Deutsch von Friedhelm Kemp, München 1953, 58f. Vgl. dazu Ingeborg BACHMANN, *Das Unglück und die Gottesliebe – Der Weg der Simone Weil*, in: DIES., *Kritische Schriften*, hg. v. Monika Albrecht und Dirk Göttsche, München – Zürich 2005, 155–186, hier 181.
[22] Zit. n. ebd., 184.

Bilder und Narrative der Macht sowohl in der religiösen wie in der weltlichen Schrift-Überlieferung. Nur so ist es ihm möglich, aus dem Wiederholungszwang der autoritären patriarchalischen Traditionsgläubigkeit auszubrechen und die Schrift-Tradition als Organon der Erlösung in einer vernünftig gewordenen Welt wiederzuentdecken.

Oft erzählt Handke zum Beispiel von Müttern, die sich mit den Söhnen verbünden, und oft bezieht er sich auf Bildmotive in anderen Künsten, um Modelle vorzuführen, in denen mit der väterlichen Genealogie gebrochen wird, wie überhaupt die Erörterungen der umgestellten alten Geschlechterordnung in der *Lehre der Sainte-Victoire* die Grundlegung eines neuen, klassischen Erzählens begleiten. So erscheint dem Autor-Erzähler die „Helligkeit" der Montagne Sainte-Victoire beim Abstieg „durch die Baumspitzen wie ein dort hängendes Brautkleid. Im Weitergehen warf ich einen Apfel auf, der sich in der Luft drehte"[23] – eine der vielen spielerisch übermütigen Erinnerungen im Werk Handkes, dass der Paradiesgarten noch offen steht und Adam und Eva unschuldig waren. „Wenigstens von einer Frau" hätte sich „der Autor" in *Der Bildverlust oder Durch die Sierra de Gredos* (2002) erwartet, „daß sie uns [...] verschone mit unserer ewigen Schuld, oder gar Erbsünde. Adam und Eva waren unschuldig".[24] Sogar mit ganz unscheinbaren Arbeitsgeräten, wie einer Leiter, die in einen Apfelbaum hinauf führt, kann immer neu die Verhandlung der Paradiesgeschichte wiederaufgenommen und die Lesart gestärkt werden, dass der Sinn der Frucht darin liegt, dass nach ihr gegriffen und sie gegessen wird und dass ihr Sinn nicht in Schuld und Verdammnis liegen darf. In Handkes Kontrafaktur der Schöpfungsgeschichte wird schuldlos nach dem Apfel gegriffen, jener Frucht, von der es in Ingeborg Bachmanns Erzählung *Ein Schritt nach Gomorrha* heißt, dass sie „nie vertan" war, „heute nicht, heute noch nicht. [...] Es konnten andre Erkenntnisse sein, die einem wurden."[25] Es geht um die Anerkennung der Geschlechter, um einen anderen Blick als den von oben herab oder von unten hinauf, und vor allem geht es darum, Schluss zu machen mit dem großen Einverständnis. Im „gesamten Gebiet hier" sieht die ers-

---

[23] Ebd., 67f.
[24] Peter HANDKE, *Der Bildverlust oder Durch die Sierra de Gredos*, Frankfurt/M. 2002, 750.
[25] Ingeborg BACHMANN, *Ein Schritt nach Gomorrha*, in: DIES., *Werke*, hg. v. Christine Koschel, Inge von Weidenbaum, Clemens Münster, Bd. 2: *Erzählungen*, München 1978, 187–213, hier 204.

te Schwester in dem „Königsdrama" *Zurüstungen für die Unsterblichkeit* (1997) nichts als „ein ständiges einverstandenes Zubodenfallen": „Genug von unseren Söhnen [...], von unseren Brüdern, vom Vatergespenst, von all den Männereien." Die Brandrede gegen die alte ‚natürliche' Ordnung endet mit einer Kontrafaktur der Türhüter-Parabel des Priesters in Kafkas *Der Prozeß*: „Kein anderer, kein Beispringer, kein Sohn", sagt die erste zur zweiten Schwester, „ich selber werde die Lösung finden, und einzig für mich, und das genügt doch, oder? Zeig mir die Tür, die meine, oder gibt es für mich keine?"[26]

Schwieriger als die Macht-Frage bei Weil und bei Handke ist das jeweils verschiedene Verständnis von Arbeit zu bestimmen. Ich gehe darauf wenigstens kurz ein, um so die Spezifik von Handkes ‚Arbeit' an der Überlieferung – auch der religiösen – ins Licht zu rücken. Denn von der Differenz der Konzepte von Arbeit ist die Bestimmung der Menschenwürde, aber auch das Verhältnis zur Philosophie und sogar zur scheinbar arbeitsfernen Mystik betroffen. Simone Weil dokumentiert in ihrem *Fabriktagebuch,* wie sie der Schock der am eigenen Leib erfahrenen Entfremdung der Fabrikarbeit dazu brachte, allen Vorstellungen der befreiten Arbeit äußerst skeptisch zu begegnen. Die geist- und sinntötende Arbeit konnte sie höchstens als „via negativa", als Annahme des „Unglücks", sehen, dazu angetan, die Entfernung von Gott zu vergrößern und in der Auslöschung des persönlichen Menschenwesens der Gnade teilhaftig zu werden. Hier ist der Abstand zu Handkes Würdigung des Menschen in und durch die Arbeit unübersehbar, was nicht heißt, dass Handke die entfremdete industrielle Arbeit gewürdigt hätte, im Gegenteil, seine konkreten Utopien der nicht entfremdeten Arbeit verteidigen gerade das Bewusstsein, dass es anders sein könnte und *Arbeit und menschliche Würde,* um die schöne Formel von Oskar Negt aufzunehmen,[27] auch in der Moderne kein Gegensatz sein müssten. In *Der Große Fall* wird von einem Priester erzählt, dessen Messe der Schauspieler auf seinem Weg ins Zentrum von Paris beiwohnt. Da er der einzige Besucher des Gottesdienstes war, lud ihn der Priester „zu einem Schmaus in die Sakristei" ein. Als der Priester sein Messgewand ablegte, kam darunter „eine blaue Arbeitskleidung zum Vorschein, die seinen

---

[26] Peter HANDKE, *Zurüstungen für die Unsterblichkeit. Ein Königsdrama*, Frankfurt/M. 1996, 40f.
[27] Oskar NEGT, *Arbeit und menschliche Würde*, Göttingen 2001.

Gast vertraut anmutete", und die „Heiterkeit, welche von der Eucharistiefeier ausgegangen war", hielt auch dann bei der gemeinsamen Jause an, die der Priester, genauso wie die Flasche Wein, „aus einem Supermarkt-Plastiksack" hervorholte: „Der Tisch, eben noch die Ablage für den vergoldeten Ornat, wurde zum Eßtisch", und von diesem Essen wie an einem Arbeitsplatz, in das die Eucharistiefeier bruchlos übergeht, heißt es, dass es seltsam sei, „wie Essen nachdenklich machen konnte [...] und wie man sich zeit solchen Essens beschützt fühlte, und nicht damit aufhören wollte"[28].

Die Hochschätzung der Arbeit impliziert auch verschiedene Wege der Mystik. Die maschinelle Fabrikarbeit, die das persönliche Ich auslöscht, wird bei Simone Weil zur mystischen „via negativa" der Gottesliebe, während Handkes Schreibweg zu einer die Sinne und den Verstand öffnenden materialistischen Mystik führt. *Seine* „via activa" zeigt sich zum Beispiel als Mystik des Schneiens, die das Fühlen, Spüren, Denken und Schreiben aktiviert, das Ich durchlässig macht, Innen und Außen verbindet und zum Bild des allseitig sich entfaltenden Menschenwesens wird. In der Erzählung *Die Wiederholung* ist diese klassische Utopie ein Geschenk der Schneeflocken, das dort dem kärntner-slowenischen Kleinhäuslersohn zufällt. „Die Schneeflocken gaben dem Filip Kobal seit jeher das Stirngefühl, Geschöpfgefühl, Geistgefühl, Firmamentgefühl; auf der Erde stehend, ruhig, vom Firmament berührt, ohne Ekstase"[29], lautet ein Eintrag im Journalband *Phantasien der Wiederholung* (1983), und: „Es schneit, und ich habe Lust, weiterzuarbeiten."[30] Schreiben und Schneien gehen oft ineinander über, Prozesse der Verdichtung und Verwandlung von Aggregatzuständen kommen so zum Ausdruck, jenes mystische Offenwerden für die sichtbaren und spürbaren Erscheinungen der Natur, das die Lust zum Arbeiten anregt und im Schreiben das „Totgewicht" leichter macht.[31]

Das Schneien ist, wie der Wind und seine vielfältigen – oft bibli-

---

[28] Peter HANDKE, *Der Große Fall*. Erzählung, Frankfurt/M. 2010, 181f.
[29] DERS., *Phantasien der Wiederholung*, Frankfurt/M. 1983, 368.
[30] Ebd., 9.
[31] „[i]n mir pocht nur noch jener Schmerz des Totgewichts. [...] Aber immerhin kam dann nach einer Stunde Gehen im Schneefall wenigstens – siehe hier – eine gewisse Sprachlust zurück" (DERS., *Am Felsfenster morgens [und andere Ortszeiten von 1982 bis 1987]*, 267).

Die Weltlichkeit der Bibel 81

schen – Formen, mit denen er überall im Werk Handkes weht,[32] eines der humorvoll mit philosophischen Bedeutungen versehenen Naturphänomene im Werk Handkes. Eine der anspielungsreichsten mystisch-materialistischen Evokationen des Schneiens findet man in Handkes *Don Juan (erzählt von ihm selbst)*. Als Erzähl-Ort, der die symbolische Verbindung von Eros und Mystik veranschaulicht, hat der Autor für Don Juan eine Herberge nahe der Trümmerstätte des im 17. Jahrhundert zerstörten Nonnen-Klosters von „Port Royal aux Champs" gewählt. Die sterblichen Überreste der „als Religionsstörer geächteten Nonnen" liegen auf dem nicht weit entfernten Friedhof von Saint-Lambert „verscharrt in einem Massengrab".[33]

Die Mystiker und Mystikerinnen gehören zu Handkes poetisch materialistischen Gewährsleuten, ob es Teresa von Ávila ist oder Juan de la Cruz oder Meister Eckart, und es liegt auf dieser Linie, Don Juan für sein siebentägiges Erzählen, das die Schöpfungsgeschichte wiederholt, in diesen geschichtlichen Gedächtnisraum zu versetzen. Er sitzt, es ist Frühsommer, unter einer Holunderstaude, und es „war in den Tagen zwischen den Festen von Christi Himmelfahrt und Pfingsten [...]"[34]. Der Holunderblütenregen, der sich mit den dahertreibenden Pappelsamenflocken kreuzt, verweist auf das antike Mythologem der Heiligen Hochzeit, das eine festtägliche Mesalliance mit Christi Himmelfahrt und Pfingsten eingeht. Die Pappelsamenflocken, als luftige und lichtdurchschienene „Flugscharen" bezeichnet, stellen eine Wort-Verbindung zu den Engeln als den himmlischen Heerscharen her, aber auch zur Pflugschar, und mit der Pflugschar – die Feder als Pflug – ist die alte Topik des Schreibens angesprochen.[35] Im Pflug, der die harte Erde aufreißt, spielt der psychogene Bedeutungsaspekt des Schreibens mit, das sich

---

[32] Der „Genesis-Wind" wird er genannt, ein anderes Mal „Habakuk-Wind", aber auch „Haarwurzelwind" und „Vom-Boden-Heb-Wind" wie in *Mein Jahr in der Niemandsbucht* (Peter HANDKE, *Mein Jahr in der Niemandsbucht. Ein Märchen aus den neuen Zeiten*, Frankfurt/M. 1994, 627).
[33] DERS., *Don Juan (erzählt von ihm selbst)*, Frankfurt/M. 2004, 27.
[34] Ebd., 26f.
[35] Unter dem Titel *Kultur als Ackerbau der gesellschaftlichen Sinne* erinnert Oskar NEGT anhand der Etymologie des Wortes Kultur und des Kompositums „agricultura" „an den ursprünglichen Sinngehalt von Kultur als Arbeitsbegriff" (Oskar NEGT, *Arbeit und menschliche Würde*, Göttingen 2001, 487). Cicero erweiterte den Begriff von agricultua, indem er ihn als „agricultua animae" „auf die Bearbeitung der Seele, der Sinne, der gesellschaftlichen Anlagen des Menschen überträgt" (S. 485).

dem Blütenschneien verbunden weiß in der Intention, aus der Schwermut zu befreien, alles „Schwere, Lastende, Steinige, Festverfugte, [...] zu lockern und für den Moment ihres Vorbeistreifens gewichtlos oder zumindest weniger gewichtig zu machen".

Zu dieser Verbindung von Himmel und Erde im Sinne einer innerweltlichen Erlösung des bedrückten und geplagten Menschen gehören im Werk Handkes die Sonne, das Licht, die Farben als aktivierende Naturdinge, und geradezu franziskanisch gesellen sich dazu die Tiere, ob es die Feldhasen, die Schmetterlinge oder die Weberknechte sind, nicht zu vergessen die „allgegenwärtigen" Spatzen: „Zu den Spatzen kann man sagen [...] ‚allgegenwärtig' (‚Sie sollen dich freibinden!' hieß es von ihnen im Traum)."[36] Wenn sie als „Schar" am Himmel auftauchen, kann man von ihnen „wirklich nicht ‚Geschwader' sagen".[37]

In *Der Chinese des Schmerzes* (1983) legt ein katholischer Priester die Bedeutung der hilfreichen, ins Freie führenden Schwellen aus. Im Sinne einer Schöpfung, die um den irdischen Menschen bemüht ist, beruft er sich dabei auf den namentlich nicht genannten „neuzeitlichen Lehrer", mit welchem Walter Benjamin gemeint ist. In seiner ‚Predigt' legt er Benjamins *Passagen-Werk* aus, in welchem die Theorie der Schwellen enthalten ist, und er deutet sie im Sinne eines Evangelium der irdischen Erlösung, und in diesem Sinn lassen sich die Spatzen und die anderen Tiere, aber auch der Wind und die Leitern, aber vor allem auch die Menschen selbst, als „Schwellen-Patrone" verstehen. Handkes mystischer Humor der Übergängigkeit von dem einen ins andere und dem eins in allem hat einen besonderen Sinn für solche Verkleidungs- und Verwandlungsspiele, in denen der Materialismus und die Religion sich freundlich zueinander gesellen in der Intention, den Mühseligen und Beladenen aufzuhelfen und „die Würde des Menschen" ‚hervorzuarbeiten' – und ‚Humor' wäre die freieste, versöhnlichste Haltung, in der die beiden alten Kontrahenten heiter zueinander finden könnten, ohne sich selber dabei aufgeben zu müssen.

---

[36] HANDKE, Die Geschichte des Bleistifts (s. Anm. 1), 248.
[37] Ebd., 389.

Liturgische Spuren

„Das war, als finge ein stehengebliebenes Herz wieder zu schlagen an."

Liturgische Poesie bei Peter Handke

Andreas Bieringer, Würzburg

Peter Handke lässt gegen Ende seiner Erzählung „Der Chinese des Schmerzes" (1983) mit einer liturgisch inspirierten Passage aufhorchen. Am Übergang vom Karsamstag auf den Ostersonntag wird dem beurlaubten Lehrer und Altphilologen *Andreas Loser* eine Wandlung zuteil. Ein paar Tage nach seinem mörderischen Steinwurf, der einen Hakenkreuz-Sprayer am Salzburger Mönchsberg das Leben kostete, wandelte sich seine „Ausweglosigkeit" für einen Moment um in eine „Leichtlebigkeit". Der Umschwung ereignete sich auf dem Hintergrund der nahenden Auferstehung, die sowohl den Protagonisten als auch die leeren Straßen der Stadt zu erfüllen schien: „Liebe schwang sich auf, zu dieser Stadt" und der „Erdkreis erwachte in mir". Hier lässt Peter Handke Außenwahrnehmung und innere Empfindung des Protagonisten im geglückten Moment des Erzählens zusammenfallen: „Für diesen Augenblick genügte ein einziges Wort: ‚Da'." Als Reaktion auf die Erfahrung des *nunc stans* will er sich unverzüglich zu Boden werfen, wenn auch nicht alleine.[1] Die mystisch anmutende Passage mündet schließlich im fernen Wandlungsläuten der Domglocken:

„Endlich dröhnte in der Ferne die Domglocke. Dort vollzog sich jetzt das Ritual der Wandlung: des Brotes in den Leib, des Weines in das Blut. Die Glocke wummerte zweimal hintereinander, jedesmal nur ganz kurz. Aber das war, als finge ein stehengebliebenes Herz wieder zu schlagen an. [...] Nach und nach setzte im ganzen Stadtgebiet das Geläute ein." (CS, 192f.)

---

[1] Zu dieser Passage vgl. Peter HANDKE, *Der Chinese des Schmerzes*, Frankfurt/M. 1986, 188–193. Seitenzahlen im Fließtext in Klammern (=CS).

In der poetisch verdichteten Wandlungsszene bündelt sich Peter Handkes ganze Affinität zur katholischen Liturgie: Am Beginn des Zitats bringt der Erzähler – wie sooft in seinen Werken – die Kirchenglocken zum Läuten. Die Glocken geben nicht nur den Rhythmus der Tagzeiten vor, sondern „gemahnen an die Ewigkeit", wie es schon in seinem Stück „Über die Dörfer" (1981) heißt.[2] Die alle Grenzen überwindenden Glocken werden gemeinsam mit dem völkerverbindenden Wind („Windsausen") zu Botinnen eines lang herbeigesehnten Friedens.[3] Darüber hinaus läuten die Kirchenglocken bei Handke auch noch immer die Feiertage und die damit verbundenen Festzeiten ein. Sie markieren den Übergang von der Arbeit zur Feier, vom Alltag zum Fest und gehören so zum festen Bestandteil seines Erzählens. Das dreimalige Angelusläuten, die Wandlungsglocken oder das festliche Einläuten geprägter Zeiten waren aus einem vormodernen Dorfleben (in Österreich) – wie es Handke selbst noch erlebt hat – nicht wegzudenken. Heute ist das Glockengeläut hingegen aus dem täglichen Leben fast vollständig verschwunden. Was früher den Tag so einprägsam rhythmisierte, scheint vielerorts nur noch als Lärmbelästigung empfunden zu werden.[4] Das Geläut der Kirchenglocken orientiert sich an den natürlichen Übergängen von der Nacht zum Tag und umgekehrt, wenn der Tag wieder langsam in die Nacht übergeht. An diesen Schwellen setzten auch die kosmisch geprägte Tagzeitenliturgie und die Andachtsgebete der Kirche an. Peter Handke dienen sie wiederum als produktive Zeiten seines literarischen Schaffens – eine nicht unwesentliche Parallele, die man in diesem Kontext zumindest erwähnen kann.[5]

---

[2] „Einst hat man uns erklärt: die Glocken geben nicht die Zeit an, sondern gemahnen an die Ewigkeit. Doch unsereinem verkünden sie nichts mehr, und sie rufen niemanden – großer Klöppel, luftverdrängter Eisenguß, mieser Blechlärm. Hunde kommen in die Kirche gelaufen und trinken die Weihwasserbecken leer. Keiner kümmert sich vor Ort. Wieviel Überliefernswertes geht da immer wieder vor sich [...] – und keiner hält etwas fest; nichts mehr wird weitergegeben." Peter HANDKE, *Über die Dörfer*. Dramatisches Gedicht, Frankfurt/M. 2002, 27f.
[3] Vgl. DERS., *Immer noch Sturm*, Berlin 2010, 153. (=InS)
[4] Im „Chinesen des Schmerzes" heißt es dazu lapidar: „Ich war sogar hungrig danach [= dem Glockengeläut, AB]. Daß ein Denker vor Jahrzehnten die kommunistischen Großstädte dafür hatte preisen können, weil da das ‚todtraurige abendländische Glockengeläute' abgeschafft sei, erschien mir nun vollends unbegreiflich." DERS., Chinese des Schmerzes (s. Anm. 1), 177.
[5] Vgl. DERS., *Ein Jahr aus der Nacht gesprochen*, Salzburg 2010.

„Das war, als finge ein stehengebliebenes Herz wieder zu schlagen an." 87

Die frühe religiöse Sozialisation im zweisprachigen Kärnten spielt Peter Handke bis heute Leitmotive seines Schreibens zu.[6] In seinem Geburtsort Griffen wurde er, wie viele andere (österreichische) Literatinnen und Literaten dieser Generation, noch vor dem Zweiten Vatikanischen Konzil (1962–1965) katholisch sozialisiert. Die moderne Aufspaltung der Lebenswelten in Arbeit und Freizeit, in eine religiöse oder gar rein weltliche Sphäre spielten dabei noch kaum eine Rolle; die Übergänge zwischen Alltag und Fest verliefen fließend. Als ehemaliger Ministrant und kirchlicher Internatszögling wurde ihm auf diese Weise die Liturgie zum unhintergehbaren Lebens- und Schreibprinzip. Die bunte Welt der vorkonziliaren Gottesdienste ist für Handke und eine ganze Dichtergeneration zu dem Raum geworden, wo ihnen Erzählung, Poesie, Musik, Drama, Architektur, Ästhetik etc. zum ersten Mal eindringlich begegneten. Vielleicht kann man in diesem Zusammenhang etwas präziser von der katholischen Liturgie als erster Schule von symbolisch gefassten Urerfahrungen des Menschlichen sprechen – wenn auch häufig in einer degenerierten Form. Die traumatischen Erfahrungen im Internat oder die ins Leere laufenden Toten- und Beerdigungsrituale nach dem Tod seiner Mutter, wie der Schriftsteller sie in „Wunschloses Unglück" (1972) beispielhaft schildert, geben ein eindringliches Zeugnis davon.[7] So gut diese Dichter das Beseelende der Liturgie bis heute poetisch in Worte fassen können, so sehr haben sie auch ein Gespür für ihre Verfallsformen. Sie durchschauen genau, wenn die gefeierte Liturgie ins Mechanische abgleitet, wenn die Verbindung zu ihrem Lebensumfeld verloren geht.[8] Ferner scheint diese Generation

---

[6] Zur Biographie Peter Handkes vgl. die weitaus gelungenste Darstellung von Leben und Werk von Hans HÖLLER, *Peter Handke* (= rororo Monographie 50663), Reinbek bei Hamburg 2007.

[7] Vgl. zu den traumatischen Erfahrungen im Internat u.a. Peter HANDKE – Peter HAMM, *Es leben die Illusionen. Gespräche in Chaville und anderswo*, Göttingen 2006, hier bes. 128–130. In einer Journal-Eintragung heißt es zu den traumatischen Erfahrungen im Internat: „Oft, daß ich denke: ‚Im Internat bin ich vernichtet worden' (sind wir alle vernichtet worden)" (24. Dez. 1987, Nauplion)", in: Peter HANDKE, *Gestern unterwegs. Aufzeichnungen November 1987 – Juli 1990*, Frankfurt/M. 2007, 57.

[8] Eine gewisse Reserve gegen eine allzu unbefangene Gottesrede durch professionelle Religionsvertreter in der Liturgie wird in der Literatur öfter artikuliert. Handke merkt etwa in der „Geschichte des Bleistifts" an: „Die meisten Priester sind geistlose Arrangeure, die da vorne am Altar ordinäre Haushaltsgeräusche vollführen. Jedes kleine Zeichen von Geist aber würde mich sogleich zu Tränen rühren." Peter HANDKE, *Geschichte des Bleistifts*, Frankfurt/M. 1985, 244; Ganz ähnlich auch Arnold

mit dem „Katholischen" als kulturprägende Instanz durch eine besonders typische Ambivalenz verbunden zu sein: Traumatisches der Kindheit mischt sich mit beseligenden Erfahrungen aus Liturgie und Glaubenspraxis, die sie das ganze (Dichter-)Leben lang nicht mehr loslassen. Die Liturgie weckt auf diese Weise aber ganz offenkundig zur Poesie – als symbolische Urerfahrung des Menschlichen. Dies kann nicht nur an der österreichischen Nachkriegsliteratur abgelesen werden, auch die Weltliteratur eines James Joyce, Marcel Proust oder gar Paul Celan wäre hier, unter vielen anderen, zu nennen.[9]

Unzählige Beispiele aus der „Schönen Literatur" belegen, dass sich die Affinität zur Liturgie zu allererst an der Messfeier orientiert.[10] In einem Interview mit Peter Hamm bekennt Handke ganz freimütig, dass er ein „Anhänger der Liturgie der heiligen Messe" sei:

„Also, für mich ist das das geheimnisvollste und auch das klügste und schlaueste Zeremoniell, das je erfunden wurde oder das, besser gesagt, sich herausgebildet hat. In diesem Vorgang, in der Dramatik der Messe ist alles, was der Mensch geistig braucht, enthalten."[11]

Trotz der auf den ersten Blick vielleicht unüblichen Diktion liefert das Zitat einen brauchbaren Schlüssel für Handkes liturgisch inspirierte Passagen, wenn er fortfährt: „Was natürlich nicht heißt, daß Bücher oder Erzählungen diesen Rohbau, den die Messe liefert, nicht sozusagen mit Farben und Details variieren oder ausfüllen können."[12] Für die poetischen Variationen auf liturgische Erfahrungen dürfte, wie die vorige Belegstelle aus dem „Chinesen des Schmerzes" gut belegt, die Wandlung als heißer Glutkern der Eucharistiefeier besonders bedeutsam sein. Es ist schon erstaunlich, mit welch großer Unbefangenheit Handke in seinen Werken auf den Inbegriff des Mysteriums katholischer Liturgie zurückgreift, wenn er liturgisch inspirierte Metamorphosen zu einem Zentrum seines dichterischen Erzählens erhebt. Unabhängig von den

Stadler in seinem Roman „Salvatore". DERS., *Salvatore*, Frankfurt/M. 2008, hier bes. 56, 63.

[9] Vgl. Andreas BIERINGER, *„Ein Schwanken ging durch die Welt" – Zum Einfluss der katholischen Liturgie auf die Literatur der Gegenwart*, in: IKaZ Communio 42 (2013) 4–16.

[10] Vgl. Martin Mosebachs einfühlsamen Essay über „katholische Literatur". DERS., *Was ist katholische Literatur?*, in: DERS., *Schöne Literatur. Essays*, München 2006, 105–129.

[11] HANDKE – HAMM, Illusionen (s. Anm. 7), 130f.

[12] Ebd.

verschiedenen Kontroversen und Auslegungsstreitigkeiten, die jahrhundertelang über die eucharistischen Wandlungsworte geführt wurden, sind sie für die poetische Aneignung bei Handke noch nicht zerschlissen.[13] Liturgische Sprache, biblische Zitate und gottesdienstliche Feiern tauchen bei ihm aber nicht nur als poetisch verfremdete Motive auf. Handke entwickelt aus dem Verfahren der Messe eine für ihn typische Methode des Erzählens, ein umfassendes Analogie- und Symbolprinzip. Im „Chinesen des Schmerzes" wird dies eingespielt, wenn der Schriftsteller eine Analogie zwischen dem fundamentalen Umschwung der Gefühle Losers nach dem mörderischen Steinwurf und dem Wandlungsritual im fernen Dom herstellt.[14] Zugleich spielt die Szene auf dem Hintergrund des österlichen Triduums, was sein poetisches Symbolsystem noch zusätzlich verstärkt. Während in den Kirchen der Stadt die Auferstehungsfeiern im vollen Gange sind, gelingt es Loser sich langsam aus seiner Bettstarre zu lösen und sich aufzurichten.[15] Nach tagelanger Appetitlosigkeit setzt der Hunger wieder ein, um dann erneut ins Schreiben zu finden. Beim Blick hinunter in die Stadt kommt es schlussendlich zur Erfahrung des „zeitlosen Jetzt".

Hier werden gemeinsame Schnittmengen zwischen Liturgie und Poesie erkennbar, die auch hinter Handkes poetischem Umgang mit dem Ritus stehen könnten.[16] Beide Formen sind zunächst *Realisierungen* bzw. *Konkretisierungen* von Leben, Sprache und Ritus in ihrer ganzen Zirkularität. In Liturgie und Poesie geschieht eine *Metamorphose* zwischen Wort und Realität, bis das in ihnen verdichtete Leben *präsent*, ja

[13] Hier auch als Kontrapunkt zu Kurt Flaschs Schlussbetrachtung in seinem Buch „Warum ich kein Christ" bin. Es gibt „Geschichten und Sätze", die trotz jahrhundertelanger Auslegungsstreitigkeiten für die poetische Auseinandersetzung noch *nicht* zerschlissen sind. Vgl. DERS., *Warum ich kein Christ bin. Bericht und Argumentation*, München 2013, hier 262–265.
[14] Dieses Analogieprinzip wendet Handke auch schon in seiner Erzählung „Langsame Heimkehr" an, wenn Valentin Sorger am Ende seiner Reise von Amerika nach Europa ebenfalls an einer Messfeier teilnimmt. Vgl. Peter HANDKE, *Langsame Heimkehr*, Frankfurt/M. 1979, 196f.
[15] „Am Wochenende lag ich ausgestreckt im Bett, unfähig zur kleinsten Bewegung, die Zähne ineinander verklammert, mit geballten Fäusten; das Liegen kein Liegen, sondern dessen Gegenteil." DERS., Chinese des Schmerzes (s. Anm. 1), 180f.
[16] Zum Verhältnis von Liturgie und Poesie vgl. auch Andreas BIERINGER, *Pilgern ohne Gott? Christoph Ransmayrs „Atlas eines ängstlichen Mannes" zwischen Ritus und Poesie*, in: StdZ 138 (2013) 769–780. Viele wertvolle Einsichten zur Wahlverwandtschaft zwischen Poesie und Liturgie verdankt der Autor Elmar Salmann OSB (Abtei Gerleve).

zur *Realpräsenz* wird. Die elementaren Strukturen der menschlichen Existenz werden dadurch neu vergegenwärtigt, bis das Leben selbst als Symbol und Darstellung eines Größeren erscheint. Bei der Lektüre macht der Leser die Erfahrung – geradeso wie der Teilnehmer in der Liturgie –, dass sein eigenes Dasein nicht mehr nur abgründig oder zufällig ist, sondern gewährt und zugesprochen. Das macht wohl auch das Ergreifende beider Realisierungsformen aus, im Gedicht genauso wie in der Liturgie. Die literarischen Protagonisten werden in die *Transformationen* ebenso einbezogen wie die Lesenden – bis sich in beiden eine *Katharsis* vollzieht. Ganz ähnlich wie in der Liturgie, die in den Teilnehmenden ebenfalls eine *Befreiung* bewirken will. Dadurch verwandelt sich nochmals der Blick auf die Existenz des Einzelnen, indem sie als Wandlungsprozess erkennbar wird. Ein Leben, das sich auf diese Weise an der Eucharistie und der Poesie orientiert, entdeckt sich selbst als offene Verheißung, als Leben das noch auf seine Erfüllung aussteht. In diesem Modus kann Andreas Loser als Widerhall auf die Wandlungsglocken im fernen Dom auch freimütig bekennen: „Aber das war, als finge ein stehengebliebenes Herz wieder zu schlagen an."

„Immer noch Sturm" – Liturgische Poesie als Zelebration des Lebens

Zwei Werke aus der jüngeren Vergangenheit illustrieren recht anschaulich, wie Peter Handke in seinen Erzählungen mit Liturgie verfährt. Im viel beachteten Widerstandsepos „Immer noch Sturm" (2010) wird der Erzähler selbst zum Liturgen, indem er im ersten Teil des Stückes eine Familienliturgie inszeniert, die über weite Strecken dem Wortgottesdienst der katholischen Messefeier nachempfunden ist.[17] Im „Großen Fall" (2011)[18] wiederum wohnt der Protagonist, ein Schauspieler auf „Zentrumswanderschaft", einer stillen Messe bei und trifft den Priester im Anschluss zur Agape in der Sakristei.[19] Trotz der unterschiedlichen Konzeption ergänzen beide Werke einander nicht zuletzt deshalb,

---

[17] Vgl. Andreas BIERINGER, „*Hühnerleiter wird Jakobsleiter*". Spuren der Liturgie in Peter Handkes Stück „*Immer noch Sturm*", in: IKaZ Communio 39 (2010) 701–708.
[18] Peter HANDKE, *Der Große Fall*. Erzählung, Berlin 2011. (=GF)
[19] Vgl. Jan-Heiner TÜCK, *Wirklichkeitsverdichtung. Zu Peter Handkes „Der Große Fall*", in: StdZ 135 (2010) 701–709.

weil der Akzent im ersten Beispiel überwiegend auf der Wortverkündigung liegt, im zweiten auf dem eucharistischen Geschehen samt seinem Übergang ins tägliche Leben. Pointiert könnte man an dieser Stelle schon einmal zusammenfassen, dass in „Immer noch Sturm" Liturgie zur Literatur wird, im „Großen Fall" sich der Schriftsteller hingegen ganz nahe an die Liturgie heranwagt.

Beide Werke sind an der Oberfläche zunächst durch einschlägige Motive und verfremdete Zitate aus der Messfeier geprägt. Besonders deutlich wird dies in „Immer noch Sturm", wenn der Erzähler während des ganzen Stückes poetisch verfremdete Litaneien, Kirchenlieder, Messgebete etc. einspielt und so eine liturgische Atmosphäre schafft. Durch das Geläut der Glocken, den völkerverbindenden Wind, das Tragen der Feiertagsgewänder, das gemeinsame Singen, Tanzen und Essen wird die für Handke so typische Festlichkeit noch zusätzlich verstärkt. Da das Stück über weite Strecken seine eigene Familiengeschichte auf die Bühne bringt, verwundert es nicht, wenn (religiös geprägte) Erfahrungen aus seiner Kindheit literarisch verarbeitet werden. Die im Text immer wiederkehrende Regieanweisung „allgemeines Innehalten" setzt zudem einen aus der Wortliturgie bekannten dialogischen Prozess von *Versammeln – Verkündigen – Antworten* in Gang, der die Lesenden als Zeugen in die Geschichte miteinbeziehen will. Durch das „Innehalten" wird eine Nachdenklichkeit erzeugt, die letztlich sowohl für die Protagonisten als auch für die Leser in einen kathartischen Prozess mündet.

Geht man über diese anfängliche Ebene, die vor allem durch liturgische Motive geprägt ist, hinaus, wird man im ersten Teil des Stückes auf die Tiefenstruktur des Wortgottesdienstes der Messfeier stoßen: Einer dreimaligen *Bitte um Erbarmen* (den Kyrie-Rufen entsprechend) folgt ein *Gloria* und die Verkündigung des *Familien-Evangeliums*. Damit ist Handkes Familienliturgie aber noch nicht endgültig abgeschlossen. Nach dem dreimaligen *Sanctus*-Ruf (Heilig, Heilig, Heilig) am Ende des ersten Teils, folgt der vorläufige Höhepunkt: Ein gemeinsames *Mahl* der ganzen Sippe. Die eucharistische Struktur taucht auch später wieder auf, wenn sich die Familie, noch während der Widerstandskampf im Gange ist, den so lange ersehnten Frieden in kühnen Visionen ausmalt:

„Nachzutragen ist hier, daß kurz zuvor, wer weiß wann, der eine Apfel von Hand zu Hand gegangen ist und ein jeder einen Bissen davon nahm, entsprechend dem: ‚Tut das zu meinem Gedächtnis.' Und mir ist jetzt, der Satz sei auch deutlich zu hören gewesen." (InS, 109)

In der schon angedeuteten Analogie zwischen Ritus und Poesie geht die eigentliche Liturgie in die poetisch gespiegelte Alltagswelt über. Dem Autor gelingt es beinahe mühelos, die Schwellen des Kirchenraums zu verlassen, um ihre rituellen und symbolischen Grundprinzipien im profanen Leben zu verankern.[20] Handke spricht in der „Geschichte des Bleistifts" sogar von einer Art *Tagesliturgie*, die sich durch Zuhören zum „Grundton aller Existenz" entwickelt.[21] Vielleicht kann man in Anlehnung an das „anonyme Christentum" – bei aller Problematik des Begriffs – bei Handke auch von einer „anonymen Liturgie" sprechen. Handke wandert mit seiner liturgischen Poesie aus der Religion heraus, um auf andere Weise ihr Wesen für heutige Menschen postmodern, verfremdend und schöpferisch zu wiederholen. Kritisch wäre in diesem Kontext aber auch rückzufragen, ob nicht die Gefahr besteht, dass liturgische Bilder und Motive durch die literarischen Anwendung verbraucht werden. In „Immer noch Sturm" leiht sich der Autor den Ritus, um die eigene Familiengeschichte aufzuladen, um eine Schrifttradition innerhalb einer Kleinhäuslerfamilie zu begründen. Solange ihm der Symbolisierungsprozess dabei gelingt, dürfte auch die Parallelaktion zwischen Liturgie und Poesie funktionieren. Denkt man über die Schnittmengen zwischen Ritus und Literatur nach, sollen aber auch ihre Verfallsformen in den Blick genommen werden. Wer in der Liturgie nur mehr dem Ritual frönt, wird zum Ritualisten und die Verbindung zum Leben geht verloren. Solch eine Gefahr dürfte es ebenfalls im Bereich der Literatur geben. Auch das Schreiben kann zum leeren Ritual werden und letztlich in einer Langatmigkeit münden, die jede (Lebens-)Dynamik vermissen lässt. Dann lohnt sich das lesende Mitwandern nicht mehr und die Strecken werden zu lang. In „Immer noch Sturm" gibt es mechanische Elemente, wo das Litaneihafte zu ein-

---

[20] Der Übergang von Liturgie ins tägliche Leben zeigt sich auch besonders deutlich an einem Abendmahlsbild, in dem der Ich-Erzähler sich und seine ganze Familie erkennt. Vgl. HANDKE, Immer noch Sturm (s. Anm. 3), 45.
[21] „Gerade höre ich wieder die geheime tagtägliche Liturgie, die, in einem unheimlichen Singsang, ununterbrochen (man muß nur zuhören können), unter der Weltoberfläche tönt: Liturgie aus einer Katakombenwelt, selbstbewußter, brutaler, wilder als jede tatsächlich geltende Liturgie, kaschemmenhaft und feierlich, als Grundton aller Existenz." DERS., Geschichte des Bleistifts (s. Anm. 8), 59f.

fachen Stereotypen verkommt und nicht mehr rhythmisiert.[22] Wenn man Liturgie und Literatur als Formen symbolisch gefassten Lebens versteht, hängt das Gelingen des Symbolisierungsprozesses auch davon ab, ob das Vorläufige auf einen größeren anderen hin verweist. Wo diese Symbolsprache fehlt, treten die beseelenden Elemente schnell auseinander. Das gilt für die Religion und den poetischen Prozess gleichermaßen und es kommt zur lähmenden Stilisierung.

Peter Handke löst in „Immer noch Sturm" aber ein, was er im obigen Zitat bereits angekündigt hat.[23] Der Rohbau, den ihm die Liturgie der Messe liefert, wird in seinem Geschichtsdrama mit poetischen Farben und Details ausgefüllt. Die Dramatik besteht für Handke wohl darin, dass er die Messe als symbolisch gefasstes Leben versteht, als Ferment und Verdichtung menschlicher Urerfahrungen. Nicht umsonst betont er, wie wichtig und bedeutsam ihm etwa das Moment des *Erbarmens* ist: „Ohne das Erbarmende geht überhaupt kein Schreiben."[24] Das wiederum schafft Augenblicke der Erleichterung und des Getragenseins, eine Funktion, die Handke in besonderer Weise der Liturgie zuschreibt und gerade darin eine Parallele zum Schreiben entdeckt.[25] Folgt man der Logik der Messe weiter, gilt dies ebenso für die gebündelte *Freude* im Gloria oder die himmlische Sphärenmusik im Sanctus, wo die Stimmen der Gläubigen mit denen der Engel zusammenkommen sollen. Als Höhepunkt der Erzählungen dienen ihm nicht selten Szenen des gemeinsamen *Essens*, die – wie oben gezeigt – häufig eucharistische Züge tragen.[26] Neben der Transformation von Brot und Wein steht aber auch

---

[22] Vgl. dazu etwa die ausufernden Essens-Litaneien: „Lammkeule in Speck gebraten, erbarme dich unser. [...]." DERS., Immer noch Sturm (s. Anm. 3), 105.

[23] Vgl. Anm. 10.

[24] Und dann weiter: „Aber das darf man sich nicht andauernd vorsagen: Ja ich erbarme mich! Sondern man muß sagen: ‚Herr, erbarme dich... unser', wie es in der Messe heißt." HAMM – HANDKE, Illusionen (s. Anm. 7), 81.

[25] Vgl. ebd., 85–87. Noch viel persönlicher äußert sich Handke in einem Interview mit Ulrich Greiner: „Wenn ich an der heiligen Messe teilnehme, ist das für mich ein Reinigungsmoment sondergleichen. Wenn ich die Worte der Heiligen Schrift höre, die Lesung, die Apostelbriefe, die Evangelien, die Wandlung miterlebe, die Kommunion und den Segen am Schluss: ‚Gehet hin in Frieden!', dann denke ich, dass ich an den Gottesdienst glaube." Ulrich GREINER im Gespräch mit Peter HANDKE, *„Erzählen ist Offenbarung"*, in: Die Zeit vom 25.11.2010 (Nr. 48).

[26] Vgl. jüngst die Schlussszene aus dem „Versuch über den Pilznarren", die an das Abendmahl in Emmaus (Lk 24,13–35) erinnert. Peter HANDKE, Versuch über den Pilznarren. Eine Geschichte für sich, Berlin 2013, 216f. Oder auch das vielfach gebrochene „Abendmahl" im „Kurzen Brief zum langen Abschied": „[...] und als ich die

das *Teilen* der Gaben im Mittelpunkt des dichterischen Interesses. Die Urerfahrung der eucharistischen Liturgie sieht im Gegensatz zur ökonomischen Logik im Teilen keinen Verlust sondern einen uneingeschränkten Gewinn. Auch den *Friedenswunsch* (Gehet hin in Frieden) am Ende der Messliturgie holen sich seine Protagonisten nicht selten ab.[27] Mit Handke gesprochen, kann der Mensch von heute in der Messfeier sein Leben feiernd begehen und die eigene Geschichte darin lesen wie in keiner anderen Feier: „er kann sie da entdecken, dann sie verstehen, dann sich ihr stellen."[28] In der Messe geht er den eigenen (Lebens-)Weg mit, um ihn am Ende klarer zu sehen. Damit dringen wir auch zum Kern des ganzen Stückes vor. In „Immer noch Sturm" wird Liturgie nicht nur verfremdend eingespielt, das Verfahren der Messe wird vielmehr zur Methode des Erzählens erhoben. Letztlich bringt Handke mit dem Widerstandsepos (s)ein Familiendrama als Wandlungsgeschichte auf die Bühne. Im Mittelpunkt steht eine slowenische Kleinhäuslerfamilie in Kärnten, die aufgrund ihrer Herkunft und „Quellensprache" vom NS-Regime mit Sprachverbot und Aussiedlungspolitik belegt wird und so in den bewaffneten Widerstand findet. Die biblisch geprägte *memoria* der Messe setzt auf diese Weise einen äußerst kreativen Lebens- und Erzählgestus frei. Zunächst holt Handke hier das ein, was auch die Grundintention der Messe ist. Sie liefert uns ein sichtbares Zeichen (Sakrament), um unsere eigene Lebensgeschichte immer wieder aufs Neue deutend zu begehen. Das rituell inspirierte Wiederholen wird hier zum Akt des Erinnerns, bis ein Phänomen Gegenwart und Zukunft gewinnt. „Immer noch Sturm" ist damit auch als Begleitung einer Wandlungsgeschichte einer ganzen Familie zu lesen. Die Pointe besteht letztlich wohl auch darin, dass Handkes Familie – im Unterschied zum eigentlichen Stück – nicht in den Widerstand gegangen ist. Auf diese Weise

---

Stelle kam: ‚Fröhlich und zufrieden aßen wir zusammen im Herrenstübchen des Gasthauses ›Zum goldenen Stern‹, mußte ich wegschauen, um nicht zu weinen." DERS., *Der kurze Brief zum langen Abschied*, Frankfurt/M. 1972, 172.

[27] Vgl. HANDKE, Der Große Fall (s. Anm. 18), 108; DERS., Immer noch Sturm (s. Anm. 3), 149.

[28] Was Handke in Bezug auf die Bibel sagt, scheint in Analogie auch für die Liturgie zu gelten: „[...] Das trifft zu, und zugleich kann der Leser unserer Tage, der von heute, in der Bibel, Buch für Buch, seine eigene Geschichte lesen, wie in keinem anderen Buch: er kann sie da entdecken, dann sie verstehen, dann sich ihr stellen." Peter HANDKE, *Langsam im Schatten. Gesammelte Verzettelungen 1980–1992*, Frankfurt/M. 1992, 123f.

„Das war, als finge ein stehengebliebenes Herz wieder zu schlagen an."

will das Epos aber auch – erneut in einer möglichen Analogie zur Liturgie – dem Verlust der Erinnerungskultur entgegenwirken. Damit wird im Leser jene Katharsis ausgelöst, die verhindern will, dass die Namen der im Stück zitierten Widerstandskämpfer vergessen werden. Der bewaffnete Widerstand der Kärnten Slowenen ist bis dato im Bewusstsein der österreichischen Zeitgeschichte noch kaum verankert. So leidvoll die Geschichte dadurch aber auch ist, letztlich stellt sie dennoch einen großen Gesang auf das Leben dar. Die Geschichte wandelt sich damit erneut und legt so die universellen Fragen offen, die uns alle angehen: Wer sind wir, woher kommen wir, was stellen wir dar, welcher Familie schreiben wir uns zu, was ist unser Platz auf Erden und wohin will es mit uns hinaus.

„Der Große Fall" – Lebenseinlösung in Liturgie und Literatur

„Der Große Fall" erzählt die Geschichte eines Schauspielers an einem einzigen Tag, vom Morgen bis tief in die Nacht hinein. Der Protagonist begibt sich dabei auf eine Wanderung von der Peripherie ins Zentrum einer nicht näher bestimmten Metropole, Ähnlichkeiten mit Paris sind dabei erkennbar. Auf seinem Dahinpilgern stadteinwärts begegnen ihm nicht nur randständige Figuren, er besucht auch eine katholische Messfeier.[29] Bevor es jedoch dazu kommen kann, holen ihn menschliche Grunderfahrungen ein, die ihn bedrängen: *Hunger* nach mehr als Speise, eine alles durchdringende *Traurigkeit* und schließlich sogar *Todesangst*. Doch wo kann der Schauspieler seine existentiellen Dispositionen einlösen? Später wird es dazu auch noch heißen: „Aber: Wohin mich wenden? Und wie?" Im Klang der Glocke eines nahen Gotteshauses scheint sich ein Ort dafür aufzutun. Abermals folgt eine erste Wandlungsszene:
  „Auf der Stelle ließ die Angst von ihm ab, und sein Lauf wurde der Sanfte – einer, der besänftigte, ihn, und gleichwelchen Entgegenkommenden. (Es kam keiner.) Und eines wußte er in seinem Heißhunger nach einem bestimmten Leib und ebenso nach dem Schöpfer Geist nun doch, im voraus: Das Gotteshaus wäre offen, und trotz der Nachmit-

---

[29] Vgl. dazu die ganze Messszene im „Großen Fall". HANDKE, Der Große Fall (s. Anm. 18), 173–186.

tagsstunde würde darin eine Messe gelesen, und er käme dazu gerade recht." (GF, 176f.)

Aus der Perspektive der heute gängigen Gottesdienstpraxis mutet die ganze Szene zunächst etwas eigenwillig an. Die Messe, die der Schauspieler hier auf seiner „Zentrumswanderschaft" besucht, wird als klassische stille Messe gefeiert, wobei der Schauspieler – neben dem Priester – der einzige Teilnehmer ist. Während ein konziliar geprägter Liturgiewissenschafter bei solch einer Schilderung wahrscheinlich sofort an eine „Häresie der Inhaltslosigkeit"[30] denkt, scheint sich der Schauspieler im „Großen Fall" wenig daran zu stoßen, dass der Priester die Lippen am Altar nur lautlos bewegt. Ganz im Gegenteil, mit einem abgewandelten Zitat aus dem Einleitungsdialog der Präfation „war es würdig und recht", dass er nur gelegentlich ein Kreuzzeichen stumm in den „Besucherraum" schlug und ansonsten mit dem Rücken zum Schauspieler zelebrierte. Die Predigt über die „Allgegenwart Gottes" als seine einzige Macht traf den Schauspieler dann aber umso nachhaltiger, so als hätte der Priester mit der Messe auch seine eigenen Gedanken gelesen.[31] Die Wandlung von Brot und Wein wird bei diesem Messbesuch im Unterschied zu vielen anderen Szenen bei Handke nur mittelbar über die Reaktion des Schauspielers in den Blick genommen. Anstatt auf die Knie zu fallen, wie es sich eigentlich gehört hätte, der Schauspieler es aber selbst in seinen Filmen nie über sich gebracht hatte, verspürte er nun das Bedürfnis, ja die Sehnsucht „nicht allein auf die Knie zu fallen, sondern der Länge nach hinzustürzen und mit dem Gesicht nach unten liegenzubleiben"[32]. Doch nicht ohne Erleichterung registrierte der Protagonist, dass ein solches Hinstürzen aufgrund der Anordnung der Kirchenbänke nicht möglich war.

Hier ließe sich zunächst ein erster Querverweis auf den Titel des Buches („Der Große Fall") anstellen, der auch im Zusammenhang mit dieser Szene stehen könnte. Ein liturgisch geübter Leser denkt bei der Stel-

---

[30] „Häresie der Inhaltslosigkeit" ist hier in Abwandlung von Martin Mosebachs Buch „Häresie der Formlosigkeit" zu verstehen, in dem er die liturgischen Reformen des Zweiten Vatikanischen Konzils heftig kritisiert. DERS., *Häresie der Formlosigkeit. Die römische Liturgie und ihr Feind.* Erweiterte Neuausgabe, München 2007.

[31] Ein Motiv das bei Handke immer wieder zum Thema wird. Im Gespräch mit Hamm heißt es dazu auch einmal: „[...] die einzige Macht Gottes ist, daß er uns zuschaut – und wenn wir uns gewärtig machen, daß Gott uns umfassend zuschaut, wären wir alle total besänftigt." HANDKE – HAMM, Illusionen (s. Anm. 7), 33.

[32] HANDKE, Der Große Fall (s. Anm. 18), 180f.

le aber ebenso an die schon im Urchristentum gängige *Prostratio* – das Niederwerfen des Körpers – wie sie in der Liturgie heute nur mehr am Karfreitag und in Weihe- bzw. Professliturgien praktiziert wird. Wie schon das erste Zitat aus dem „Chinesen des Schmerzes" zeigt, wird die Prostratio von Handkes Protagonisten als angemessene Reaktion auf verdichtete Wandlungserfahrungen immer wieder vollzogen. Der Schauspieler zeigt zudem an, wie schwer es dem heutigen Menschen fällt, Gesten und Gebärden solcher Ergebenheit zu vollziehen. Nach der Wandlung bleibt der Protagonist zwar andächtig, die Kommunion holt er sich im Gegensatz zum „Geh hin in Frieden" aber nicht mehr ab. Vielleicht ein Zeichen, dass bei aller Sympathie mit dem Symbolsystem der Liturgie doch ein Vorbehalt gegenüber der ganzen Zeremonie bleibt. Im weiteren Verlauf der Erzählung wird aber schnell klar, dass der Autor mit diesem Messbesuch der traditionellen lateinischen Messe nicht das Wort reden will.[33] Vielmehr mündet die stille Messe in einer Lebenseinlösung in der Sakristei. Nachdem Schauspieler und Priester die Messfeier begangen haben, treffen sich die beiden auf Einladung des Priesters in der Sakristei zu einer Agape, in der Originaldiktion Handkes zu einem „Schmaus". Der Priester legte seinen goldenen Ornat ab und unter dem Messkleid kommt ein blauer Arbeitsanzug hervor, der dem Schauspieler vertraut vorkommt. Es scheint hier durchaus legitim, eine erste Verbindung zur Tradition der französischen Arbeiterpriester (die Geschichte spielt in Paris) herzustellen. Nicht zuletzt auch deshalb, weil der Priester, wie sich im Gespräch mit dem Schauspieler herausstellt, früher als Automechaniker gelebt hatte. Im Anschluss daran teilten sich beide den Wein und andere Nahrung, die der Geistliche aus einem Supermarkt-Plastiksack holte, auch die Pappbecher für den Wein dürfen dabei nicht fehlen. Im Teilen und dem gemeinsamen Essen wird die Heiterkeit aus der Messfeier mit ins Leben genommen. Schlussendlich mündet die ganze Passage im Erzählen und der gemeinsamen Handarbeit. Auf diese Weise finden beide nach dem Ritus wieder in ihr je-

---

[33] Auf die Frage, ob er die „alte" (vorkonziliare) oder „neue" Liturgie bevorzuge, antwortete Handke: „Ich habe da keine Ideologie. Das Geheimnis des Glaubens, wie es nach der Wandlung heißt, kann man auch erleben, wenn der Priester einem zugewandt ist. Ich kann schon verstehen, wenn es einigen leidtut, dass die Unnahbarkeit des Vermittlers verschwunden ist. Das ist ein Paradox: der unnahbare Mittler. Aber er bleibt ja auch unnahbar, wenn er sich der Gemeinde zuwendet." HANDKE – GREINER, „Erzählen ist Offenbarung" (s. Anm. 25).

weiliges Leben zurück. Die einhellige Freude, die so aus Messe und Agape erwachsen war, hätte sich aber nicht durch ein einsames Stehen in der Kirche oder sonst einem Alleinsein eingelöst – so der Schauspieler: „Sie kam aus einer Reinigung, durch eine Zeremonie, eine gemeinsame – mochten sie auch bloß zwei gewesen sein –, und die Reinigung wäre vielleicht genauso durch eine andere Zeremonie erfolgt als durch die Messe? Vielleicht, vielleicht nicht." (GF 189)

Mit dem Messbesuch im „Großen Fall" greift Handke eine liturgische Grundkonstellation auf, die bis in die Anfänge des Christentums zurückreicht, in der Liturgiewissenschaft aber derzeit kaum Beachtung findet: das Verhältnis von Eucharistie und Agape.[34] Schon Paulus mahnt die Gemeinde in Korinth, zwischen symbolischem Kultmahl und Sättigungsmahl zu unterscheiden (vgl. 1 Kor 11,20–34). Er betont dabei im Korintherbrief nicht so sehr den Gemeinschaftscharakter des „Herrenmahls", sondern dessen Aspekt als sakramentales Todes- und Auferstehungsgedächtnis (V. 23–29). Ein Sprung in die liturgische Praxis von heute zeigt, dass die Verbindung von Sakrament und Mahl noch immer nicht zufriedenstellend gelöst ist. Unsere derzeitigen Formen Eucharistie zu feiern sind zwar hoch stilisiert, die Einlösung im Leben bleibt aber oft unbefriedigend. Nicht so bei Handke: sein Protagonist feiert zuerst eine klassische Messe, um dann in der Agape das eigentliche Versprechen aus dem Ritus einzulösen. Weil Handke die zwei Formen als eigenständige Größen ernst nimmt, geht in beiden auch etwas auf, scheint der Transfer zwischen Ritus und Leben zumindest in der Literatur zu funktionieren. Handke nimmt die Messefeier im „Großen Fall" zunächst in ihrer ganzen Stilisierung als Wandlungsmysterium wahr. Der Leser bekommt fast den Eindruck, Handke schließt mit seinen poetisch inszenierten Wandlungsszenen an Paulus an, um aufzuzeigen, dass die Eucharistie nicht nur als geschwisterliches Mahl gefeiert werden kann. Natürlich ist sie das auch, zumindest eine symbolische Verfremdung eines Mahls. In ihrer Gesamtheit betrachtet ist die Eucharistie aber ebenso Wandlung, Opfer, Darbringung, Danksagung, Anbetung, Katharsis und vieles darüber hinaus. Wenn man umgekehrt die Eucharistie aber nur mehr als starres Ritual begeht, um ihre Stilisie-

---

[34] Zu Bedeutung und Entwicklung der Agape in der alten Kirche vgl. die präzise und noch immer aktuelle Zusammenfassung von Wolf-Dieter HAUSCHILD, *Agapen I* (In der alten Kirche), in: TRE 1 (1977) 748–753.

rung auf die Spitze zu treiben, wird man zum Ritualisten und verfällt ins Klerikale. Handke zeigt sehr schön auf, wie man die Mechanik des Ritus bewahren kann, ohne den Kontakt zum Leben zu verlieren. Ritus und Agape gehören nicht nur zusammen, sie brauchen einander. Beide Formen dürfen aber nicht vorschnell im jeweils anderen aufgelöst werden. Erst wenn die rituell vollzogene Eucharistie in sich stimmig gefeiert wird, entsteht auch ein Raum für das geschwisterliche Mahl. Lässt man an dieser Stelle abschließend nochmals den Verlauf der ganzen Messszene im „Großen Fall" Revue passieren, wird die Transferleistung zwischen Ritus und alltäglichem Leben nochmals deutlich: Aufgrund einer existentiellen Not findet der Schauspieler durch den Ruf der Glocke in die Feier der Messe. Dort widerfährt ihm eine rituelle „Reinigung" und seine in Angst gesteigerte Traurigkeit schlägt um in Freude. Die neu gewonnene Heiterkeit kann der Schauspieler über die Agape mit ins alltägliche Leben nehmen. Der Fokus liegt demnach auf dem Doppeltransfer von Leben zum Ritus und wieder zurück ins Leben.

Mit dem dezenten Hinweis auf die französischen Arbeiterpriester wird eine weitere Tiefendimension der Szene erschlossen, die hier zumindest noch erwähnt werden soll. Missionarische Bewegungen des 20. Jahrhunderts wie die von Mutter Teresa von Kalkutta, die Kleinen Brüder und Schwestern von Charles de Foucauld oder die Arbeiterpriesterbewegung stehen in der langen Tradition der École française de spiritualité.[35] Ihre Spiritualität nährt sich über weite Strecken von einem expliziten Transfer zwischen Eucharistie und Sendung. Als Basis dient dabei meist eine klassische eucharistische Mess-, Anbetungs-, Aussetzungs- und Partizipationslogik, die sich in einen Lebensgestus übersetzt: Sich dem ausgesetzten Herrn aussetzen, um sich mit ihm in der Welt aussetzen zu lassen. Deshalb scheint es mir auch wichtig, dass der „Große Fall" in Paris spielt, sonst könnte Handke die Passage so wohl nicht konstruieren. Auch wenn hier ganz besonders anspruchsvolle spirituelle Traditionen zusammentreffen, die man nicht ohne weiteres auf die liturgische Praxis ummünzen kann – nicht zuletzt auch deshalb, weil die traditionellen Ausformungen der Messspiritualität bereits verloren gegangen sind –, bleibt dennoch die durch Handke aus-

---

[35] Zur Entstehung und dem nachhaltigen Einfluss der École française vgl. Yves KRUMENACKER, *L'École française de spiritualité. Des mystiques, des fondateurs, des courants et leurs interprètes*, Paris 1998.

gelöste Frage, wie der Transfer von Gottesdienst und Leben heute gelingen kann.

Bei aller Distanz des Autors zur offiziellen Liturgie ist es schon erstaunlich, welch große Bedeutung den Grundvollzügen des Liturgischen in seinen Werken zukommt, ja wie bei Handke Liturgie in den Lebensgestus eingreift und umgekehrt wie Lebensgestus liturgisch gespiegelt wird. Beinahe von selbst kommt dabei für den Liturgiewissenschafter die Frage auf, was das für den heutigen Gottesdienst bedeuten könnte, wie wir Liturgie auf diesem Hintergrund zelebrieren müssten? In „Immer noch Sturm" ist gut zu erkennen, wie reich die Wiederaufnahme der Liturgie in der zeitgenössischen Literatur sein kann. Oder anders formuliert, wie wichtig es einem zeitgenössischen Autor ist, auf die Liturgie als archetypische Wandlungs- und poetische Urerfahrung zurückzugreifen.[36] Im „Großen Fall" wird in umgekehrter Weise aufgezeigt, wie Handkes liturgische Literatur auf die Liturgiewissenschaft und die damit verbundene Praxis zurückwirken könnte. Durch die Wahlverwandtschaft beider Größen, sowohl was ihre Verfallsformen als auch ihre Spitzen- und Höhenerfahrungen betrifft, gibt es jedenfalls ausreichend Potential, um den Austausch zwischen beiden auch weiterhin voranzutreiben.

---

[36] Wie kaum eine andere Stelle ist hier der Messbesuch in New York am Ende der *Langsamen Heimkehr* (s. Anm. 14) zu nennen. In dieser Feier geht Handke das Analogie-Symbolsystem des Lebens im *simili modo* der Einsetzungsworte auf. Sehr aufschlussreich ist dazu auch das Gespräch von Herbert Gamper mit Peter Handke, wo er diese Erfahrung des Zusammenhangs („Sinn für Wiederholung kriegen") nochmals erläutert. Peter HANDKE, *Aber ich lebe nur von den Zwischenräumen. Ein Gespräch, geführt von Herbert Gamper*, Frankfurt/M. 1990, 56f.

„Im Kopf einen lateinischen Scharfsinn"

Theologische Anmerkungen zu Peter Handke

Alex Stock, Köln

„,Folgen Sie mir unauffällig!', das sagt auch der Schriftsteller zu seinem Leser."[1] Warum sollte man dieser Bitte nicht folgen, als Lesejünger dem Meister folgen auf dem Weg, den er mit seinen Geschichten und Gedichten vorangegangen ist, weil nur so, still und genau, das Himmelreich des Sinns zu erwerben ist? Warum sollte man sich absetzen aus dem Gang des Lesens, sich darüber erheben, Geschriebenes, statt es sich zueigen zu machen, beschreiben, analysieren, kritisieren vielleicht? Warum sich auffällig machen, indem man Geschriebenem selbst Geschriebenes hinzufügt? Der Schriftsteller seufzt: „So vieles Schreiben über Bücher (,Kritik'): Nach den alten Ahnungslosen, die das Beiwort ,alt' nicht verdienen, kommen die jungen Ahnungslosen, für die entsprechend das gleiche gilt."[2] Die „deutsche Literaturszenerie"[3], die sich über ihn und andere hermacht, erfreut ihn gar nicht.

Andererseits hat er, Peter Handke, selbst die Geschichten und Gedichte anderer reichlich bedacht, ist ihnen nicht einfach unauffällig gefolgt, hat sie ausgiebig vorgestellt und gewürdigt, in Gedenk- und Preisreden, Nach- und Vorworten zu Übersetzungen, zu Adalbert Stifter und Franz Grillparzer, Philippe Jaccottet und Francis Ponge, Gerhard Meier und Nicolas Born, Gustav Januš, Jan Skácel und vielen anderen.[4] Was

---

* Der Titel stammt aus: Peter HANDKE, *Langsame Heimkehr*, Frankfurt/M. 1979, 193.
[1] DERS., *Die Geschichte des Bleistifts*, Frankfurt/M. 1985, 70.
[2] DERS., *Gestern unterwegs. Aufzeichnungen November 1987 bis Juli 1990*, Salzburg ³2005, 47.
[3] DERS., *Einwenden und Hochhalten. Rede auf Gustav Janus*, in: DERS., *Langsam im Schatten. Gesammelte Verzettelungen 1980–92*, Frankfurt/M. 1992, 125–135, 125.
[4] Vgl. z. B. eine Reihe von Beiträgen in: DERS., *Das Ende des Flanierens*, Frankfurt/M. 1980 und DERS., Langsam im Schatten (s. Anm. 3).

er da, Anteil, aber auch Abstand nehmend, beschreibt, ist die jeweilige Schreibweise, die sich als Weltwahrnehmungsweise zeigt. Züge der den Texten eigenen Poetik werden herausgezeichnet und zusammengezogen zur Physiognomie eines Stils, mit „Vergleichslust"⁵ zusammengelesen. Der Gestus dieses Beschreibens ist das, was man als Urakt der Philosophie bezeichnet hat – *thaumazein*. „Es bleibt: das Vor-Zeichen des Schreibens ist das Staunen. ‚Mit Staunen sah er ...'."⁶

Theologen sind Exegeten von Beruf, Kommentatoren der Heiligen Schrift, und Kommentatoren der Kommentare und der Kommentare der Kommentare. Sie wissen viel. In zweitausend Jahren scheint alles schon einmal gesagt und geschrieben. Was soll sie, alt geworden, noch verwundern? Andererseits ist „Evangelium" so etwas wie Neuigkeit, die ihnen ans Herz gelegt ist. „Denken ist für mich: ein altes Wort neudenken (sonst kenne ich kein Denken)."⁷ Könnte der Schriftsteller, der Denken so denkt, den in den alten Worten Gefangenen zu Hilfe kommen?

*

SINE FINE DICENTES. Unter den „Gelegenheitsarbeiten", die Peter Handke 1980 unter dem Titel „Das Ende des Flanierens" gesammelt hat, findet sich ein kleines Gedicht mit romantisch anmutendem Titel.⁸

An den Morgen

Aufgewacht vor dem morgenhellen Himmel:
Über die noch dunklen Dächer
Treibt aus den Kaminen schon langsamer Rauch
Die Vögel: *Sine fine dicentes*
Und alle Lieben leben

Natürlich kann jeder, der ein wenig Latein gelernt hat, das übersetzen: *Sine fine dicentes:* „ohne Ende sagend". Aber nur wer im alten Katho-

---

5   Peter HANDKE, *Das plötzliche Nichtmehrwissen des Dichters*, in: DERS., Langsam im Schatten (s. Anm. 3), 136–146, hier 142.
6   DERS., Gestern unterwegs (s. Anm. 2), 502.
7   Ebd., 90.
8   DERS., Das Ende des Flanierens (s. Anm. 4), 121.

lizismus großgeworden ist, erkennt in diesem Sprachrest den Schluss der Präfation der Messe, die von den Engeln und Erzengeln, Thronen und Herrschaften und der ganzen himmlischen Heerschar gesungen hat, dass wir mit ihnen den „Hochgesang von deiner Herrlichkeit" singen – *hymnum gloriae tuae sine fine dicentes: Sanctus, Sanctus, Sanctus.* Es ist der Gesang der Engel, die himmlische Sphärenharmonie, in die die Gläubigen da einstimmen sollen. Dies, diesen Übergang und nicht nur das für sich stehende *Sanctus*, das ja jeder Musikmensch in mancherlei Einspielung kennt, hat der Ministrant und Internatszögling Peter Handke tausendmal gehört und so in seinem Kopf bewahrt, dass es ihm bei diesem Morgengedicht auf einmal in den Sinn kommt, bei den frühmorgendlichen Strophen der Vögel, die wohl gefiedert sind, aber nicht geradewegs zum Genus der himmlischen Heerscharen gehören. Ist es nur die Unablässigkeit, in der Amsel, Drossel, Fink und Star sich da im Morgengesang ablösen, ohne dass himmlische Geister oder gar ein „Heilig, heilig" assoziiert zu werden brauchten? Dem Dichter ist nichts heimlich Religiöses anzudichten. Der Leser aber, der theologische jedenfalls, kann den Kontext jenes *„Sine fine dicentes"* nicht einfach auslöschen. Und er denkt, was er bisher so nicht gedacht hatte: Dass, wenn Himmel und Erde voll sind von seiner Herrlichkeit, *pleni gloria tua,* die Vögel in ihrem Morgenschwung vielleicht eine Kostprobe davon geben. Dass man in der Kirche am Sonntag aus dem Gesangbuch etwas zu singen sucht, was in der Philharmonie der Natur eine ungeahnte Resonanz hätte, an die man sich auch erinnern könnte, wenn es am Sonntag wieder hieße *„Sine fine dicentes",* oder wohl heute, anders als in Peter Handkes Kindertagen, zumeist ohne den fremden Charme des Latein: „singen ohne Unterlaß".

SURSUM CORDA. „Wer ist wohl der Verfasser des kürzesten aller Gedicht-Gebete, des ‚Sursum corda'[...]?"[9], fragt sich Peter Handke in einer spanischen Reisenotiz aus dem Jahre 1989. Wäre ich, nach dem kürzesten Gedicht, nach dem kürzesten Gebet gefragt, je darauf gekommen, das könnte ein lateinisches sein und noch dazu dieses lateinische? Hätte ich vielleicht gesagt: „Herr, erbarme dich" oder „Lobet den Herren"? Aber sind das überhaupt Gedichte? Ist *„Sursum corda"* ein Gedicht?

---

[9]   HANDKE, Gestern unterwegs (s. Anm. 2), 321.

Peter Handke kennt es natürlich wie das „*Sine fine dicentes*" aus der Liturgie der Messe. Wie sich jenes im Abgesang der Präfation findet, so dieses im Anlauf dazu: „*Dominus vobiscum. – Et cum spiritu tuo. Sursum corda. – Habemus ad Dominum. Gratias agamus Domino, Deo nostro. – Dignum et iustum est.*" So wechseln Priester und Volk sich da ab im Eingangsdialog der Präfation. Wer das verfasst hat, steht nicht dabei, aber so viel lässt sich wohl sagen: „Wir haben in diesem einleitenden Dialog älteste christliche Überlieferung vor uns. Schon Cyprian bespricht das *Sursum corda* und er sieht in diesen Worten die Verfassung ausgesprochen, mit der der Christ eigentlich jedes Gebet beginnen sollte: jeder fleischliche und weltliche Gedanke sollte zurücktreten und der Sinn einzig auf den Herrn gerichtet sein. Augustinus kommt wiederholt auf das *Sursum corda* zu sprechen. Das Wort ist ihm geradezu der Ausdruck christlicher Haltung. Es hat für ihn denselben Klang, wie wenn Paulus denen, die mit Christus auferstanden sind, zuruft: *quae sursum sunt quaerite*; unser Haupt ist im Himmel, also müssen auch unsere Herzen bei ihm sein."[10] Im dritten, vierten Jahrhundert kennt man es also schon und schätzt es sehr hoch, ohne dass man sagen könnte, wer es genau so erfunden hat.

Aber vielleicht wollte Peter Handke das alles gar nicht so genau wissen, als er fragte: „Wer ist wohl der Verfasser [...]?" Vielleicht wollte er nur seinem Staunen Ausdruck geben über dieses Sprachphänomen, das ihm die lateinische Liturgie aus Kindertagen da zugespielt hatte. Und er zitiert auch nur dieses „*Sursum corda*", ohne die ganze fromme Umgebung der Messe, ohne jenes „*Habemus ad Dominum*", das da unmittelbar folgt und die Kirchenväter Cyprian und Augustinus natürlich vor allem interessiert. Was interessiert ihn an diesem „kürzesten aller Gedicht-Gebete"?

Und zuvor gefragt: Ist es überhaupt ein Gedicht, ein Gedicht, das doch aus mindestens zwei Zeilen zu bestehen hätte? Im liturgischen Dialog ist es ein kurzer Aufruf des Zelebranten, der im Deutschen übersetzt wird: „Erhebet die Herzen." Handke schlägt in besagter Notiz eine eigene Übersetzung vor, die dem adverbialen „*sursum*" genauer auf den Fersen bleibt und dem Sinn, mehr als das liturgische Deutsch, eine angemessene grammatische Schwungform verleiht: „Empor/die Herzen." Und der Schrägstrich in der Mitte gibt zu verstehen: Ja, das ist ein Ge-

---

[10] Josef Andreas JUNGMANN, *Missarum Sollemnia II*, Wien ⁴1958, 138f.

dicht, ein Gedicht, das man auch in zwei Zeilen lesen und verstehen soll, zuerst für sich den Ruf „Empor" und dann in der Zäsur eines Zeilensprungs „die Herzen". Der bei diesem lateinischen Kurzpoem um Sprachgenauigkeit bemühte Schriftsteller fügt dann in Klammern noch eine Variante an: „(Eine andere Übersetzung?: ‚Jetzt/Und...')." Da sind alle liturgischen Referenzen zerstoben. Es scheint etwas Allgemeineres zu sein, was aus dem *„Sursum corda"* herausgehört wird, das doch nicht abstrakt ist, denn was könnte konkreter sein als dieses deiktische „Jetzt" und dieser Schubs des „Und", das öfter wiederkehrt in diesen Notizen, wo etwas neu zu sehen ist – „fünf Habichte am Himmel"[11], „der Schwarm der Pleiaden"[12], „die durch den Anflug des Engels der Verkündigung aufgeblätterte, aufstehende eine Seite im von der Jungfrau Maria gerade gelesenen Buch auf dem Gemälde von Hans Memling"[13], Stellen, an denen man statt „Und" auch sagen könnte *„Ecce"*, „Sieh".

Ist dieses „Und" vielleicht ein Rest von jenem *„kai idou"*, das im griechischen Neuen Testament neben einfachem *„idou"* immer wieder begegnet (Mt 3,16; 7,4; 12,41; 27,51; 28,7; 28,20) – *„et ecce"*, „und siehe", als Aufruf im Erzählgang, jetzt hinzuschauen? Hat der Schriftsteller, der mit dem griechischen Text des Neuen Testaments sich wohl vertraut zeigt[14], da sein Augenmerk auf eine winzige Sprachbesonderheit der Bibel gerichtet, die den Theologen gar nicht mehr besonders auffällt? Einmal heißt es: „Das Vaterunser der Vaterlosen: ‚Jetzt! Und...'"[15]

Es soll, wie das Satzzeichen festhält, weiter ein Gedicht sein. Ein Gedicht worüber? Über die Zeit und den Sprung in der Zeit? Über den Augenblick, das Augenmerk? In einer späteren Notiz vermerkt Handke: „Übersetze ‚Sursum corda' einfach mit ‚Auf!'"[16] Das ist nach allgemeinem Verstand kein Gedicht mehr, sondern der pure Ruf an sich oder andere, den Sitz oder Stand oder Zustand zu verlassen, aufzubrechen und sich in Bewegung zu setzen, sich, den Blick, das Herz; aufzublicken, sich aufzutun. Wohin, wird nicht gesagt. Jedenfalls nicht, wie am Ursprungsort des kleinen Gedichts, unbedingt *ad Dominum*. Das „Auf!" ist

---

[11] HANDKE, Gestern unterwegs (s. Anm. 2), 446.
[12] Ebd., 48.
[13] Ebd., 88.
[14] Ebd., 536.
[15] Ebd., 7.
[16] Ebd., 538.

kein „Auf! Marsch, Marsch!", das müde Krieger antreiben soll, nur weiter, weiter, gleich wohin. Das „Empor" ist ja im „Auf!" mitzudenken und auch das „Jetzt".

In den Aufzeichnungen der Jahre 1987–1990 begegnen immer wieder Beschreibungen von Bildwerken, romanischen aus dem Norden Spaniens, und einmal fragt der betrachtende Schriftsteller sich, was er da eigentlich suche: „Suche ich etwas wie mein Heil in den romanischen Szenerien? Nein, ich suche in ihnen meine Phantasie, die Struktur meiner Phantasie, meine zuinnerste Lebensfolge, meine Sachverhalte (vor dem Engel in San Isidoro, León, der dem Himmelfahrtsversuchenden, der ihm schon startbereit auf den Knien steht, noch zusätzlich wie zum Anschub unter die Achsel greift – dem Himmelsschieberengel sind vor Angst die Backen sehr dick, Riesenbacken, wobei der Aufsteigende sich festhält an den aufgerichteten Flügeln seines Anschiebers, und sich zugleich davon abstößt?)."[17] Die Beschreibung hält sich nicht ans kunsthistorische Vokabular, führt ikonographische Innovationen ein wie „Himmelfahrtsversuchender" oder „Himmelsschieberengel", „Aufsteigender" und „Aufschieber", die unüblich sind, aber, wie man zugeben muss, unmittelbar evident. Man sieht es vor Augen. Was da im *nunc stans* des Steines festgestellt ist, erscheint als dynamischer, auch mühsamer Prozess, was eine Himmelfahrt ja auch ist oder als was sie zumindest angesehen werden kann, wie hier in S. Isidoro in León. Es ist beteiligtes Sehen – „Beteiligt denken ist Poesie"[18] –, Kompassion mit dem Aufflug Christi, der mit eifrigem Engelsbeistand das Schwergewicht der Erde langsam zu überwinden sucht. Es ist im romanischen Stein nicht der mühelos ätherische Flug eines leichten Lichtwesens zur Himmelshöhe, sondern richtiggehende, geflügelter Beihilfe bedürftige Aufstiegsarbeit. So sieht es der Schriftsteller.

Aber was sucht er darin, dass er dem Bildgeschehen mit solcher sprachgenauen Andacht zu folgen versucht? Er fragt es sich selbst: „Suche ich etwas wie mein Heil ...?" Das könnte man denken, weil die Himmelfahrt Christi ja nach christlichem Glauben eines der großen Heilsgeheimnisse ist, „aufgefahren in den Himmel", wie es im Glaubensbekenntnis heißt und die Liturgie des Himmelfahrtsfestes es ja auch begeht als Teil der Initiation der Christenmenschen in die göttliche Heils-

---

[17] Ebd., 164.
[18] Ebd., 27.

veranstaltung. Aber nein, sagt Peter Handke, „ich suche in ihnen meine Phantasie, die Struktur meiner Phantasie, meine zuinnerste Lebensfolge, meine Sachverhalte". Er wendet sich mit solcher Aufmerksamkeit der Außenwelt des Bildes zu, um darin seine Innenwelt zu finden, die Struktur und Arbeitsweise seiner Einbildungskraft, seines Sprachvermögens, im Bildvorgang „innerste Lebensfolge", „meine Sachverhalte", was vielleicht soviel heißt wie mein Verhältnis zu den Sachen, den Dingen der Welt, mein wahrnehmendes, schreibendes Verhältnis.

Das könnte im Allgemeinen so sein, ganz unabhängig davon, auf welches Sujet die Phantasie da im äußeren Bildwerk stößt, lässt aber im vorliegenden Fall auch an eine innigere Entsprechung zwischen dem beschriebenen Vorgang einer Himmelfahrt und der „Struktur der Phantasie" denken, dass die Phantasie ihr eigenes Procedere in diesem „Himmelfahrtsversuch" erkennt und somit den innersten Vorgang einer Schriftstellerexistenz überhaupt. „Die romanischen Engel stehen so da, als könnten sie nicht wirklich fliegen, oder nur zu den heiligen Zeiten – dann aber! (und ich dachte: ‚wie wir')."[19]

Auf die zitierte Himmelfahrt von S. Isidoro kommt Peter Handke einige Zeilen später noch einmal zurück: „So geht es mir mit den romanischen Gestalten: Zuerst denke ich vor ihnen, erfreut und/oder ermüdet: ‚Ah, wieder der, die, das da!' Und dann in der Betrachtung, erscheint die Variante – die aufgeblasenen Wangen des Engels in der Mühe des Himmelwärtshievens –, und – *sursum cor,* und in diesem Singular *cor* schwingt mit der Plural *corda.*"[20] „Ah" ist hier wie das staunende „Sieh", und das Sehen ist zunächst das, was man in der Kunstwissenschaft „wiedererkennendes Sehen" genannt hat, aber dann bei genauerem Hinsehen – „sehendes Sehen" nannte das Max Imdahl[21] – erscheint im vertrauten Muster das Besondere, Neue. Und eben dazu fällt dieses liturgische *„sursum"* wieder ein, *„sursum cor"* zunächst, weil es ja das Herz dieses Einzelnen ist, das aber auf dem Weg seiner Betrachtung doch die Leser zu beteiligen sucht: *„sursum corda".*

Handke entdeckt diesen Gestus nicht nur bei sich, sondern auch bei geistesverwandten Anderen. Auf den tschechischen Dichter Jan Skácel bezogen, heißt es: „[...] auch für die Dinge der Trauer gilt für das Gedicht

---

[19] Ebd., 142.
[20] Ebd., 164f.
[21] Max IMDAHL, *Giotto. Arenafresken. Ikonographie. Ikonologie. Ikonik*, München 1980, 89.

Jan Skácels das ‚sursum corda!' – ohne das ‚Empor die Herzen!' hebt bei ihm kein Gedicht an; erst mit der Aufforderung an sich selbst, Aufhebung der Schwermut, öffnet sich der Raum für das Gedicht."²² Das Anfangen ist ein Anheben, Aufforderung, Aufhebung der Schwermut, Auftun eines Raums. Für dieses vielfältige „An" und „Auf" steht wiederum das *„sursum", „sursum corda"* für sich und die Leser, die aus ihrer Trauer und Schwermut hochkommen wollen, sollen, mit der Hilfe dieses Engels.

Die Sprachader verzweigt sich weiter, „von einem einzigen machtvollen Herzsprung"²³ ist einmal die Rede beim unvermuteten Weitblick in einem Museum und gleich darauf von einer „aus dem innersten Selbst bis hin zur äußersten Welt sich aufschwingende(n) Sehnsuchtskraft"²⁴. „Ohne das ‚Sursum corda!' ist kein Leben."²⁵

Dass ein so kurzes Gebet eine solche poetische Resonanz und poetologische Aufschlusskraft haben kann, versichert dem Theologen, dass das, wonach Prediger in ihren Ansprachen oft so mühsam suchen, allein durch die Sprache der Liturgie, wenn sie denn eindrucksvoll genug ist, vor sich gehen kann, Wirkung im alltäglichen Leben außerhalb der Kirchenmauern. Peter Handke spricht einmal von so etwas wie Tages-Liturgie: „Gerade höre ich wieder die geheime tagtägliche Liturgie, die, in einem unheimlichen Singsang, ununterbrochen (man muß nur zuhören können), unter der Weltoberfläche tönt: Liturgie aus einer Katakombenwelt, selbstbewußter, brutaler, wilder als jede tatsächlich geltende Liturgie, kaschemmenhaft und feierlich, als Grundton aller Existenz."²⁶

Kann das alles auch zurückwirken auf die sprachliche Quelle, die kleine Stelle im Aufgesang der Präfation? Das *„Sursum corda"* selbst hört man eher selten heutzutage, aber die Übersetzung ist ja da, und um die Übersetzung ging es Peter Handke ja. „Erhebet die Herzen" heißt es da im deutschen Messbuch, *„Lift up your hearts"* sagt man im Englischen, bei den Franzosen: *„Elevons notre coeur"* und im Spanischen *„Levantemos el corazón"*. Da, bei den Romanen, ist es kein Aufruf an die anderen, der Priester bezieht sich selbst mit ein, wie ja auch im lateinischen *„Sursum"*, zu dem nach der Rubrik im alten Missale der Priester

[22] HANDKE, Das plötzliche Nichtwissen (s. Anm. 5), 140f.
[23] DERS., *Langsame Heimkehr*, Frankfurt/M. 1979, 197.
[24] Ebd., 198.
[25] DERS., Gestern unterwegs (s. Anm. 2), 20.
[26] DERS., Geschichte des Bleistifts (s. Anm. 1), 59f.

ein wenig die Hände zu heben hatte *("quas aliquantulum elevat, cum dicit: Sursum corda")*. Ein Ritual ist ein Ritual und kann nicht immer mit höchster Bewusstheit vollzogen werden, aber wenn dies nach Peter Handke wie schon den Kirchenvätern Cyprian und Augustinus eine so eminente Denkstelle ist, verdiente sie vielleicht doch die Mühe erhöhter Aufmerksamkeit, wie es einmal heißt: „Die Frage Gottes in mir: ‚Warum bist du nicht da?'"[27]

„*Habemus ad Dominum*" antworten die Gläubigen, und wenn sie es gregorianisch singen konnten, blieb ihnen noch eine kleine melismatische Verzögerung für den Aufschwung. Nun können sie nur alsbaldigen Vollzug melden: „Wir haben sie beim Herrn." „*We lift them up to the Lord*", „*Nous les tournons vers le Seigneur*" sagen die anderen. Das „*vers*" und „*up to*" folgt auf dem Fuß dem lateinischen „*ad*", das eine Richtung anzeigt, eine Ausrichtung in die Höhe, die Ferne vielleicht, wo man „den Herrn" wähnt. Das deutsche Messbuch hat hier über Reformen hinweg seit langem ein „beim Herrn", als stünde dort ein „*apud*" im Lateinischen, was Nähe anzeigt, „nahe bei". In älteren Gebetbüchern hieß es einmal genauer: „Wir haben sie erhoben zum Herrn." Zu dieser ungewohnten Langsamkeit wird das deutsche Ritual nicht zurückkehren wollen und können, aber zu beachten bleibt schon, dass das „*sursum*" keinen deutschen Sonderweg eröffnet.

SIMILI MODO. Am Ende des Romans „Langsame Heimkehr" heißt es: „Einmal hatte Sorger die Idee von einem geglückten Tag", es ist ein Abschiedstag von der Stadt New York vor dem Abflug ins alte Europa. Und zu diesem geglückten Tag gehört auch ein Kirchbesuch, der Besuch einer Sonntagsmesse: „Vom Kupferblech an den Opferbeuteln leuchteten die Antlitze der Gläubigen, und der mitspendende Sorger erlebte sich in der Gemeinschaft des Geldes, indes die Hände der Einsammelnden an den Stangen die Geräusche von Bäckern machten, die Brot aus dem Ofen fischten. Ein Schwanken ging durch die Welt, als das Brot in den göttlichen Leib und, ‚simili modo', der Wein in das göttliche Blut verwandelt wurde. ‚In ähnlicher Weise' ging das Volk zur Kommunion. In ähnlicher Weise stolperte, ich ‚Sorger' wieder als Ministrant über den Teppichrand. Entschlossen kniete der Erwachsene nieder. In ähnlicher

---

[27] HANDKE, Gestern unterwegs (s. Anm. 2), 400.

Weise wurde er von Unbekannten gegrüßt, ging auf der vormittagshellen Straße an einer fröhlichen Beerdigungsgesellschaft vorbei [...]."[28]

Anders als das „Sine fine dicentes" und das „Sursum corda" gehörte das „Simili modo" nicht zum lauten, beizeiten auch gesungenem Lautbestand der einstigen katholischen Messe, es gehörte in den Raum der „Stillmesse", in deren Mitte der Priester submissa voce die Wandlungsworte sprach. Die Ministranten, die bei der Kniebeuge dem Zelebranten das Messgewand anhoben, konnten es gerade mitbekommen. Und solches Ministrantenwissen gibt Peter Handke ja auch beiläufig als Quelle seiner Kenntnis an. Und aus der lateinisch-deutschen Schott-Synopse war ihm natürlich bekannt, was es bedeutete, wenn er es nicht als Lateinschüler ohnehin wusste.

Es ist eigentlich eine ganz beiläufige Sprachpartikel, die in den Kommentaren der Theologen kaum eine Rolle spielt. Die paulinisch-lukanische Abendmahlsüberlieferung leitet das Wort über den Becher ein mit dem Satz: „In gleicher Weise auch den Becher nach dem Mahle" (1 Kor 11,25; vgl. Lk 22,20). „Desgleichen" übersetzt die Zürcher Bibel, „Desselbigengleichen" etwas umständlicher Martin Luther. Im griechischen Text steht „hôsautôs", im lateinischen ein einfaches „similiter". Gemeint zu sein scheint, dass Jesus so, wie er zu Beginn des Mahls das Brot besprach, brach und austeilte, am Ende des Mahls auch ein Wort über den Kelch sagte und ihn allen zum Trinken reichte. Die römische Liturgie hat aus diesem einfachen „similiter" ein „simili modo" gemacht und damit den Akzent auf den Modus verschoben. Nicht nur, dass er auch oder ebenfalls den Kelch nahm, sondern dass er das in ähnlicher oder gleicher Weise tat, soll Beachtung finden. Das spiegelt die Entwicklung der Liturgie seit dem 2. Jahrhundert: „[...] die beiden Abschnitte um Brot und Kelch werden mehr und mehr symmetrisch gestaltet."[29] J.A. Jungmann vermutet, dass es das „Interesse des lauten, wohlabgewogenen Vortrags gewesen sei", das zu dieser „symmetrischen Anlage"[30] geführt habe. Danach wäre es mehr ein rhetorisch-musikalisches als ein semantisches Moment gewesen, was die „Parallelisierung"[31] der beiden Wandlungsworte vorangetrieben hätte. Wenn die neueste, nach der Liturgiereform angefertigte Übersetzung das „simili modo" mit einem einfachen

[28] HANDKE, Langsame Heimkehr (s. Anm. 23), 196f.
[29] JUNGMANN, Missarum Sollemnia (s. Anm. 10), II, 244.
[30] Ebd.
[31] Ebd., 245.

„ebenso" übersetzt, will sie offenbar zum ursprünglich biblischen „similiter" zurückkehren; das „in ähnlicher Weise", das für Handke sich als so inspirierend erwies, verliert damit ein wenig seinen Anhalt.

Der New Yorker Messbesuch steht von Anfang an im Zeichen der Spiegelung. Wenn sich bei der Kollekte im Klingelbeutelkupfer die „Antlitze der Gläubigen" spiegeln, dann ist die so sich manifestierende „Gemeinschaft des Geldes" nicht ein achtloses Zusammenwerfen, sondern Zusammenfinden von Personen im Akt der Spende. Die Kollektierenden wiederum erinnern an „Bäcker, die Brot aus dem Ofen fischten". Das erscheint wie ein Bildvorgriff auf das Brot der Wandlung, das zum „göttlichen Leib" wird, wie der Wein zum „göttlichen Blut". Die vorsichtigen Theologen würden vielleicht lieber vom „Leib Christi" sprechen und vom „Blut Christi" oder noch vorsichtiger nur vom „Becher des Bundes". Aber da sagt Handkes Sorger mutig „göttlich" und kann darum auch sagen: „Ein Schwanken ging durch die Welt, als [...]." Wenn die Wandlung so steil ins Göttliche geht, ereignet sich eben eine ontologische Erschütterung.

Und so springt es von Bild zu Bild, die einander nicht fremd, sondern irgendwie ähnlich sind, Varianten ein und desselben, das in diesem Wechsel als Zusammenhang sichtbar wird. Die Messe ist ein in Bildsprüngen sich vollziehender Zusammenhang. Die Kommunion ähnelt dem, was ihr vorangegangen ist, der Wandlung, der Kollekte. Vom Kommuniongang heißt es einmal in einem anderen Zusammenhang: „In der Kirche bei der Kommunion sah ich das ‚Volk': ganz sinnenhaft wurde da die Größe und die Kleinheit des Volks, der Jugend und des Alters, der Schlauköpfe und der Schwachsinnigen, der Normalen und der Wahnsinnigen (‚Preise Zunge, das Mysterium des glorreichen Körpers und des kostbaren Blutes [...]')."[32] So wie ihre „Antlitze" sich zuvor bei der Kollekte gespiegelt zusammengetan hatten, so gingen sie jetzt, so wahnsinnig verschieden ein Volk, zur Kommunion. Und der Fronleichnamshymnus des Thomas von Aquin kommt ihm in den Sinn: *„Pange, lingua, gloriosi corporis mysterium, sanguinisque pretiosi [...]."* Der „glorreiche Körper" ist bei Thomas das in den „Leib Christi" verwandelte Brot und wird im Augenblick der Kommunion zu dem im Empfang sich bildenden Körper dieses Volkes. Vertieft man sich in die Bilder, springt eine Ähnlichkeit ins Auge, in der der Sinn des Ganzen sich zunehmend anreichert.

---

[32] HANDKE, Geschichte des Bleistifts (s. Anm. 1), 229.

Es sind Bilder im Raum der Kirche, kindliches Stolpern von einst, entschlossenes Knien jetzt; aber die Schnittfolge des *„simili modo"* macht an der Schwelle der Kirche nicht Halt, springt über in die Straßen der Stadt, auf die Leute, die ihm dort unverhofft über den Weg laufen, das *corpus gloriosum* weitet sich aus auf das bunte Volk der Stadt; *„quem in mundi pretium",* geht die Strophe über den Leib bei Thomas weiter: „den zum Heil der Welt geweiht".

In seinem mit Herbert Gamper geführten Werkstattgespräch kommt die Rede auch auf diese abschließende Episode des Romans zu sprechen: „Ja, Sinn für die Wiederholung kriegen, hinunter zu den Leuten [...] wie er dann von Unbekannten plötzlich gegrüßt wird auf der Avenue, weil wahrscheinlich von ihm ausgeht diese – wie soll man sagen? Weltoffenheit [...] wie er dann sozusagen wiederholt, wie er als Kind zur Kirche ging, wie dieses ungeheure Ereignis des Niederkniens – für mich jedenfalls ein ungeheures Ereignis – stattfindet in einem Satz [...] wie er begreift, was die Symbolkraft der Wandlung in einer Messe ist, also die Verwandlung des Brotes in den Leib, und des Weins in das Blut, und auch die Worte, mit denen das eingeleitet wird, wo auf lateinisch gesagt wird: *simili modo,* also „auf ähnliche Weise" [...] der Übergang, der stattfindet, als er hinausgeht – also auf die gleiche Weise geht er auf die Straße, auf gleiche Weise sieht er eine fröhliche Beerdigungsgesellschaft, auf gleiche Weise trifft er einen Bekannten von früher im Central Park: daß da einfach ein Übergang stattfindet nur in diesem Wort ‚auf gleiche Weise' – also daß er ein Taschentuch aus der Tasche ziehen kann, und das ist auf die gleiche Weise wie am Himmel ein Flugzeug fliegt."[33]

Die am *„simili modo"* formelhaft sich aufhängende Erfahrung der „Wiederkehr der Erscheinung an den Dingen"[34] und der „Varianten des Immergleichen"[35] erinnert an ein theologisches Urverfahren, auf das Handke einmal am Rande auch zu sprechen kommt: „Die Wiederholung als die Erfüllung, die Fülle der Zeit – siehe auch die Wiederholung des Alten Testaments im Neuen."[36] Es ist das in der Bibel, aber auch in der patristischen und mittelalterlichen Exegese vielfach geübte Verfahren der Typologie. Das Neue, was sich im Zeichen Christi begibt, ist

---

[33] Peter HANDKE, *Aber ich lebe nur von den Zwischenräumen.* Ein Gespräch, geführt von Herbert Gamper, Zürich 1987, 56f.
[34] HANDKE, Gestern unterwegs (s. Anm. 2), 469.
[35] Ebd., 47.
[36] Ebd., 9.

Fortsetzung und Erfüllung dessen, was als Vor-schlag, *typos*, und charakteristische Figuration der Geschichte Gottes mit der Welt, wie Israel sie aufgeschrieben hat, schon eingezeichnet ist. „Die typologische Deutung ist ein Akt der Aneignung des Alten aus der Kraft des Neuen, sie bewahrt das Vergangene im Hochgefühl des Gegenwärtigen."[37]

„Typologisches Denken ist schöpferisch. Die Bibel deckt das Verhältnis von Typus und Antitypus nur ganz selten auf. Beider Ähnlichkeit muss wahrnehmbar, darf aber nicht total sein. Sie müssen durch Suche aus ihrem latenten Dasein gehoben, durch Findung entdeckt werden."[38]

Was so der älteren Exegese in Schrift und Bild als Verfahren intertextueller Lektüre der Hl. Schrift dient, wird bei Handke zum Modus der Welterfahrung überhaupt, und wenn es um Offenbarung geht, dann ist es die im gesamten Weltgeschehen sich ereignende. Dem Wandlungswort „*simili modo*" entspricht „Weltoffenheit", das gerade Gegenteil ängstlicher „Entweltlichung".

Mit diesem Ähnlichkeitsblick aus der Kirche in die Welt hinausgehen, kann auch bedeuten, dass man dort Gesehenes nicht nur wiedererkennt, sondern sich geradezu herbeiwünscht, wie aufgeschrieben in einer Spaniennotiz aus dem Jahre 1988: „In der Kathedrale (Sé) von Coimbra: der gütige Adler, der dem Johannes hilft beim Aufschreiben des Evangeliums, mit seiner Schwinge das Schreibwerkzeug berührend und mithörend bei geneigtem Kopf; und zu Füßen des Markus simili modo der Löwe, der dem Schreiber das Buch stützt, und dann dem Matthäus dessen Sinnbild, ein Mensch – ein sehr junger –, simili modo das Tintenfaß hinhaltend."[39] Und dann am nächsten Tag der Gedankensprung rückwärts: „Halt dir auch so ein Tier wie gestern die Evangelisten des Altarwerks der Sé von Coimbra, und sei es ein unsichtbares, als deinen Aufschreibhelfer, der dir das Schreibzeug hält, der dir Gesellschaft leistet und der mit dir gemeinsam hinauflauscht und sich vertieft ins Offene (22.März 1988, Coimbra)."[40] – Der Schriftsteller in der Nachfolge der Evangelisten. Nur, mit dem Halten ist es nicht so einfach, den Evangelisten sind die Tiere zugeflogen; sie haben wirklich Flügel.

---

[37] Friedrich OHLY, *Synagoge und Ecclesia. Typologisches in mittelalterlicher Dichtung*, in: DERS., *Schriften zur mittelalterlichen Bedeutungsforschung*, Darmstadt 1977, 321–337, hier 321.
[38] Ebd., 322.
[39] HANDKE, Gestern unterwegs (s. Anm. 2), 140.
[40] Ebd., 141.

*

„[...] und das ist immer das Wunderbarste, wenn das Lesen, die Freude des Lesens zugleich diese Verlangsamung des Studierens ermöglicht."[41], sagt der Schriftsteller zu seinem Leser. Und: „[...] vorstellen kann ich mir [...], daß es für diesen und jenen Wissenschaftler oder besser gesagt Forscher Ergebnisse für ihn selber, auch für seine Arbeit brächte, sich damit zu beschäftigen."[42] Und: „Das denk ich schon, daß im Lauf der Jahre mich das am meisten freut, wenn ich Leser hab, die selber schreiben, und die mir das sagen, dass sie von dem, was ich gemacht habe, auf die eigene Problematik zurückgeworfen worden sind."[43]

---

[41] HANDKE, Aber ich lebe nur von den Zwischenräumen (s. Anm. 33), 172.
[42] Ebd., 257.
[43] Ebd., 94.

Beziehungswelten

Lieben auf Leben und Tod

Fragile Beziehungswelten in Handkes Werk

Mirja Kutzer, Köln

In *Der kurze Brief zum langen Abschied* betritt der Protagonist in einer spanischen Missionsstation im Süden von Tucson, Arizona eine Kirche. Er trifft auf traditionelle katholische Frömmigkeit. Der Rosenkranz wird gebetet. Frauen stehen vor den Beichtstühlen. Der Ich-Erzähler versinkt in den Anblick und schließt folgende Bemerkung an:

> „Die Religion war mir seit langem zuwider, und trotzdem spürte ich auf einmal eine Sehnsucht, mich auf etwas beziehen zu können. Es war unerträglich, einzeln und mit sich allein zu sein. Es mußte eine Beziehung zu jemand anderem geben, die nicht nur persönlich, zufällig und einmalig war, in der man nicht durch eine immer wieder erpreßte und erlogene Liebe zueinandergehörte, sondern durch einen notwendigen, unpersönlichen Zusammenhang."[1]

Eingeläutet durch den *Kurzen Brief* wurde eine Wende in Peter Handkes literarischem Schaffen konstatiert, die unter anderem seine Haltung zur Religion betrifft.[2] Zwar erscheint diese auch hier in der Figur des Abschieds, des nicht mehr Tragenden, doch neben die Ablehnung der katholischen Frömmigkeit seiner Kindheit und die Demaskierung religiöser Sprachmuster, wie sie Handkes bisherige Werke kennzeichnen, tritt nun das Wahrnehmen einer Lücke, die der Geltungsverlust der Religion hinterlassen hat. Jan Bauke-Ruegg spricht, bezugnehmend auf dieses Zitat, von einer „Sehnsucht nach so etwas wie Religion" oder

---

[1] Peter HANDKE, *Der kurze Brief zum langen Abschied*, Frankfurt/M. 2001, 173.
[2] Vgl. dazu Jan BAUKE-RUEGG, *Theologische Poetik und literarische Poetologie? Systematisch-theologische Streifzüge*, Zürich 2004, 474–497.

einem „religiösen Moment der Einheit"[3], die in die Handkes Werk so bestimmende Suche nach dem Zusammenhang[4] mündet.

Gekoppelt ist diese Bezugnahme auf Religion mit einem Urteil über die Liebe, die hier als ebenfalls nicht gangbare Alternative aufgebaut wird. Beide versprechen den Ausweg aus einer unerträglichen Vereinzelung, das Herstellen einer Beziehung zu einem Anderen, der im Fall der Liebe „persönlich", also über kontingente Beziehungen vermittelt wird. Die Vorbehalte gegenüber den Heilsversprechen der Liebe sind in Handkes Werk bekanntermaßen Legion, und auch hier ist die Skepsis überdeutlich. Die Liebe ist keineswegs als „romantische" präsent, ist weder authentisches Gefühl, das in schicksalhafter Zwangsläufigkeit zwei Liebende aneinander bindet, noch ein Freiheitsgeschehen, in dem sich der geliebte Andere in seiner Wahrheit erschließt, wodurch man selbst zu seinem eigentlichen Ich findet. Die Liebe ist eine „erpreßte" und „erlogene".

Nimmt man den Gesamtkontext des *Kurzen Briefes* hinzu, so geht diese „Wiederkehr des Religiösen" einher mit einer formalen Neuerung im Werk Handkes: der „Wiederkehr des Erzählens". „Der Akzent verlagert sich von dem stark verfremdenden Auseinandernehmen bekannter, vorgegebener Formen und Erzählmuster auf das Aufbauen einer relativ zugänglichen Geschichte unter expliziter Verwendung von vorgeprägten Modellen sowohl aus der populären Kultur wie auch aus der ‚hohen' Literatur. Es läßt sich eine Verschiebung vom Experiment zu einem neuen Erzählen feststellen."[5] Dass nach den *Hornissen* und den *Publikumsbeschimpfungen* Handke hier nicht zu experimentieren auf-

---

[3] BAUKE-RUEGG, Theologische Poetik (s. Anm. 2), 494; Wolfram FRIETZSCH, *Die Symbolik der Epiphanien in Peter Handkes Texten. Strukturmomente eines neuen Zusammenhangs*, Sinzheim 1995, 124.

[4] Vgl. dazu v. a. Christoph BARTMANN, *Suche nach Zusammenhang. Handkes Werk als Prozeß* (Wiener Arbeiten zur deutschen Literatur 11), Wien 1984.

[5] Marieke KRAJENBRINK, *Intertextualität als Konstruktionsprinzip. Transformationen des Kriminalromans und des romantischen Romans bei Peter Handke und Botho Strauß* (Amsterdamer Publikationen zur Sprache und Literatur 123), Amsterdam u. a. 1996, 89; vgl. auch Karlheinz ROSSBACHER, *Detail und Geschichte. Wandlungen des Erzählens bei Peter Handke, am Vergleich von „Die Angst des Tormanns beim Elfmeter" und „Der kurze Brief zum langen Abschied"*, in: Sprachkunst VI/1 (1975) 87–103; Rosemarie ZELLER, *Die Infragestellung der Geschichte und der neue Realismus in Handkes Erzählungen*, in: Sprachkunst IX/1 (1978) 115–140; Christoph BARTMANN, *„Der Zusammenhang ist möglich". Der Kurze Brief zum langen Abschied im Kontext*, in: Raimund FELLINGER (Hg.), *Peter Handke*, Frankfurt/M. 1985, 114–139.

hört, zeigt schon die Vielzahl von Genres, denen *Der kurze Brief* zugerechnet werden kann. Bezeichnet wurde er als Amerika- und Entwicklungsroman, als Krimi-Kolportage, als literarisches Road-Movie oder psychologische Reiseliteratur. Hinweise auf diese Genres, die den Charakter von Leseanweisungen tragen, gibt es im Text zuhauf. Dabei bietet jede literarische Erzählform auch eine andere Matrix, auf der der Roman verstanden werden kann. Dieses gekonnte Ineinanderspiegeln von Erzählgenres lässt sich auch als ein Ausloten der modernen Erzähltradition verstehen, deren Erkundung bis zu ihren Wurzeln im höfischen Roman Handke in seinem Werk je neu vorantreiben wird. Bei aller Geschlossenheit bleibt die Erzählung so außerordentlich schillernd. Handke unterwirft sich keiner traditionellen Form, sondern bedient sich einer Vielzahl, um daraus etwas Eigenes zu schaffen. Intertextualität, die in der französischen literatur- und zeichenwissenschaftlichen Debatte zur Zeit der Romanentstehung eines der zentralen Schlagwörter und verbunden mit Theoremen wie dem Tod des Autors und des Subjekts ist, erhält bei Handke hier eine eigene Prägung. Sie wird nicht zu einer Frage einzelner Textbausteine, sondern zu einer der Gesamtform und stiftet auf dieser Ebene das, was der Protagonist in obigem Zitat inhaltlich einklagt – einen Zusammenhang, der durch die Intertextualität Tiefe, einen quasi räumlichen Charakter[6] erhält.

Wenn im Folgenden vor allem von der Liebe bei Handke die Rede sein soll, dann im Setting der Dreieckskonstellation von Religion, Liebe und Erzählen. Die Verbindung dieser Elemente ist in Handkes Werk nicht zufällig. Alle drei erwachsen aus der Wahrnehmung eines Risses, der nach Heilung verlangt. Sie eröffnen Räume, die Verwandlung ermöglichen. Dabei scheint das Verhältnis zunächst ein konkurrierendes Nacheinander zu sein: Wo die Religion in ihren traditionellen Formen dem heilsbedürftigen Individuum keine Erlösung zu vermitteln vermag, tritt die Liebe als eine Art „Nachreligion"[7] an deren Stelle und macht Heilsversprechen, an denen sie gleichwohl nur zu scheitern vermag. So bliebe als letzte und eigentliche Möglichkeit das Erzählen. Doch unterhält die Liebe in Handkes Werk bleibende Beziehungen sowohl zur Religion wie zur Narration. Sie öffnet Räume in die Transzendenz

---

[6] Zur Räumlichkeit der Intertextualität vgl. Dorothee Fuss, *„Bedürfnis nach Heil". Zu den ästhetischen Projekten von Peter Handke und Botho Strauß*, Bielefeld 2001, 122.
[7] Ulrich Beck – Elisabeth Beck-Gernsheim, *Das ganz normale Chaos der Liebe*, Frankfurt/M. 1990, 222–266.

und hält noch in ihren zerstörerischsten Deformationen eine Sehnsucht und ein Begehren offen, das nach Verwandlung verlangt. Schließlich ist es die Liebe, die überhaupt erst die Möglichkeit zum Erzählen schafft, das nun seinerseits das Begehren und die Sehnsucht bewahrend in sich aufhebt – und darin immer schon Liebesliteratur wäre.

I. Der kurze Brief: De- und Rekonstruktion des Liebesromans

Entsprechend der in obigem Zitat anklingenden Absage an die Heilsversprechen der Liebe, erscheint der *Kurze Brief* insgesamt als eine Dekonstruktion des Genres „Liebesroman". Dafür spricht der Verlauf der Geschehnisse, der geradezu eine Umkehrung der klassischen *romance*[8] ist, in der die Suche nach der einziggeliebten Frau sich mit der Selbstwerdung des Protagonisten verbindet. Der *Kurze Brief* erzählt stattdessen vom Ende der Beziehung zwischen dem Ich-Erzähler und seiner Ex-Frau Judith. Diese ist die Verfasserin des kurzen Briefs, den der Ich-Erzähler an einer Hotelrezeption in Providence in Empfang nimmt und der eine lange Suche quer durch Amerika einleitet. Dabei wird nach und nach klar, dass Judith den Erzähler ihrerseits sucht und umbringen will. Sie unternimmt eine Reihe von Anschlägen, denen der Protagonist entrinnt. Im westernartig inszenierten Showdown stehen er und Judith sich schließlich gegenüber. Der finale Schuss fällt nicht, er nimmt ihr die Waffe aus der Hand. Zusammen besuchen sie die Villa des Regisseurs John Ford. Dort erzählen sie ihre Geschichte und können am Ende friedlich auseinandergehen. Dieser Dekonstruktion der *romance* auf der Ebene der *histoire* steht jedoch der *discours*[9], die Art und Weise, wie die Geschehnisse nahegebracht werden, entgegen.

Eine Gegenläufigkeit der von den Akteuren präsentierten Geschichte

---

[8] Northrop Frye charakterisiert die *romance* als eine Form der Erlösungsgeschichte, die von der Selbstfindung eines Helden erzählt, der Hindernisse überwindet und dabei den Kosmos vom Dämonischen bis zum Erlösenden auslotet. Vgl. Northrop FRYE, *Analyse der Literaturkritik*, Stuttgart 1986, 188–209; DERS., *The Secular Scripture. A study of the Structure of Romance*, Cambridge u. a. 1976.

[9] Das Begriffspaar *histoire* (Abfolge der Geschehnisse) und *discours* wird hier gebraucht nach Tzvetan TODOROV, *Les catégories du récit littéraire*, in: Communication 8 (1966) 125–151.

und der nichtpersonalen Deutungsinstanz des *discours* kondensiert sich bereits in der Struktur des genannten Briefes, der dem Werk den Titel und dem ersten von zwei Teilen der Erzählung seine Überschrift gibt. „Ich bin in New York. Bitte such mich nicht, es wäre nicht schön, mich zu finden."[10] Diese beiden Sätze sind ihrerseits Negation eines Genres – des klassischen Liebesbriefs, der seine typische Gestalt wesentlich der Ovid-Rezeption verdankt. Genretypisch ist der Liebesbrief wesentlich Simulation von Anwesenheit. Der Liebende macht sich dem entfernten Geliebten mittels eines Briefes präsent. Dies ist auch schon sein zentraler Inhalt: Der Liebende zeigt dem Geliebten, dass er an ihn denkt, und gibt dies in verschiedenen Formen zu verstehen, etwa durch die Rückschau auf die gemeinsame Zeit, in der Reflexion über die Liebe etc. Hinzu treten das Leiden an der Abwesenheit des Anderen und die Vorfreude auf die Beendung derselben. Dieser Brief scheint genau das Gegenteil zu tun. Er figuriert wesentlich Abwesenheit – Judith ist nicht da und bekräftigt dies. Statt die Abwesenheit beenden zu wollen, intendiert er ihren Erhalt. Die Vorfreude weicht ihrer Negation, das Wiedersehen wäre eben *nicht* schön. An die Stelle des Gefühlserweises der Liebe tritt eine Art Drohung, zumindest eine Warnung, und statt dem Empfinden in vielen literarischen Figuren Raum zu geben, handelt es sich hier um einen *short letter.*

Geht man allerdings von dieser semantischen Ebene auf die pragmatische, so tritt der Liebesbrief wieder in Kraft. Natürlich macht Judith sich ihrem Ex-Mann durch diesen Brief präsent. Sie zeigt ihm, dass sie an ihn denkt, und fortan wird er sich immer wieder umschauen, ob sie nicht da ist. Statt die erwünschte Abwesenheit zu sichern, indem sie ihren Aufenthaltsort geheim hält, informiert sie ihn darüber. Der Brief dient damit der Beendigung der Abwesenheit. Der Ich-Erzähler wird Judith suchen und hat von Anfang an eine Ahnung, dass sie es ihrerseits tut. Schließlich suggeriert der Brief eine enge, emotionale Beziehung. Die Schreiberin geht davon aus, dass der Empfänger an sie gebunden und entsprechend auf der Suche nach ihr ist. Damit tritt der „Liebesbrief" die eigentliche Erzählung los, die unter den negativen inhaltlichen Vorzeichen nun dennoch zur *romance* wird – zur Suche nach einer Frau, auf der der Protagonist zu einem neuen Selbst- und Weltverhältnis findet, sich verwandelt. Der kurze Brief eröffnet so das ambiva-

---

[10] HANDKE, Der kurze Brief (s. Anm. 1), 11.

lente Setting, das nicht nur die Beziehung des Ich-Erzählers zu Judith durch die Erzählung hindurch bestimmt, sondern als prototypisch für die Liebesbeziehungen in Handkes Werk gelten kann. Selbst dort, wo Handke den Abgesang auf die Liebe anstimmt, bleibt die (einstmals) geliebte Frau Ziel des Begehrens und Schlüssel zur Erlösung. Judith findet beim späten Handke ihre Wiedergängerin in der „Feindin" der *Morawischen Nacht,* die gleich ihr den Ich-Erzähler verfolgt, bedrohliche Zeichen setzt, schließlich zur Liebhaberin wird und beständiges Vexierbild zwischen Todes- und Heilsbringerin bleibt. Auch dort geschieht Verwandlung nicht an der geliebten Frau vorbei, sondern nur in der gleichwohl lebensgefährlichen Begegnung mit ihr.

Verwandlung und Beziehung zur Frau sind insofern untrennbar aneinander gekoppelt, als letztere im Werk Handkes immer wieder als Kondensat des Verhältnisses des Protagonisten zu sich selbst wie zur ihn umgebenden Wirklichkeit erscheint. Im *Kurzen Brief* sind wesentliche Marker dieses Verhältnisses die Währungen des Kapitalsystems – Zeit und Geld. In abstrahierender Distanznahme charakterisiert der Protagonist Judith zunächst durch deren finanzielles Gebaren.

> „Andrerseits hat sie keinen Sinn für Geld. Sie ist nie die Tauschlust der Kinderzeit losgeworden, deswegen ist das Geld für sie wirklich nur ein Tauschmittel geblieben. Sie freut sich über alles, was sich leicht verbrauchen oder wenigstens schnell umtauschen läßt, und beim Geld hat sie beides, Verbrauchen und Umtauschen, in einem."[11]

Wenig später folgt seine Beschwerde über ihre Beziehung zu Zeit. „Judith hatte keinen Zeitsinn, dachte ich. Sie vergaß zwar keine Verabredung, aber sie kam zu allem zu spät, wie Frauen in Witzen. Sie hatte einfach nicht gespürt, wenn es irgendwie Zeit wurde."[12] Dabei schlägt der Vorwurf an Judith auf den Protagonisten selbst zurück. Was er, in Absetzung zu Judith, bei sich selbst als übertriebenen Zeitsinn[13] beschreibt, der ihn fast jede Stunde zum Telefon gehen lässt, um die Zeitansage zu hören, zeigt eine Fixierung auf die lineare Taktung neuzeitlicher Zeitmessung, für die ihm gleichwohl ebenfalls das „Gefühl" fehlt. Ihm selbst scheint die Kontrolle über sein Geld abhanden zu kommen, wenn er sinnfrei seine Reiseschecks zu verbrauchen sucht, sein Tast-

---

[11] Ebd., 15.
[12] Ebd., 23.
[13] Ebd., 24.

sinn versagt und er die falsche Dollarnote für den Liftführer aus seiner Tasche klaubt. Dabei steht der Kritik an der finanziellen Sorglosigkeit seiner Frau die eigene Sehnsucht nach einem unverkrampfteren Verhältnis zum Geld, dem großen Gatsby gleich, gegenüber. Dieser langsame Abschied von den eigenen Wertmaßstäben ist bereits Zeichen beginnender Entwicklung.

Sind die Kriterien Zeit und Geld Ausdruck einer ökonomisch geprägten und instrumentellen Weltbegegnung, so entspricht ihnen die objektivierende, um Affektneutralität bemühte Distanznahme, in der der Protagonist Judiths Charakterzüge beschreibt und zu erklären sucht, wie es zu diesen Eigenschaften gekommen sei.

> „Als ich Judith einmal sagte, ihre Neigung, jede kleine Information über die Umwelt, überhaupt alles Gedruckte sogleich in religiöser Verzückung als eine allgemeingültige Weltformel für sich selber aufzunehmen und ihre ganze Lebensform nach einer solchen Information auszurichten, – ihr Luftverschmutzungstick, ihr Reformkostwahn – sei wohl daraus zu erklären, daß sie durch ihre Art der Erziehung nie richtig informiert wurde und nun jede Kleinigkeit magisch vergötze, biß ich mir am Ende der Erklärung selber auf die Lippen und ließ zu, daß Judith meine Art zu deuten ebenfalls einen Götzendienst nannte, mit dem ich von mir selber ablenken wollte. Überhaupt waren mir am Anfang, als mir Judiths Veränderungen nur ab und zu auffielen, ohne daß ich sie ernstnahm, die Erklärungen noch leicht vom Mund gegangen; ich war sogar stolz auf sie, Judith verstand sie auch, ich wunderte mich nur, daß sie sich nicht daran hielt. Dann merkte ich, wie sie die Erklärungen, nicht weil sie ihr falsch vorkamen, sondern weil es Erklärungen waren, zu hassen anfing und auch mich, wenn ich dasaß und erklärte, nicht mehr anhören wollte."[14]

Die verallgemeinernden Erklärungen schalten mit der affektiven Bindung auch die Anerkennung des Anderen in seiner Besonderheit aus. Sie enden in dem, was George Lukács als „Verdinglichung"[15] beschrie-

---

[14] Ebd., 133.
[15] George Lukács fasst mit diesem Begriff eine Form der Weltbegegnung, wie sie die ökonomisch definierten Beziehungen des kapitalistischen Warenaustausches sowie die neuzeitliche Philosophie, wo sie eine strikte Subjekt-Objekt-Dichotomie annimmt, prägen. Gegenstände und Personen werden ausschließlich unter dem Gesichtspunkt ökonomischer Verwertung bzw. neutraler Instrumentalität wahrgenommen. Die Auswirkungen auf das Subjekt, die Lukács beschreibt, gleichen der Selbstbeschreibung von Handkes Ich-Erzähler, der als Akteur des sozialen Geschehens zurücktritt und nur noch als neutraler Beobachter agiert. Vgl. George LUKÁCS, *Die Verdinglichung und das Bewußtsein des Proletariats*, in: DERS., *Geschichte und Klassenbewußtsein (1923)* (Werke 2; Frühschriften 11), Neuwied u.a. 1968, 257–397.

ben hat. Der Protagonist bezeichnet die Geliebte als „Ding"[16], oder, wenn sich die Aufregung gelegt hat, als „Wesen" bzw. „Unwesen". Diese „wollüstig süße Entfremdung" lässt die Liebe umschlagen in Hass und Mordlust – bei Judith ebenso wie beim Ich-Erzähler selbst. Es ist ein Vorgang, der dem Individuum vermittels Abstraktion Gewalt antut und die wechselseitige Gewaltbereitschaft und Mordlust der beiden als physische Konsequenz des gedanklich und sprachlich längst Geleisteten erscheinen lässt.

Dabei hatte die Beziehung als eine Art Heilungserfahrung begonnen. Sie hatte das „verschrobene Verhältnis" des Ich-Erzählers zu seiner Umwelt, die ihn alles nur im Fragment hatte wahrnehmen lassen, zunächst überwunden. Statt Handlungszusammenhängen, habe er immer nur Einzeltätigkeiten gesehen, statt die Dinge als Ganze zu betrachten, immer nur besondere Merkmale erfasst. „Diese besonderen Zusammenhänge ersetzten dann ganze Landschaften, Zusammenhänge und Schicksale. Erst mit Judith, mit der ich zum ersten Mal etwas zu erleben anfing, bekam ich einen Blick für die Umwelt, der nicht mehr nur ein erster böser war."[17] Die Liebe erscheint hier als Überwindung der Vereinzelung als Eröffnung, einer positiven Verbindung zur Umwelt, ja noch mehr: Als Ermöglichung von Erleben ist sie die Möglichkeit von Leben überhaupt. Doch erstickt dieses Leben bald in der Verfremdung von Gesten, Gebärden und Rollen. Dass Judith immer stolpert, liest der Ich-Erzähler als Unentschiedenheit zwischen bestimmten kodierten Gebärden. Beziehungen zu Frauen generell kommen ihm „manchmal wie ein künstlicher Zustand vor, lächerlich wie ein verfilmter Roman. Es kommt mir übertrieben vor, wenn ich für sie im Restaurant was zu essen bestelle. Wenn ich so *neben* ihr gehe, *neben* ihr sitze, fühle ich mich oft, als ob ein Pantomime das macht, als ob ich nur angebe."[18] Der Verlust der Authentizität, die Entfremdung vermittels Kodierungen markiert den Übergang in eine neue Vereinzelung, die zunächst Freiheit bedeutet. Doch ist diese um den Preis der Teilnahmslosigkeit erkauft und mündet in einer erneuten Nicht-Beziehung bzw. Schreckensbeziehung zum Anderen und zur Welt. Der Protagonist präsentiert sich am Anfang der Reise erneut als einer, der nicht erzählt, sondern ein-

---

[16] Vgl. HANDKE, Der kurze Brief (s. Anm. 1), 137.
[17] Ebd., 70.
[18] Ebd., 36.

zelne Tätigkeiten beschreibt, der geprägt ist von Ekel gegenüber allem, was nicht er selbst ist, und regelmäßig von anderen Menschen erwartet, dass sie wahnsinnig werden und sich auf ihn stürzen. Die Süße des Anfangs[19] hat sich versachlicht, das durch die Liebe ermöglichte Leben ist zum Nicht-Leben, zu einer Form des Todes geworden.

II. Von schönen Tagen: Liebe als Raum der Transzendenz

Wiederholt sind in Handkes Werk Liebesbeziehungen als Verfallsgeschichten gezeichnet. Die Judith des *Kurzen Briefes* hat ihr Pendant in Stefanie, der Frau Gregor Keuschnigs, die gleich Judith in Gesten lebt und für die Keuschnig nichts mehr empfinden kann außer gelegentlicher Mordlust und Ekel. Gleich wie im *Kurzen Brief* beschwört Handke in der *Morawischen Nacht* die Süße des Anfangs, die alsbald verfliegt.[20] In seinem derzeit jüngsten Stück *Die schönen Tage von Aranjuez* hat Handke dies auf die Ebene des immer Gültigen, systematisch Zwingenden gehoben. Das als Sommerdialog bezeichnete Stück inszeniert das Gespräch zwischen einer Frau und einem Mann, sitzend an einem Tisch in einem Garten. Die Szene wird als „zeitlos" vorgestellt, bar jeglicher Einbettung in einen historischen oder sozialen Rahmen sowie ihrerseits anderen zeitlichen Gesetzen folgend. Das Setting des Dialogs gibt sich als Gegenteil des Zufälligen. Die wiederkehrende Wendung: „So war es gedacht." verweist auf einen Schöpfungsakt, auf eine zu verwirklichende Idee und regelnde Regieanweisungen. Die fiktionale Künstlichkeit der Szene kreuzt sich mit betonter Naturnähe, der Vielfalt an Fauna und Flora des Gartens. Sie figuriert ein Paradies, das in der zeitlosen Abgeschlossenheit zum allgemein gültigen (Gegen)Modell des Bestehenden wird.

In diesem Dialog beschreibt die Frau, veranlasst und ermöglicht durch die Fragen des Mannes, ihre Liebesbeziehungen. „Das erste Mal, du mit einem Mann, wie ist das gewesen?"[21] Die Frau erzählt eine Szene aus ihrer Kindheit. In der Manier Effi Briests auf einer Schaukel sitzend, wiederfährt ihr ein Erlebnis, das ihre Existenz verändert.

---

[19] Vgl. ebd., 193.
[20] DERS., *Die morawische Nacht*, Frankfurt/M. 2009, 131.
[21] DERS., *Die schönen Tage von Aranjuez. Ein Sommerdialog*, Berlin 2012, 8.

„Aber es ging so schnell auf der Schaukel. Schneller und schneller. Und dann, in einem bestimmten Moment, auf einem Gipfel- oder Kippunkt, eine jähe Verlangsamung. Während die Schaukel, mit mir drauf, fortfuhr zu schwingen, in der gleichen Geschwindigkeit wie zuvor, zumindest noch für lange lange Augenblicke, geschah in meinem Innern ein Erwachen. Dank jener Verlangsamung blühte in mir etwas auf, brach auf, kam ins – Sieden, ein Sieden so plötzlich wie die Verlangsamung. Etwas in mir und zugleich außerhalb von mir – übermannte mich und – wie soll ich sagen – erschuf mich – erschuf mich um. Ich wurde es, und es wurde ich. Doch: Es war eine Geschichte, wie nur je eine, aber ach, wie sie erzählen?"[22]

Die Schilderung trägt traditionelle Merkmale der *unio mystica*.[23] Die Vereinigung geschieht plötzlich, als ein Geschehen, das sich ebenso im Inneren abspielt wie von außen auf das Subjekt zukommt. Sie ist lediglich eine Sache von Augenblicken und verändert dennoch alles. Davon zu erzählen ist ebenso zwingend wie eigentlich unmöglich. Sie hat schließlich ein neues Verhältnis zur Wirklichkeit zur Folge. Die Frau fühlt sich als „Königin im Exil"[24]. Die bisherige Welt kann nur noch als Fremde erfahren werden, gezeichnet durch einen grundlegenden Mangel – die Abwesenheit des Erlebten.

„Zuerst: süßer Schreck, süßer nicht möglich, Schrecken begleitet von einer Süße universeller nicht möglich. Und dann, der königliche Schreck gefolgt von einem grundanderen Schreck – von Grausen: Jene Welterschaffung, sie heißt zugleich: Aufenthaltsverbot, von jenem Moment an, auf der vertrauten Erde. Süßer Schreck – Schreck ohne jede Süße – Erinnerung an die Süße – undsoweiter bis zum heutigen Tag."[25]

Aus dem Mangel resultiert das Begehren, mit dem das Subjekt die verlorene Ganzheit wieder zu erlangen sucht. Für den liebenden Mystiker oder den mystisch Liebenden macht das Erlebnis die Welt zum Ausgangspunkt eines Wegs, der gleichermaßen in die unerreichbare Heimat wie zu sich selbst führt. Wo sich das Begehren auf einen konkreten Menschen richtet, wird es Ausdruck einer unerfüllbaren Suche sein und die grundlegende Fremdheit nur kurzfristig überspielen können.

Auf diese Einheitserfahrung, die eine lediglich vage personale Struktur aufweist, folgt eine weitere, diesmal mit einem Mann aus Fleisch und Blut, der aber ebenso unbeschreiblich wie unidentifizierbar bleibt. Er hat keinen Namen, ist ohne Gesicht, angezogen wird die Frau allein

---

[22] HANDKE, Die schönen Tage von Aranjuez (s. Anm. 21), 11.
[23] Vgl. Peter DINZELBACHER, *Wörterbuch der Mystik*, 2. erg. Aufl. 1998, 503–506.
[24] HANDKE, Die schönen Tage von Aranjuez (s. Anm. 21), 13.
[25] Ebd., 13.

von seiner Silhouette. Wieder ist es eine aus der Zeit gefallene Sommerszenerie: An dem symbolisch aufgeladenen Ort einer stillgelegten Saline nähert sich der Mann der Frau, die er unter einem Maulbeerbaum[26] sitzend findet. Verlockt ebenso von der salzfarbenen Leere[27] wie von der Anwesenheit des Anderen, überfällt sie auf der Stelle der Drang sich zu vereinen.

> „Kein Unterschied zwischen mir und Mann. Keine Frage. Kein Wort. Kein, wie sagt man, Vorspiel, und schon gar kein Spiel. Kein Element von Spiel. Nichts als Ernst, endlich ernst. Ernst, ernster, am ernstesten. Wucht des Ernstes, Ernst selbst das gemeinsame Lachen dann."[28]

Die Bereitschaft zu Hingabe und (Selbst)Auslöschung in der Vereinigung schließt jeglichen spielerischen Charakter aus. Eine solche Form des Ernstes erfährt der Protagonist des *Kurzen Briefes* erst, als er am Ende nichts mehr gegen seinen Tod einzuwenden hat und er Judith, die den Revolver auf ihn richtet, gegenübersteht: „‚Sie nimmt mich ernst!' dachte ich: ‚Wirklich, sie nimmt mich ernst!'"[29] Auch diese Liebeserfahrung ist mit einer Veränderung des Weltverhältnisses verknüpft. Ließ das Schaukelerlebnis die bisherige Welt als Fremde erscheinen, so ruft diese Erfahrung eine neue Wahrnehmung der umgebenden Wirklichkeit hervor. Die Frau beschreibt ein Hörerlebnis, in dem sie vieler Einzelheiten gewahr wird, die ihr gleichwohl als Teil eines Ganzen erscheinen. Sie bilden einen Zusammenhang, als dessen Teil sie sich empfindet. Schließlich bemerkt das Paar, dass es auf menschlichen, getrockneten Exkrementen liegt und sich zu seinen Füßen eine Pfütze mit einem Blutegel, der sich in die Ferse des Liebhabers verbissen hatte, befindet. Ein Gefühl des Ekels – im *Kurzen Brief* ein Marker für das Nicht-Verhältnis des Protagonisten zu allem, was nicht er selbst ist – wäre zu

---

[26] In dem mit Herbert Gamper 1986 geführten Gespräch verbindet Handke den Maulbeerbaum mit einem Gefühl der Zustimmung zum Dasein. „Und dann die Wiederholung dieser Maulbeerfarben, die für mich, ohne daß ichs wußte, seit jeher Freude, also das Einverständnis mit dem Auf-der-Welt-Sein, bedeutet haben, hat mich sozusagen ganz wieder in mich einrasten lassen." (Peter HANDKE, *Aber ich lebe nur von den Zwischenräumen. Ein Gespräch, geführt von Herbert Gamper*, Frankfurt/M. 1990, 255.)
[27] Zur Funktion der Leere vgl. ebd., 33; BAUKE-RUEGG, Theologische Poetik (s. Anm. 2), 492f.
[28] HANDKE, Die schönen Tage von Aranjuez (s. Anm. 21), 21.
[29] DERS., Der kurze Brief (s. Anm. 1), 194.

erwarten. Doch kein Ekelgefühl stellt sich ein. Statt dessen ein Lachen. „Hatten wir doch Gottes Willen erfüllt."[30]

Dieses durch die Liebesbegegnung vermittelte Gefühl von Übereinstimmung, Zusammenhang und Harmonie öffnet einen Raum in die Transzendenz, in ein Jenseits des Mangels und der Vereinzelung, einen Raum des „so sollte es sein". Gleichwohl bleibt das Erleben dieses Raumes an das Diesseits gebunden. Es ist wesentlich Grenzüberschreitung, Übertreten einer Schwelle, ohne die Schwelle selbst hinter sich lassen zu können. Die Erlösung, der Zusammenhang, das Gefühl der Unendlichkeit zeigt sich nur als die andere Seite des Nicht-Heilen, der Vereinzelung, des Endlichen. „Schönheit der Schwellen"[31] ruft Valentin Sorger in *Langsame Heimkehr* aus; „als alleinlebender Mensch tritt er ins Nachbarhaus, wo er eingeladen ist, wo die Kinder sind, wo das Essen ist, wo das Ehepaar ist, also die Ehe da ist, die er in diesem Moment fast als Sakrament neu erlebt".[32] Der Liebe mangelt es, im Verhältnis zur Religion, damit nicht an Transzendenz. Ihr Problem heißt Dauer. Die anschließende Frage des Mannes zeigt den kommenden Verfall an: „Und wart göttlich. Und seid göttlich geblieben?"[33] Auf das Erlebnis des Anfangs folgen die Heirat, ein noch zeitweises Glück, aber dann der Verlust des Wir und der Silhouette, bis es nur noch „den Anderen" gab. Alle folgenden Beziehungen zu Männern werden selbst dieses zeitweilige Gefühl von Einheit und Erfüllung, der Offenheit hin auf Transzendenz nicht mehr erreichen. Es sind lediglich Liebschaften, die den Umschlag in Gewalt und Mordlust bereits in sich tragen.

Im Licht des Sommerdialogs wird noch einmal deutlich, wie sehr Handke bereits in dem für biographische Deutungen durchaus anschlussfähigen[34] *Kurzen Brief* auf der Klaviatur des Allgemeingültigen, Immerwährenden spielt. Schon hier begegnen, in etwas anderer Registrierung, zentrale Motive des späten Werks. Neben der zunehmenden Verdinglichung der Liebesbeziehung sind dies vor allem die quasi-mystischen Einheitserfahrungen des Protagonisten. Er sieht beim Fallen von Würfeln die perfekte Zahlenkombination aufleuchten und hat da-

---

[30] HANDKE, Die schönen Tage von Aranjuez (s. Anm. 21), 28.
[31] DERS., *Langsame Heimkehr*, Frankfurt/M. 1984, 142.
[32] DERS., Zwischenräume (s. Anm. 26), 184.
[33] DERS., Die schönen Tage von Aranjuez (s. Anm. 21), 28.
[34] Vgl. Malte HERWIG, Meister der Dämmerung. Peter Handke. Eine Biographie, München 2011, 135.

bei das Gefühl einer „ANDEREN Zeit", in der sich alles neu anordnen würde.[35] Er erlebt das verschlingende Einswerden mit einer Zypresse.[36] Auch diese Erfahrungen von Einheit, Ordnung und Zusammenhang machen in ihrer Augenblickhaftigkeit die Risse in der alltäglichen Weltwahrnehmung deutlich und hinterlassen die Sehnsucht nach einer anderen Welt. Personal vermittelt wird eine solche Erfahrung schließlich über Claire, eine frühere Bekannt- und Liebschaft, die er von New York aus anruft. Claire erscheint dem Ich-Erzähler ihrerseits als eine quasimystische Figur. Sie ist nicht beschreibbar, pure Präsenz. „Sie sprach nie über sich selber, und auch ich kam nie auf den Gedanken, daß man über sie etwas sagen könnte. Sie war immer so leibhaftig anwesend, daß darüber hinaus nichts mehr zu sagen blieb."[37] Es gibt keinen Gegenstand, der ihr entspricht. Weder kann der Protagonist ihr ein passendes Geschenk kaufen, noch sie sich mit einer Sache in der Hand vorstellen. Es irritiert ihn, dass sie dennoch einen Koffer in der Hand hält, einzelne Körperteile erwähnt, es schließlich etwas über sie zu sagen gibt.

Mit Claire sind die Verheißung der mystischen Erfüllung und gleichzeitig der Abschied davon verbunden. In dem aufwallenden Gefühl einer starken Zärtlichkeit erschließt sich dem Protagonisten das Gefühl der ANDEREN Zeit als „eine andere Welt, die ich nur zu betreten brauchte, um meine angstanfällige Natur und ihre Beschränktheiten endlich los zu sein."[38] Doch gleichzeitig erschrickt er davor, „wie notwendig aufgelöst und leer, ohne eigene Lebensform, ich mich in der anderen Welt bewegen würde."[39] Die Sehnsucht nach einem paradiesischen Lebensgefühl, in dem er selbst nicht mehr vorkommen würde, paart sich mit dem Schrecken vor dem Selbstverlust. Nicht nur auf der Seite der Nicht-Liebe, der Verdinglichung, ist der Tod angesiedelt, sondern ebenso auf der Seite der Liebeserfüllung, der Selbsthingabe in der Verschmelzung. Diese durch den Schrecken vermittelte Einsicht führt den Protagonisten ins Leben zurück.

---

[35] Vgl. HANDKE, Der kurze Brief (s. Anm. 1), 27f.
[36] Vgl. ebd., 100.
[37] Ebd., 63.
[38] Ebd., 107.
[39] Ebd., 107.

„In diesem Augenblick verlor ich für immer die Sehnsucht, mich loszusein, und bei dem Gedanken an meine oft kindischen Ängste, an meinen Unwillen, mich mit anderen Leuten wirklich einzulassen, an meine jähen Begriffsstutzigkeiten fühlte ich plötzlich einen Stolz, dem ein ganz selbstverständliches Wohlgefühl folgte. Ich wußte, daß ich mich von all diesen Beschränktheiten nie mehr loswünschen würde, und daß es von jetzt an nur darauf ankam, für sie alle eine Anordnung und eine Lebensart zu finden, die mir gerecht wäre, und in der auch andere Leute mir gerecht werden könnten."[40]

Das darin festgehaltene Ziel besteht nicht mehr in der Überwindung des Mangels, die nur um den Preis der Überwindung des eigenen Selbst zu haben wäre, sondern in seiner Bearbeitung. Es ist eine Entscheidung für das Leben an der Schwelle, das sich im fragilen Dazwischen von Selbstbehauptung und Hingabe, von Vereinzelung und Verschmelzung abspielt – als beständiges Vermittlungsgeschehen zwischen Zusammenhanglosigkeit und stets noch ausstehender Einheit.

Die Liebe, dem Zwiespalt ausgesetzt, macht diesen umso schmerzlicher bewusst, als sie ihn (vergeblich) zu überwinden sucht. Im *Kurzen Brief* lässt Handke seinen Protagonisten während seiner Reise durch Amerika auf mehrere prototypische Liebesbeziehungen treffen, die die Möglichkeiten und Grenzen in diesem personalen Vermittlungsgeschehen der Liebe ausloten und seine Beziehung zu Judith vielfach spiegeln. Eine dieser Beziehungen ist die Liebe Claires zu ihrer Tochter, die gerade im Gegensatz zur Judith-Beziehung vielfach ideal anmutet. In ihr gibt es weder Rollen noch Gesten, keine sprachlichen Verallgemeinerungen, noch nicht einmal fixe Namen, denn aus Zuneigung tauft Claire ihr Kind und die Gegenstände, mit denen es zu tun hat, jedes Mal um.[41] Doch bei dem Kind, das mitten im Spracherwerb steht, in die symbolische Ordnung seiner Umgebung noch nicht hineingewachsen ist und seinen Ort in der Welt sucht, hinterlässt dies Panik. Der Name des Kindes, Delta Benedictine, den es wegen seines Geburtsorts New Orleans am Mississippi-Delta bekommen hat, erhält darin symbolische Bedeutung. Das Bild des Flusses, dessen ursprüngliche Einheit sich vor dem Eintritt ins Meer teilt, steht hier für notwendige, heilvolle Differenzierung, die Leben ermöglicht. Der Idee einer idealen Beziehung, in der sich alle Abstraktionen, jegliche sprachlichen Fixierungen in der Einmaligkeit des Gefühls verlieren, wird durch die Claire-Tochter-Bezie-

[40] Ebd., 107.
[41] Vgl. ebd., 90f.

hung eine Absage erteilt. Zu Delta Benedictines Angst vor dem Chaos gesellt sich die Verlustangst, die Claire empfindet. „Und um so stärker die Liebe wird, um so stärker wird auch die Todesangst. Manchmal, wenn ich das Kind lange angeschaut habe, kann ich beides schon nicht mehr unterscheiden. Die Zärtlichkeit wird so stark, daß sie in Todesangst umschlägt."[42] In der Sorge Claires um die Tochter spiegelt sich die Sorge des Protagonisten um seine Mutter und wiederum Judith. Die Liebe zum anderen Menschen bleibt damit gekoppelt an eine bleibende Angst – vor dem Verlust des geliebten Anderen, der den Einbruch des Chaos nach sich zieht. Es ist eben jene Angst, wegen der weite Teile der christlichen Tradition im Gefolge des Augustinus mit der Weltliebe auch die Liebe zum anderen Menschen negativ besetzen und allein die Liebe zum unendlichen Gott für heilsam halten. Es blieb der mystischen Tradition vorbehalten, die Gefährdungen, die selbst die Gottesliebe für das Subjekt mit sich bringt, und die bleibende Verwiesenheit auf die Ambivalenzen des Irdischen herauszuarbeiten.[43] Auch der Gottliebende existiert an der Schwelle.

Noch ein weiteres Problem hat die augustinische Konzeption, die die Gottesliebe als identitätsstiftende Überwindung jeglichen Mangels und damit als perfekte Erfüllung der Selbstliebe sieht. In dieser prinzipiell narzisstischen Struktur bilden Gott und Mensch, Liebender und Geliebter eine derart perfekte Spiegelungsstruktur, dass alles, was nicht Teil derselben ist, als feindliche Außenwelt erscheint. Dies betrifft selbst den Nächsten, insofern dieser nicht seinerseits ein Gottliebender und damit Teil des Spiegels ist.[44] Modell dafür mag im *Kurzen Brief* das „Liebespaar" stehen, das der Protagonist gemeinsam mit Claire in Rock Hill, einem Vorort von St. Louis, besucht. Das Paar ist stets miteinander beschäftigt, quasi nie voneinander getrennt, immer bemüht, sich in den

---

[42] Ebd., 94.
[43] Dafür steht etwa die Figur der *compassio*, der liebenden Identifizierung mit den Leiden Jesu Christi. Bei Richard von St. Viktor *(De IV gradibus violentiae caritatis)* erfüllt sich der Stufenweg zu Gott in der Identifizierung mit Christus im Abstieg zurück ins Irdische und der ebenfalls mitleidenden Hinwendung zum Nächsten. Mechthild von Magdeburg, ihrerseits von Richard beeinflusst, spricht in *Das fließende Licht der Gottheit* wiederholt vom Schmerz selbst der *unio mystica* und beschreibt die Leiden der *compassio*, die sie in die äußerste Gottesferne führen (IV,2).
[44] Vgl. Mirja KUTZER, Amor ordinatus. Verhandlungen über den Wert der Welt als Welt, in: Knut WENZEL u.a. (Hg.), *Glaube und Skepsis. Beiträge zur Religionsphilosophie Heinz Robert Schlettes*, Ostfildern 2011, 346–357.

Dienst des Anderen zu stellen. Relativ getrennt von der Außenwelt leben sie Liebe als ein weitgehend abgeschlossenes System – selbstgenügsam, narzisstisch, einer sich im anderen spiegelnd. Auch jegliche Bedeutung der Wirklichkeit ist über ihr Zueinander vermittelt. Sie schreiben noch die kleinsten Dinge des Alltags dem jeweils einen oder anderen zu, und diese erhalten ihre Bedeutung durch die Rolle, die sie für den anderen spielen. Auch hier wird eine ideale Form von Liebe vorgestellt, diesmal in dem Sinne, dass sie für die Liebenden einen dauerhaften Weltzusammenhang herstellt. Doch hat diese quasi klösterlich-kontemplative „Art nach innen gekrümmter Zärtlichkeit"[45] ihre Schattenseiten. Sie ist gleichermaßen exklusiv wie alles andere verurteilend. Das Subjekt als Individuum hat keinen legitimen Ort. „Ihr Verhalten schien mir vorzuwerfen, daß ich allein war und daß ich auch Claire allein ließ. Ich mußte dann zu Claire hinschauen, damit ich mich erinnerte, wie unvorstellbar es war, sie anders als allein zu sehen."[46]

In der Beziehung des Ich-Erzählers zu Claire scheint sich ein weiterer Typ von Liebesbeziehung herauszukristallisieren. „Wir waren oft zusammen und trennten uns wieder, ohne einander fremd zu sein, aber auch ohne einander zu beanspruchen. [...] Unsere Ruhe ging in Verlangen über, das Verlangen wieder in Ruhe."[47] Es gibt hier nicht mehr die Sehnsucht, miteinander zu verschmelzen, keine Küsse, wenig Zärtlichkeit. Beide geben ihre Eigenständigkeit nicht auf, ohne auf Gemeinsamkeit zu verzichten. Dabei scheint gerade diese liebende Distanz einen neuen Zugang zur Welt, eine Haltung der Anteilnahme zu ermöglichen. Der Ekel vor dem Anderen ist einem tiefen Mitleid gewichen, das sich ebenso auf Claire wie auf Delta Benedictine richtet.[48] Ob diese Beziehung von Dauer sein kann, ist innerhalb der Erzählung kein Thema. Claire bleibt eine Station auf dem Weg des Protagonisten, ein Motiv der Erlösung, die nicht in das Jenseits führt, sondern im Diesseits leben lässt. Negativ wird das Resümee sein, das der späte Handke in der *Morawischen Nacht* zumindest für die Person des Schriftstellers zieht.[49] Das einsame Schreiben bleibt Verrat an der Gemeinsamkeit der Liebenden und umgekehrt. Die Balance ist nicht lebbar. Doch je pessimisti-

---

[45] HANDKE, Der kurze Brief (s. Anm. 1), 121.
[46] Ebd., 121f.
[47] Ebd., 122.
[48] Vgl. ebd., 108–110.
[49] Vgl. DERS., Die morawische Nacht (s. Anm. 20), 130–132.

scher Handkes Figuren gegenüber den Realisierungen von Liebe werden, desto stärker erscheint die ihr zugeschriebene Erlösungskraft.

III. Erzählzusammenhänge

Die beiden abgründigen Pole der Liebe und des Lebens sind im *Kurzen Brief* religiös konnotiert. Der Mensch betreibt „Götzendienst"[50], wo er sich, vermittelt durch die kapitalistischen Mechanismen, in distanzierender Objektivität zu sichern sucht und in Rollen und Erklärungen erstarrt. Am anderen Ende steht das Jenseits der ANDEREN Welt, die Erlösung als Überwindung des Mangels verspricht und die Aufgabe jeglicher Sicherheit in Form von Haben und Wissen, den Verlust des Selbststands, letztlich die Aufgabe von Individualität voraussetzt. In diesen religiösen Konnotationen knüpft Handke an die mystischen Schriften des Christentums an, ohne die Pole freilich wie jene als Abwendung und Hinwendung zu Gott zu deuten. Sie eröffnen ein Spannungsfeld, das die Psychoanalyse später säkular beschreiben wird und inmitten der menschlichen Psyche verankert – als Situierung des Ichs zwischen dem Einmauern in dem, was Lacan als die symbolische Ordnung bezeichnet hat, und der Suche nach der nie erreichbaren Heimat in der verschmelzenden Identifikation mit dem geliebten Anderen.[51] Dieses Spannungsfeld ist, wie Handke es in *Die schönen Tage von Aranjuez* suggeriert, zeitlos, „von jeher" gültig. Und doch ist das immer Gleiche abhängig von der jeweiligen Gegenwart, tritt in bestimmten gesellschaftlichen Konstellationen deutlicher zu Tage als in anderen und formiert sich angesichts unterschiedlicher Wissenssysteme. Dem Protagonisten im *Kurzen Brief* erschließt sich die Fragilität des Subjekts, das die Frage nach dem unpersönlichen Zusammenhang nach sich zieht, angesichts des Vertrauensverlustes in die traditionelle Religion. Auch die abendländische Mystik verdankt ihr Entstehen einer Erschütterung – dem Zusammenbruch des allegorischen, prinzipiell platonisch denkenden Weltverständnis-

---

[50] Vgl. Anm. 15.
[51] Michel de Certeau spricht von Homologien zwischen der Psychoanalyse in der Prägung Freuds und Lacans, die er vor allem in den Verfahren, etwas sprachlich sichtbar zu machen, gegeben sieht. Vgl. Michel DE CERTEAU, *Die mystische Fabel. 16.–17. Jhd.*, Frankfurt/M. 2010, 17–19. Vgl. dazu ebenfalls Julia KRISTEVA, *Geschichten von der Liebe*, Frankfurt/M. 1989, 9–25; 145–164.

ses, in dem alles Irdische als Zeichen des Himmlischen gelesen werden konnte.[52] Derart der natürlich-religiösen Ordnung beraubt, verliert das Individuum den sichernden Rahmen. Es ist schließlich und vor allem die Liebe – zu Gott wie zum anderen Menschen –, die auf dem Weg des Affekts den Zusammenhang stiften soll, der sich dem Intellekt nicht (mehr) ohne Weiteres erschließt.

Historisch entwickelt sich hier eine Textproduktion, die die Integration des Verschiedenen und Vereinzelten nicht mehr objektiv leisten kann, sondern als Ideal vorstellt. Dies gilt für Klosterregeln und Texte mystischer Provenienz ebenso wie für den höfischen Roman, der sich anschickt, mit seinen experimentell entworfenen Welten eigenständiges Medium der Sinnvermittlung zu werden. All diese Texte figurieren das Leben als Weg (der Seele, des Ritters), der beschritten werden kann und auf dem Erlösung erfolgt. Sie entwerfen fiktionale Räume, die von ihren Protagonisten und in der Identifikation mit ihnen erwandert werden können. Fingieren, Erzählen wird zu einer Form der Heilsvermittlung, der Ermöglichung von Leben im Bedingten.[53] Dabei scheint „eine allmähliche Entmythifizierung des Religiösen mit einer fortschreitenden Mythifizierung der Liebe einherzugehen. Das Einzige wechselt die Bühne. Es ist nicht mehr Gott, sondern der andere, und in einer Männerliteratur, die Frau."[54] Doch auch sie begegnet als die Abwesende, die Beziehung zu ihr als ein stets schon verlorenes Ideal. Nur im Fiktionalen gelingt es, die Ambiguitäten der Liebe sowohl offenzulegen wie sie zu integrieren und so an der Utopie der Vervollkommnung durch Liebe

---

[52] Vgl. dazu etwa Kurt FLASCH, *Das philosophische Denken im Mittelalter. Von Augustin zu Machiavelli*, Stuttgart 2000, 208 –225; KUTZER, Amor ordinatus (s. Anm. 44).

[53] Etwa gewinnt das Paraklet-Buch, das als Nonnenregel zum Briefwechsel Abaelards mit Heloisa zählt, seine „Wahrheit" erst durch die vorgestellte Differenz zur Realität. Die dort geschilderte ideale Mönchsgemeinschaft ist nicht getrübt durch die Risse des Zusammenlebens, wie sie vorher die Autobiographie Abaelards und der daran anschließende Briefwechsel darstellt. Vgl. Gerhart VON GRAEVENITZ, *Differenzierung der Differenz. Grundlagen der Autobiographie in Abaelards und Héloises Briefen*, in: Johannes JANOTA (Hg.), *Festschrift Walter Haug und Burghart Wachinger*, Bd.1, Tübingen 1992, 25–45. Zu den mystischen Schriften vgl. etwa Ineke VAN'T SPIJKER, *Fictions of the inner life. Religious literature and formation of the self in the eleventh and twelfths centuries* (Disputatio 4), Tournhout 2004. Zum höfischen Roman immer noch grundlegend Walter HAUG, *Wandlungen des Fiktionalitätsbewußtseins vom hohen zum späten Mittelalter*, in: James F. POAG – Thomas C. FOX (Hg.), *Entzauberung der Welt. Deutsche Literatur 1200–1500*, Tübingen 1989, 1–17.

[54] DE CERTEAU, Die mystische Fabel (s. Anm. 51), 12.

festzuhalten.⁵⁵ In *Die schönen Tage von Aranjuez* findet die Frau in den höfischen Romanen ihre eigene Sehnsucht „gezeigt-erzählt".

„Das war vielleicht nur fingiert, aber nicht jede Fiktion ist bloße Fiktion. Fiktion? Phantasie. Kein nobleres Verlangen als das jener phantasierten noblen Frauen. Andererseits wollte ich nie wie jene Damen sein, eher wie deren Verehrer, ob Garvein oder Erec oder Parzival, die, um sich die Liebe zu verdienen, erst einmal aufbrechen ins Abenteuer, in die Aventure."⁵⁶

Entgegen allen Vorstellungen der Liebe als Fertigkeit, als *ars amandi*, beschwört die Frau die Liebe als flüchtige Vorstellung einer anderen Welt, die eingebildet, aber doch gebildet ist aus einer Materie: „der Materie des Verlangens. Nichts Materielleres als die Phantasie."⁵⁷

Hier beginnt sich die Antwort auf die eingangs beleuchtete Frage nach dem unpersönlichen Zusammenhang, der persönliche Beziehung ermöglicht, zu formieren: Die Liebe als diejenige Kraft, die die Sehnsucht provoziert, enttäuscht und grundsätzlich offen hält, bedarf des Erzählens, das wiederum durch sie erst möglich wird. Handke beschreibt in der *Morawischen Nacht* diese von der Liebe angestoßene Bewegung, in der der Ex-Schriftsteller vom bloßen Zählen ins Erzählen gerät. „Es erzählte in ihm. Es hob an, in ihm zu erzählen. Und keinem Unbestimmten, wie in seiner Schreiberzeit galt das Erzählen [...], sondern ihr, der Frau, von der er gerade aufgebrochen war."⁵⁸ Noch während er erzählt, findet er aus einem Tunnel hinaus ins Freie, vollzieht sich Erlösung. Auch die Claire-Beziehung im *Kurzen Brief* eröffnet und lebt vom Erzählen, das Gemeinsamkeit stiftet, ohne Individuelles aufzuheben. Das mit sich selbst beschäftigte „Liebespaar" gewinnt eine gewisse Öffnung, indem es sich selbst und seine Umgebung in den Zusammenhang der amerikanischen Geschichte, der Heldensagen von der Eroberung des Westens stellt. Sie kommen darauf während einer Dampferfahrt auf dem Mississippi zu sprechen. Im Anschluss daran spielt sich, zumindest in der Wahrnehmung des Ich-Erzählers, eine apokalyptische Szene ab. Der Rauch des Dampfers verfinstert den Himmel, das Dampfsignal gleicht den Posaunen von Jericho. Die amerikanische

---

⁵⁵ Vgl. Walter HAUG, *Die höfische Liebe im Horizont der erotischen Diskurse des Mittelalters und der frühen Neuzeit*, Berlin u. a. 2000, 52.
⁵⁶ HANDKE, Die schönen Tage von Aranjuez (s. Anm. 21), 58.
⁵⁷ Ebd., 58.
⁵⁸ HANDKE, Die morawische Nacht (s. Anm. 20), 279.

Geschichte wird zur Heilsgeschichte, in der Fiktion und Realität in eins fallen. „Es war der Augenblick einer routiniert erzeugten Auferstehung, in dem alles ringsherum seine Beziehungslosigkeit verlor, in dem Leute und Landschaft, Lebendes und Totes an seinen Platz rückte und eine einzige, schmerzliche und theatralische Geschichte offenbarte."[59] In den folgenden Tagen verspürt der Protagonist eine ungekannte, angstfreie Lebenslust. Er vermag Claire seine Geschichte mit Judith zu erzählen. Diese Geschichte zum Teil der großen amerikanischen Erzählung werden zu lassen, wird sich als Ziel der Entwicklung, als Programm des *Kurzen Briefs* herausstellen.

Für den Moment ist dieses Ziel noch nicht erreicht. Der Held muss den friedlichen Ort, die geschützte Heimstatt des Liebespaares verlassen und nochmals hinaus in die Welt der Aventure, in ein stilisiertes, fiktionales Amerika der Filme und Songs, der Plakatwände und Historienbilder. Er muss den Weg von Tod zu Tod noch zur Gänze abschreiten, in der Begegnung mit Judith nochmals die totale Vereinzelung und Verdinglichung spüren bis das Leben seine Bedeutung verliert und er „zu Asche verbrannt"[60] ist – und am Leben bleibt. Judith und er reisen zur Villa von John Ford, die wie der Artus-Hof im höfischen Roman als Ort des Erzählens und Bewahrens von Geschichten stilisiert ist. Es ist ein der Zeit entrückter, idealer Ort, in dem objektivierte Natur und subjektiver Eingriff des Menschen, Realität und Fiktion noch nicht als getrennt erscheinen.[61] An ihm macht sich ein „mittelalterliches Gefühl" breit, in dem „alles noch Natur ist"[62]. Hier erzählen sie ihre Geschichte.

„Und Judith erzählte, wie wir hierher nach Amerika gekommen waren, wie sie mich verfolgt hatte, wie sie mich beraubt hatte und mich umbringen wollte, und wie wir nun endlich bereit waren, friedlich auseinanderzugehen. Als sie mit unsrer Geschichte fertig war, lachte John Ford still, übers ganze Gesicht. ‚Ach Gott!' sagte er auf deutsch. Er wurde ernst und drehte sich zu Judith hin. ‚Und das ist alles wahr?' fragte er auf englisch. ‚Nichts an der Geschichte ist erfunden?' ‚Ja', sagte Judith, ‚das ist alles passiert.'"[63]

---

[59] HANDKE, Der kurze Brief (s. Anm. 1), 128.
[60] Ebd., 194.
[61] Vgl. zu dieser Spaltung als Grunderfahrung des modernen Menschen Peter BÜRGER, *Prosa der Moderne*, Frankfurt/M. 1992, 13.
[62] HANDKE, Der kurze Brief (s. Anm. 1), 199.
[63] Ebd., 205.

Am Ende ist es bei Handke nicht die Liebe, die den Zusammenhang zu stiften vermag, denn ihre Ambiguitäten sind zu stark und die Balance nicht lebbar. Es ist das durch die Liebe angestoßene Erzählen, das in den Sammlungen von Geschichten das Begehren bewahrt, einen Raum zwischen dieser und der ANDEREN Welt figuriert und Wege eröffnet, die Leben und Entwicklung ermöglichen. In den Geschichten wird die Fiktion zur einzigen Form der Wahrheit. Ach Gott!

Über die Liebe
Peter Handke und das Salz

Klaus Kastberger, Wien

> „Das Salz des Geburtstags": so sah ich dieses gerade leuchten (vom Zucker, Mehl, usw. könnte ich dergleichen nicht sagen).
> Peter Handke,
> *Phantasien der Wiederholung*

„Erzählen heißt Offenbarung", heißt es in jenem Zitat, das für dieses Symposium hier („Verwandeln allein durch Erzählen", Theologie Wien, November 2012) als eine Art Motto steht. Das Zitat, in dem – wie zur Verdeutlichung – der entscheidende Satz dann auch noch einmal auf Englisch erscheint („to tell a story is revelation") ist auch wirklich gut gewählt, und dies aus zumindest zwei Gründen. Zum einen eröffnet der Begriff der Offenbarung ein religiöses Umfeld, um das es den Konzeptoren dieser Veranstaltung hier offensichtlich geht. Zum anderen aber steht der Begriff der Offenbarung auch im Zentrum von Peter Handkes Poetologie, und das gilt nicht alleine für sein späteres und mittleres Werk, sondern im Eigentlichen von jenem Zeitpunkt an, da er zu schreiben begonnen hat, wenngleich der Autor in seinen frühen Arbeiten den Wahrheitsanspruch, der sich mit ihnen genuin verbindet, noch nicht explizit eine Offenbarung, sondern in einem Angriff auf das Tun der anderen „Beschreibungsimpotenz" nennt.

Für das erste Thema, also die Offenbarung in ihrem religiösen Hintersinn, fühle ich mich persönlich nicht unbedingt zuständig. Mit dem zweiten aber setze ich mich anhand eines recht speziellen Handkeschen Erzählstoffes, nämlich dem Salz, gerne in profaner Weise auseinander. Wie, so frage ich mich, gewinnt Handke in seinem Werk aus dem Salz jene Evidenzen, die uns in seinen Büchern (und allen voran in der Erzählung *Kali*) neue und spezifisch andere Räume eröffnen, und inwiefern schreibt er in der speziell erzählerischen Verwendung des Stoffes dabei die Kulturgeschichte des Salzes fort, die ja über Jahrhunderte hinweg eine Geschichte des Geheimnisses und eine Geschichte der gegenseitigen Verbundenheit im Geheimnis ist und damit ein Thema, das eine Offenbarung in besonderer Weise herausfordert.

Jene Art der Offenbarung nun, die Peter Handke in seinem Werk anstrebt, enthüllt das Geheimnis, ohne es zu verraten. „Ein Geheimnis", so heißt es programmatisch in *Die Geschichte des Bleistiftes*, „kann ich nicht ‚ausplaudern', ich kann es nur erzählend, umschreibend entfalten."[1] Prädestinierte Orte von Geheimnissen gibt es im Werk des Autors viele. Die jahrzehntelange Auseinandersetzung mit der romanischen Bildkunst etwa, die Handke unternommen hat, macht klar, dass jene Orte auch religiöse Stätten sein können, sofern sie (so müsste man da wohl ergänzen) nur weit genug außerhalb der aktuellen Zeit und der gegenwärtigen Verfasstheit der Kirche gelegen sind. Von Kirchen der Vergangenheit spricht Handke folgerichtig, wenn er – in einem Zitat aus der *Geschichte der Wiederholung* – davon spricht, dass man sich in „alte Kirchen" förmlich hineinwühlen, ja sie faktisch „zerstören" muss, und zwar „nicht" – wie es dann wörtlich heißt, „um ihr Geheimnis herauszukriegen, sondern um ihnen eines wiederzugeben"[2].

Nicht um den Empfang eines vorgefertigten Geheimnisses also geht es in Handkes Literatur, sondern um die aktive Hervorbringung neuer und anders gelagerter Geheimnisse, die zunächst vor allem eines, nämlich erzählerisch legitimiert sein müssen. Offenbarung stellt sich solcherart von allem Beginn hier an nicht als ein rezeptiver Akt des Empfangens, sondern als ein produktiver Akt der Hervorbringung neuer Bedeutung dar. Offenbarung ist bei Handke ein Teil, wenn nicht gar der entscheidende Teil von Poiesis und als solcher oft gegen die Konventionen der Bedeutungsgebung gesetzt. Gerade das zeichnet Handkes Literatur aus: Dass sie eine Gegensetzung zum allgemein und leidlich Bekannten ist.

Auch den Begriff der Offenbarung setzt Handke gegen die vorgegebenen begrifflichen Muster. Dies zeigt sich in besonderer Weise in der Entdeckung Sloweniens als dem Stammland seiner mütterlichen Vor-

---

[1] Peter HANDKE, *Die Geschichte des Bleistiftes*, Frankfurt/M. 1985, 29.
[2] Ebd., 181.

fahren, die der Autor in dem langjährigen Projekt der „Wiederholung" unternommen hat. Slowenien erschien ihm dabei immer wieder als ein zutiefst katholisches Land. Seine Art der erzählerischen Offenbarung nun aber, eine Offenbarung, die eher aus der aktuellen Wahrnehmung der Landschaft als aus vorgefertigten Formen des Glaubens kommt, grenzt Handke in den entsprechenden Büchern und Journaleintragungen sehr deutlich von Formen religiöser Offenbarung ab. Die Heftigkeit, mit der sich der Autor beispielsweise gegen das INRI ausspricht, also dagegen, das Leiden Christi zum Zentrum des Geheimnisses zu machen, lässt erahnen, wie wichtig ihm diese Abgrenzung war. Anders als die Geheimnisse des katholischen Glaubens, die für Kirchenpolitik und -ideologie nur allzu leicht instrumentalisierbar sind und schon allein deshalb zur Erstarrung neigen, muss das Geheimnis und seine Offenbarung in Peter Handkes Art zu schreiben neu begründet und geschaffen werden, in einem lebendigen und auch risikoreichen Prozess, der sich von Buch zu Buch fortschreibt.

Dennoch oder gerade deshalb, weil sie stets neu auf dem Spiel steht, ist Handke in seinem Schreiben immer wieder auf eine spezifische Art von Wahrheit aus. Im Feld gegenwärtiger Literatur ist dies eine doch recht exotische Position, zumal es heutigen Autorinnen und Autoren, gerade dann, wenn sie sich aktiv in kulturelle und politische Belange einmischen, meist um Meinungen und Behauptungen geht. Meinungen aber sind etwas anderes als jene Wahrheit, die Handke in seinem Schreiben für sich und seine Leser behauptet. Mustergültig hat sich diese Differenz beispielsweise auch in den Beiträgen des Autors zur sogenannten Jugoslawien-Debatte gezeigt, wo die Unvereinbarkeit der beiden Positionen augenscheinlich geworden ist und da und dort zu wirklichen Paradoxien der Kommunikation geführt hat. Zu beenden waren solche Situationen, in denen sich Politik und Poetik oft unversöhnlich entgegenstanden, oft nur noch durch einen der berüchtigten Wutausbrüche des Autors, wie zum Beispiel in der Diskussionsveranstaltung über die *Winterliche Reise* im Wiener Akademietheater, die es zu einigem medialen Aufsehen gebracht hat.

Unbeirrt gerade auch von solchen Erfahrungen hielt und hält Handke daran fest, dass das Schreiben ein Offenbaren von Wahrheit ist und die Wahrheit sich im literarischen Werk anders herstellt als in den Routinen öffentlicher Meinungsfindung. Das Vehikel zur Wahrheit des Schreibens ist die Erzählung. Müsste er für die Tätigkeit des Erzählens ein Verb finden, so schreibt Handke in *Am Felsfenster morgens*, so würde dieses Verb einfach nur lauten „offenbart (seine Schätze)"³. Mit zu den Schätzen des Erzählers gehören die alten Bedeutungen von Worten, auf die sich im Schreiben neue Evidenzen bauen. In einer Klage, die die Schauspielerin in dem Stück *Über die Dörfer* im Mund führt, heißt es dazu wörtlich, „dass all jene Wörter, mit denen die großen alten Geschichten erzählt wurden, und ohne die es keine Geschichten gibt, für uns Heutige Fremdwörter geworden sind". Wir Heutigen seien unfähig geworden, „die langen verschlungenen Sätze darzustellen, in denen allein jene Wörter wieder frisch ihren Platz bekommen"⁴. Eines dieser alten erzählmächtigen Wörter, das Handke im Zusammenhang des Zitats explizit nennt, ist – neben Wörtern wie „Segen", „Fluch", „Liebe", „Zorn", „Meer", „Traum", „Wahnsinn", „Wüste", „Jammer", „Elend", „Krieg" und „Frieden" – das Wort „Salz". Damit nun aber bin ich bei meinem Thema angekommen, wobei es im Folgenden drei Orte sind, an die ich Sie führen will; am Ende dann gibt es noch ein ganz kleinen Abstecher nach Aranjuez.

I.

Der erste der drei Orte ist nichts weniger als eine Grenze der Zivilisation. Markiert ist diese Grenze in einer Prophezeiung des Sehers Teiresias im elften Gesang der Odyssee. Dort ist davon die Rede, dass Odysseus zwar ein friedlicher Tod auf dem Festland vergönnt sein wird, ihm jedoch nach seiner Heimkehr eine weitere Reise droht, und zwar eine, die mit unermesslichen Mühen verbunden sein wird. Jene letzte Reise führt Odysseus zu den Salzlosen, also zu denen, die das Meer nicht kennen und – was für unseren Zusammenhang noch wichtiger ist – von den Irrfahrten des Odysseus nichts wissen. Im Text der Odyssee ist diese letzte Reise (vielleicht auch nur aus Überlieferungsgründen) nicht weiter beschrieben. Das braucht sie auch nicht zu sein, um ihren Sinn als eine Allegorie der Lektüre zu verstehen. Die, die kein Salz haben und vom Meer und den Irrfahrten des Odysseus nichts wissen, werden, wenn Odysseus zu ihnen kommt (und er wird kommen und sie werden

---

[3] Peter HANDKE, *Am Felsfenster morgens (und andere Ortszeiten 1982–1987)*, Frankfurt/M. 2000, 107.
[4] DERS., *Theaterstücke in einem Band*, Frankfurt/M. 1992, 466.

von seinen Irrfahrten hören), nicht so bleiben können, wie sie sind. Mit der Erzählung wird ihnen gleichsam auch der Stoff gebracht, aus dem die Erzählung ist, und den sie bisher entbehrt haben: das Salz.

Dieses Salz, das aus dem Meer kommt, sich aber freilich (und das wusste auch schon die Antike) auch in anderen geologischen Lagerstätten findet, ist ein besonderer Stoff, denn er markiert (wie die Odyssee zeigt) die Grenzen der Welt und damit gleichzeitig auch die ihrer Erzählbarkeit. Weil sie selbst Erzählungen sind, schmecken die Mythen der Salzlosigkeit, die es nicht nur in der Odyssee, sondern weit darüber hinaus gibt, selbst salzig. Die, die ohne Salz (und wie Plutarch von oberägyptischen Priestern berichtet, darauf aus kultischen Gründen vielleicht gar noch stolz) sind, werden von denen geschieden, die das Salz essen und im Salz miteinander verbunden sind. Auch die christlich-jüdische Tradition stellt diesen Salzbund, der bei Peter Handke eine nicht unbedeutende Rolle spielt, in ihr Zentrum, unzählige Stellen der Heiligen Schrift verweisen auf diesen Zusammenhang.[5] Die, die ohne Salz sind oder das Salz gar hartnäckig verweigern, werden von denen geschieden, die das Salz haben und im Salz beisammen sind. Ein Leben ohne Salz zu führen, bzw. – transferiert in den Volksglauben – auch nur versehentlich ein Salzfass umzustoßen und das Salz zu verschütten (wie es Judas auf Leonardo da Vincis Abendmahl-Gemälde tut), bedeutet, von der Gemeinschaft ausgeschlossen zu sein und das Zeichen des anderen zu tragen.

Auch die Tatsache, dass das Salz ubiquitär ist – also fast überall vorhanden – und die, die es bewusst ablehnen, sich immer in der Minderzahl befinden, machte sich das Christentum in der symbolischen Verwendung des Stoffes zu nutze. In der Bergpredigt spricht Jesus zu seinen Jüngern: „Ihr seid das Salz der Erde. Wenn nun das Salz nicht mehr salzt, womit soll man salzen? Es ist zu nichts mehr nütze, als dass man es wegschüttet und von den Leuten zertreten lässt." (Mt 5, 13) Dass das Salz nicht mehr salzt, ist – rein chemisch gesehen – nicht möglich, denn das Salz raucht nicht aus und sein Geschmack vergeht nicht, sondern es behält stabil seine Eigenschaften über lange Lagerungszeiten. Das Salz ist elementar aber auch noch in einem anderen Sinn, denn es ist durch keinen anderen Stoff zu ersetzen. Auch sein Geschmack ist

---

[5] Vgl. dazu und im Folgenden Thomas STRÄSSLE, *Salz. Eine Literaturgeschichte*, München 2009.

einzigartig. Über Letzteres hat sich Hegel in seiner *Phänomenologie des Geistes* Gedanken gemacht. In Anbetracht einiger Salzkörner auf dem Tisch stellt er sich Grundfragen über die menschliche Wahrnehmung: Wie, so fragt Hegel sich, ist der Geschmack des Salzes zu beschreiben? Ist es scharf? Nein, dieses Wort stimmt nicht. Es ist einfach nur salzig, genauso wie der Zucker süß, die Zitrone sauer und der Wermut bitter ist. Ein elementarer Stoff also, der mit nichts zu vergleichen und dessen Geschmack nur mit sich selbst zu beschreiben ist: Das Salz schmeckt salzig. Das ist so sicher und unumstößlich wie ansonsten nur ein Mercedes ein Mercedes ist.

Schon den Alchemisten des Mittelalters galt das Salz als ein eigenes Element. In ihren Schriften unternahmen sie zahlreiche Versuche, es als ein fünftes (also als Quintessenz) den vier Elementen (Feuer, Wasser, Erde und Luft) an die Seite zu stellen. Salz verkörpert eine *prima materia*, aus der alles andere hervorgegangen sein sollte, und zugleich einen Stoff der letzten Dinge, denn es wurde nicht allein als lebensbegründende Substanz angesehen, sondern auch in seiner konservierenden Wirkung betrachtet. Dass „im Salz, vom Salz und aus dem Salz Anfang, Mitte und Ende aller deiner philosophischen Arbeiten [sei]", gehört zu den ältesten Lehrmeinungen der Alchemie. Im Geheimnis des Salzes verbirgt sich das Geheimnis der Welt. Auch davon spricht das *Rosarium philosophorum*: „Wer das Salz und seine Lösung kennt, der kennt das verborgene Geheimnis der alten Weisen. Richte daher deinen Sinn auf das Salz und beschäftigte dich nicht mit anderen Dingen. Denn darin verbirgt sich das Wissen, das außerordentliche Arkanum und das allergrößte Geheimnis aller alten Philosophen." Peter Handke ist also durchaus nicht allein, wenn er das Salz, das Geheimnis und die Offenbarung in eine sich gegenseitig bedingende Relation setzt, im Prinzip macht er damit genau das, was die Schauspielerin in *Über die Dörfer* implizit fordert: Ein altes erzählmächtiges Wort wird in neue Satzzusammenhänge gestellt.

II.

Der zweite Ort ist Hallein: Im Gästebuch des dortigen Salzbergwerkes Dürrnberg findet sich unter dem Datum des 5. Jänner 1810 folgende Eintragung: „de Beyle, coming to france." Jener Henri Beyle war Versorgungsoffizier in Napoleons Truppen. Neben ihrer Haupttätigkeit, der Eroberung von halb Europa, fanden Männer wie er damals durchaus Zeit für das übliche Touristen- und Kulturprogramm. In Wien hatte Beyle Mozart-Opern gehört und dem festlichen Te Deum beigewohnt, mit dem die Rückkehr von Franz II. gefeiert wurde. Über Linz kam er nach Salzburg, wo er wie so viele andere auch das Salzbergwerk bei Hallein besuchte. Wie aus seinem Bericht hervorgeht, war das schon damals ein Spaß, was, wer (so wie ich) im Salzkammergut aufgewachsen ist, von Jugendtagen her gut nachvollziehen kann. Zum Programm gehört das Anlegen der typischen Bergwerksuniformen, das Einfahren in den dunklen Schlund und das Rutschen über glattpolierte Holzstege. Beyle nun aber war nicht allein davon fasziniert. Einer kleinen Erzählung, die sich in seinem Nachlass fand, gab er den Titel *Der Salzburger Zweig*. Was es damit auf sich hat, beschreibt er gleich im ersten Absatz des Textes:

> „In den Halleiner Salzbergwerken bei Salzburg werfen die Bergleute in die verlassenen Gruben des Werkes einen vom Winter entblätterten Baumzweig. Zwei oder drei Monate später finden sie ihn durch die Einwirkung des salzhaltigen Wassers, das auf ihn herabtropft und Niederschläge hinterläßt, über und über bedeckt mit glitzernden Kristallen. Die kleinsten Ästchen, nicht größer als die Krallen einer Meise, sind von einer Unzahl von winzigen, hellfunkelnden, brökkligen Kristallen überzogen. Den eigentlichen Zweig kann man nicht mehr erkennen. Wenn schöner Sonnenschein und völlig trockenes Wetter ist, so verfehlen die Halleiner Bergleute nicht, den Fremden, die sich zur Einfahrt in das Bergwerk rüsten, solche Diamantenzweige anzubieten."[6]

Hinter dem bürgerlichen Namen Henri Beyle verbirgt sich einer der bekanntesten französischen Schriftsteller, nämlich Stendhal. Von Balzac wurde er einmal als „ein außergewöhnlicher Alchemist menschlichen Denkens" bezeichnet. Diese Einschätzung passt nicht schlecht zum Salzburger Zweig, denn im chemischen Vorgang der Kristallisation findet Stendhal hier eine Metapher, die ihm später dann in einem seiner berühmtesten Texte, dem Essay *Von der Liebe*, zur Erklärung des titelgebenden Gegenstandes dient. Mit der Liebe, so Stendhal, verhält es sich ähnlich wie mit dem Salz-Zweig aus Hallein. Beinahe naturwissenschaftlich differenziert der Autor dabei den Vorgang, beginnend mit einer ersten „Bewunderung", die der Liebende empfindet. Einer zweiten Phase, in der zarte Gedanken an erste Küsse und Annäherungen ge-

---

[6] STENDHAL, *Über die Liebe*, Frankfurt/M. 1999.

weckt sind. Drittens dann einer Verfestigung der Hoffnung und (viertens) einem heftigen Verlangen nach unmittelbarer Nähe. Der nächste (fünfte) Schritt in der Ausprägung der Liebe führt metaphorisch ins Salzbergwerk zurück. Dort beginnt (angesichts dessen, was auf dem Zweig zu beobachten ist) eine erste Kristallbildung zwischen den Liebenden, bei der es aber nicht bleibt. Im sechsten Schritt nämlich kommt es zum Einbruch von Zweifel in die Vorstellungswelt des Liebenden, dann aber und umso nachhaltiger beginnt (als siebter Schritt) „die zweite Kristallbildung". Bei dieser geht es darum, dass ein Stück des entstandenen Kristalls wieder zerschlagen werden muss, um zu neuer Festigkeit zu kommen. Im Salz und seinen Formen ist ein Bund geschlossen, die Liebe aber ist wie ein Kristall, dem man nicht unbedingt trauen kann: Schon ein klein bisschen Wasser löst alles wieder auf.

Peter Handkes Gedanken zum Salz entzünden sich an einem Ort, der nicht fern von dem liegt, an dem Stendhal im Salz sein Bild für die Liebe fand. Es ist der Name der Stadt Salzburg, der den Maler in dem Buch *Der Chinese des Schmerzes* zu recht ausführlichen Salz-Betrachtungen bringt: „Vielleicht müsste Salzburg", so heißt es im Text, „nur einen anderen Namen haben, Charleroi oder Taranto, oder Salinas? – Dabei war das Salz doch früher ein heiliges Mineral: der Fremde wurde damit zum Gast erhoben. Betrachten Sie einen Haufen dieser Kristalle einmal unter der Lupe, und von den durchscheinenden Würfeln wird ein Glanz ausgehen wie von den Mauern einer weißen Stadt, mit den am weitesten verstreuten Körnern als deren Vorwerk. Mir ist das Salz ein liebes Gewürz: zum Sehen, zum Anfassen, als Beigeschmack. Es erinnert mich an meine Geburt und verkörpert eine Art Maß oder Gesetzlichkeit. In einer Salinenbucht am Mittelmeer habe ich einmal das zugehörige ‚Geburtshaus' gesehen, ein Steingebäude auf einem Damm weit draußen im Wasser, mit einer Außentreppe zum oberen Stock, wo auch die Eingangstür war. Bei Vergil steht das Salz immer verbunden mit den Wörtern ‚gering' und ‚verborgen'. Auch das Salinenhaus wirkte gering, und seine Bewohner, so dachte ich wenigstens, lebten da im Verborgenen."[7]

Mit seinen Ausführungen zum Salz ist Peter Handke sogleich und faktisch ansatzlos in der Kulturgeschichte des Salzes drin. Der Salzbund der Heiligen Schrift ist angesprochen, ebenso wie die erkenntnistheoretischen Betrachtungen von Hegel, die sich eben auch an der würfeli-

---

[7] Peter HANDKE, *Der Chinese des Schmerzes*, Frankfurt/M. 1986, 150.

gen Kristallstruktur des Salzes entzündet hatten. Dem Maler erscheinen die Salzkörner auf dem Tisch wie eine Festung und selbst noch im Geschmack (hier nur ein „Beigeschmack") betont er dessen Stofflichkeit: Es ist ein Gewürz zum Sehen und Anfassen! Das Salz erinnert den Maler an die Geburt (Warum? Vielleicht, weil er in der Stadt Salzburg geboren ist?) und verkörpert (in der Kristallstruktur, aber auch in den Landschaftsformen, die es hervorbringt) Maß und Gesetzlichkeit. Von Adalbert Stifters „sanftem Gesetz" ist dieses Maß nicht weit entfernt. Der Hinweis auf die Attribute, die Vergil dem Salz gab, macht uns sicher – auch wenn Beiwörter wie „gering" und „verborgen" zumindest in der *Georgica* nicht direkt zu finden sind. Das Salz jedenfalls erscheint bei Handke in ähnlicher Form wie entsprechende Formen in den *Bunten Steine[n]*: Kleine Dinge, denen Größe innewohnt.

Zu einer dieser großen Erscheinungen, nämlich zur Liebe, führt uns der Handkesche Text. Der Weg, den der Autor (beginnend bei den Stofflichkeiten des Salzes) dabei nimmt, ist aber ein denkbar anderer als bei Stendhal. Denn nicht die Kristallisation des Salzes, die sich schrittweise entwickeln lässt und damit sogleich ein klassisches Modell des Erzählens vorgibt, dient ihm als Leitbild, nein: Im *Chinesen des Schmerzes* liegt keine schrittweise Entwicklung eines Bildes oder Vergleiches vor, vielmehr bricht, was über die Liebe zu sagen ist, plötzlich und heftig, fast wie ein Salzsturz, über den Leser herein. Welche Liebe es denn überhaupt sei, wird in dem Buch (gut 16 Seiten nachdem der Maler seine Vorstellungen vom Salz entwickelt hatte) gefragt: „Die Geschlechterliebe? Die Liebe zu einem Menschen? Die Liebe zur Natur? Die Liebe zum Werk?"[8], um anschließend, gleichsam gefangen in den Höhlungen des weißen Stoffes, ganz unmittelbar und plötzlich zu gemeinsamer Präsenz zu kommen in einem einzigen komprimierten Zitat: „Salzdom deiner, meiner, Anwesenheit"[9], heißt es. Damit aber hat der Stoff seine höchste Dichte erreicht.

---

[8] Ebd., 166.
[9] Ebd.

III.

In einem ebenfalls als „Salzdom" bezeichneten Raum treffen in Handkes Buch *Kali*, im Untertitel nennt es sich *Eine Vorwintergeschichte* und veröffentlicht wurde es ganze 24 Jahre nach dem *Chinesen des Schmerzes*, die beiden Hauptfiguren, der Leiter eines Kali- und Salzbergwerkes und eine Sängerin zusammen. Das Buch, und der Titel deutet es an, steht ganz im Zeichen des Salzes. Die weibliche Hauptfigur, eben jene Sängerin (ein Star gar), kehrt in die Gegend ihrer Kindheit zurück. Diese ist von einem riesigen Salzrücken, dem Aushub eines Untertagbaus, dominiert. Im Fernsehen hat die Musikerin den Bergmann, der ihr zum Geliebten wird, in einem der Salzstollen gesehen (sein Gesicht „groß, ernst und stumm", mit einem „fußballgroßen Salzbrocken"[10] in der Hand, den er in die Kamera hält). Diese Erscheinung leitet als inneres Bild die Reise der Frau. Die erste Etappe führt mit dem Bus (bei Handke ein bevorzugtes Transportmittel) ins Haus der Mutter, die in der Nähe des Salzberges wohnt. Am nächsten Tag nimmt die Musikerin ein Boot über einen größeren See oder ein Meer gar, um an den Fuß des Berges zu gelangen. Dort geht die Fremde ins Haus der Pfarrerin, die ihr davon erzählt, wie sehr der Salzstaub ihr kleines „Kirchlein" zerfrisst und die Fresken verblassen lässt. Zahlreiche Kinder, so die Pastorin weiter, seien in letzter Zeit in der Gegend verschwunden, erst jüngst wieder (vor einer Woche[11]) ein kleines Mädchen oder ein Bub, Andrea genannt.

Die Musikerin steigt den Salzberg hinauf, kehrt, oben angelangt, um, und kommt in jenes Haus, das der „Salzherr" gemeinsam mit seinem Sohn bewohnt. Mit dem Vater, dem ihr bestimmten Mann, fährt sie in die Tiefe des ausgedehnten Stollensystems. Immer näher kommen sich die beiden, durch Kathedralen wandernd und durch Schächte fahrend, obwohl oder gerade weil auf der Frau eine dunkle Prophezeiung lastet, nämlich in der Liebe den Tod zu finden und zu bringen. In einem der hintersten Salzdome des Werkes, und dabei auch körperlich ganz nahe beieinander angekommen, ist der Umkehrpunkt der Fahrt in die Tiefe erreicht. Mit Salzstaub an den Kleidern und Salzstaub im Gesicht kehren die beiden an die Oberfläche zurück, und erklimmen anschließend gemeinsam noch einmal den Abraumberg. Oben nehmen

---

[10] Peter HANDKE, *Kali. Eine Vorwintergeschichte*, Frankfurt/M. 2007.
[11] Vgl. ebd., 83.

sie sich an den Händen und kugeln die Halde hinunter. Am Abend, die ersten Schneeflocken des Jahres ziehen auf, wird in der Bar des Dorfes ein Fest gefeiert. Nach einiger Zeit gebietet die Pfarrerin dem Treiben Einhalt und mahnt die Leute, am nächsten Tag in die Kirche zu kommen, weil sie ihnen etwas Wichtiges zu sagen hat. Tatsächlich sind am nächsten Tag die Leute aus der Gegend, sie wird im Buch „Toter Winkel" genannt, dort versammelt. Plötzlich geht hinten die Tür auf, und es steht die fremde Sängerin mit dem wiedergefundenen Kind da, beide sind über und über mit Schnee bedeckt.

In den werkgenetischen Materialien zu dem Buch, die sich im Vorlassbestand Peter Handkes im Literaturarchiv der Österreichischen Nationalbibliothek finden, wird klar, von welcher realen Landschaft das Buch seinen Ausgang nimmt. Es handelt sich um den Stollen Sigmundshall, ein Werk, das heute Teil des börsennotierten Konzerns Kali+Salz ist. Dieses Werk liegt nahe dem Ort Bokeloh am Rand des Steinhuder Meeres nordwestlich von Hannover, es ist die größte Binnenwasserfläche Deutschlands. Nicht Salz wird in dem Schacht abgebaut, sondern Kali und Magnesium, das hauptsächlich in der Verwendung von Düngern und in der Produktion von Farben Anwendung findet. Dominierend in der Landschaft ist (ganz wie in Handkes Buch) eine schneeweiße Abraumhalde, die von der lokalen Bevölkerung scherzhaft als der „Kalimandscharo" bezeichnet wird. Handke war selbst vor Ort, um sich die Gegend und das Werk anzusehen. Dabei hat er Fotos gemacht, aber auch Broschüren, die das Werk und vor allem auch die Art des Abbaus unter Tag beschreiben, hat er als Quellen verwendet, wobei in das Buch zahlreiche Details Eingang gefunden haben.

Wichtig scheint dem Autor – und das zeigt sich auch im Umgang mit seinen Quellen – vor allem der unterirdische Raum gewesen zu sein, in dem sich in seinem Buch dann die beiden Liebenden treffen. Hierbei handelt es sich um kammerartige Aushöhlungen im Salz, von denen auf Bildern zu sehen ist, dass diese Räume wie aus dem Kalisalz herausgeschnitten wirken. Ein Foto aus einer der dem Buch zugrundeliegenden Broschüre zeigt, wie die Arbeiter beim Teufen (d. h. in die Tiefe gehen – ein Wort, das Handke in der Broschüre mehrmals dick unterstreicht) den sogenannten Gipshut erreichen. Der Salzherr in *Kali* erklärt, was es mit ihm auf sich hat: Der Gipshut schließt den Salzstock nach oben hin ab und garantiert erst so dessen Vorhandensein. Wäre von oben Wasser eingedrungen, würden die Salzflöze schon lange ausgewaschen und die Stollen eingestürzt sein.[12] Gleich im Anschluss an diese geologisch und tektonisch völlig korrekte Erklärung hebt – im literarischen Text – der Leiter des Bergwerkes von Realien ab und kommt auf einen Mythos zu sprechen, der sich unten in der Tiefe findet und der den ganzen Text grundiert. Der Bau des unterirdischen Werkes stellt sich nämlich als ein im doppelten Sinn verkehrter Turm von Babel dar, hier (weil zentral) die ganze Passage:

> „Damals beim Bau des Turms von Babel, der angeblich bis zum Himmel reichen sollte, hat Gott, um eine solche Frevelei zu bestrafen, die Sprache der Arbeiter am Bau durcheinandergebracht, so dass keiner mehr die Sprache des Nebenmannes verstand und der Turmbau abgebrochen wurde. Hier freilich habe ich erlebt, daß, je tiefer die Stollen getrieben sind, die da Arbeitenden und Lebenden die Sprache der anderen, auch wenn ihnen diese oben fremder als fremd war, umso besser und klarer verstehen. Vorläufig noch, vorläufig. Vorläufig: ein schönes Wort, nicht wahr? Fast ein jeder dieser Bergleute hier kommt ja inzwischen aus einem anderen Land und spricht eine andere Sprache: aber unten, so weit vom Himmel weg, wie es weiter kaum geht, wird, wenigstens dann und wann, auch ein noch so dunkles, ein noch keinmal zu Ohren gekommenes Wort sonnenklar. – Sie: ‚Vorläufig.' – Er: ‚Vorläufig.'"[13]

Weit unter die Erde bettet der Autor also inmitten des Salzes seine Utopie der Verständigung – dies ist eine seltsame Utopie, nämlich eine, die aus der Vergangenheit kommt und in der Gegenwart nur noch „vorläufig" Wirkung hat. Träger- und Botenstoff für diesen unerhörten Vorgang ist das Salz, in das hinein die Räume gehauen sind, in denen die Menschen und so auch die beiden Liebenden sich in ganz anderer Form als an der Oberfläche ihrer Existenz finden. Um dies zu erreichen, bietet das Salz in Handkes Buch seine ganze Stofflichkeit auf. Schon am Salzberg oben war dies sichtbar: Einmal liegt die Halde im „fahlen Schimmer" (S. 134), dann wieder scheint sie „mondglitzernd" (S. 92) kristallin. Während oben das Salz eine Lawine, ein Nebel, eine Wolke oder (wie in der Kirche) ein Fraß ist, der sich in alle Poren legt, erscheint es unter Tag – wenngleich auch hier staubtrocken – festgetreten und hart. Dass da unten kein Ort zum langen Leben, sondern einer für kurze, aber entscheidende Momente ist, erhellt sich auch aus der Tatsache, dass der Salzstock (notwendigerweise) ganz ohne Wasser ist. Nur einmal, so sagt der Salzherr auf Nachfrage der Musikerin, habe er in einem der Stollen

[12] Vgl. ebd., 124.
[13] Ebd.

ein Tier gesehen: eine Eule, deren Skelett die beiden dann nach ihrem Aufstieg oben auf der Abraumhalde wiederfinden. Auf ihrem Gang nach unten, der die Quintessenz des Buches und gleichzeitig ein Geheimnis und eine Offenbarung ist, kommen der Salzherr und die Frau dann an der „tiefsten Stelle des Grubensystems" in einem nur mehr sehr niedrigen Salzgewölbe (vgl. S. 122) an. Die Geräusche, die in *Kali* stets Zeichen der fehlgeleiteten Zivilisation sind, versiegen dort unten bald vollständig. Als letztes ist im „Salzdomknistern" ein Windsausen zu hören, das es in dieser Tiefe eigentlich gar nicht geben dürfte, bald danach tritt eine absolute Stille ein. Mitten in diese Stille hinein setzt Handke ein letztes utopisches Bild. „Züngeln von Kristallen dort in der Salzofenstille", heißt es im Text, „und ein Herausgebackenwerden von Statuen, nein einer einzigen, aus den Kristallen. [...] Dieser Statue aus Salz kann für den Augenblick kein Wasser etwas anhaben." (S. 127)

IV.

Wir erinnern uns an Stendhals Versuch über die Liebe: Dort standen Wasser und Salz in einem komplementären Verhältnis. Im Wasser löst sich der Salzkristall, und im Verdampfen des Wassers stellt sich der Stoff wieder her. In Handkes Erkundungen der Liebe hält sich das Salz nicht immer an chemische Vorgaben. Kausalitäten drehen sich in dem Stoff um und schaffen neue Orte, die manchmal auch Orte für wahre Wunder sind. Mit zu den aktuellen Bedeutungen, die bei Handke aus dem Salz gewonnen werden, gehört auch, dass die Salzlagerstätten unter der Erde längst schon andere Begehrlichkeiten geweckt haben. Die Atomindustrie, jeder weiß das in der Bundesrepublik Deutschland, hat ein Auge auf solche Salzflöze geworfen, als potentielle Endlagerstätten für Stoffe, die fast ewig strahlen und die man de facto nicht mehr los wird. Auch dieser Sinn des Salzes bleibt in *Kali* virulent, zumal in ihm auch an der Oberfläche immer wieder von durchaus apokalyptisch zu verstehenden Ereignissen die Rede ist: einem Dritten Weltkrieg sind die Bewohner des Ortes entflohen, alle Einheimischen stellen sich solcherart als Flüchtlinge dar, und der Zustand der Welt ist im Eigentlichen beklagenswert.

Im Salz tief unten schafft Handke eine Endlagerstätte für die Liebe, ein letztes Refugium, das nur noch mit einem erhöhten erzählerischen Aufwand herzustellen war. Anderswo, nämlich im bislang letzten Theaterstück des Autors, offenbart sich das Geheimnis der körperlichen Liebe viel unbeschwerter, nicht umsonst werden *Die schönen Tage von Aranjuez* im Untertitel *Ein Sommerdialog* genannt. Im Eigentlichen passiert in dem Stück nichts anderes, als dass ein Mann eine Frau nach ihren sexuellen Erfahrungen fragt. Ganz genau will er von ihr wissen, wie es war und was sie dabei empfunden hat. Die zweite Szene, die sie ihm schildert, führt in eine weltverlassene Saline am Meer, dort in einer zugigen Hütte kommt es – auf einem Haufen salzgetrockneter Exkremente übrigens – zu einer intensiven körperlichen Vereinigung.

Ihre eigene Nacktheit stellt sich die Frau in diesem Moment als eine vor, die sie der ganzen Welt zeigen könnte. In einer Vorstufe des Textes, von der der mittlerweile verstorbene große Handke-Kenner Adolf Haslinger bei einem Symposium im Herbst 2012 berichtet hat, bleibt davon auf Gottes Erde nur ein einziger Mensch ausgeschlossen. „Selbst einem Papst gleichwelche[m]", heißt es, würde die Frau in diesem Moment einen Blick auf ihren Körper geschenkt haben, nur eben einem nicht, „dem alten Deutschen, der Hitlerjunge war." Weil Peter Handke weiß, was sich gehört, hat er diesen Satz aus der frühen Fassung später wieder gestrichen. Aber ein Stachel bleibt, auch im Fleisch der Offenbarung.

Motive

Und: Erzählen und Verwandeln bei Peter Handke

Hölderlin-Metamorphosen in der „Wiederholung"

Jakob Deibl OSB, Wien

I. Vom Motto der Tagung und dem Titel des Aufsatzes

„Verwandeln allein durch Erzählen", das Motto dieser Tagung, ist ein Zitat aus Peter Handkes Buch *Mein Jahr in der Niemandsbucht* und findet sich dort im Rahmen einer Schilderung der eucharistischen Wandlung, verweist also ins Zentrum christlicher Religion.[1] Der nun folgende Beitrag ist ein Versuch, dieses Zitat genauer zu hören.

„Verwandeln allein durch Erzählen" benennt zwei Pole und gibt dabei eine bestimmte Richtung an, die vom Erzählen zum Verwandeln geht: Aus dem Erzählen folgt ein Geschehen der Wandlung. Es entsteht der Eindruck einer Bewegung, die zwei klar umrissene Seiten hat und ein eindeutiges Grund/Folge-Verhältnis zwischen diesen etabliert: Verwandeln hat seinen Grund im Erzählen. Erzählen löst eine Verwandlung aus. Die Verhältnisse scheinen klar zu liegen, doch gilt es an dieser Stelle innezuhalten, denn Handke ist ein Autor, der in seinem Schreiben, wie er selbst betont, *Übergänge* und *Schwellen* hörbar werden lassen möchte. In einem Interview sagt Handke dazu: „Diese Übergänge sind das Fruchtbarste überhaupt. Das schöne Problem der Schwelle beschäftigt mich seit über 30 Jahren, und es hilft mir immer noch weiter."[2] Wie müssen wir das Motto der Tagung lesen, wenn wir es von

---

[1] Peter HANDKE, *Mein Jahr in der Niemandsbucht. Ein Märchen aus neuen Zeiten*, Frankfurt/M. 2007, 569–573.
[2] Ulrich GREINER, *Ich komme aus dem Traum*, Interview mit Peter HANDKE, in: Die Zeit 6/2006 (1. Februar 2006).

Übergang und Schwelle her denken möchten, weil sich die stillschweigende Voraussetzung definierter, ruhender Begriffe nicht aufrechterhalten lässt?

Dazu gilt es zu fragen, wodurch eine *Schwelle* charakterisiert ist. Sie stellt einen paradoxen Ort dar, ist sie doch die Verbindung zweier Räume, die sich keinem der beiden zuschlagen lässt, aber auch nicht von ihnen getrennt werden kann. Die Schwelle öffnet einen Raum, ist jedoch niemals dessen Teil, genauso wenig aber ist sie von ihm ausgeschlossen und steht ihm als ein anderes gegenüber. Räumlich gesehen lässt sie sich weder dem Innen noch dem Außen zuordnen. Sie ist das unentschiedene Zwischen, auf dem man nicht wohnen und verweilen, das man nicht besetzen und einordnen kann. Als dieser *Zwischen-Raum* lässt die Schwelle den Blick, der auf ihr haften möchte, ständig abgleiten zu anderem, und doch ist sie es, die einen neuen Blick zu gewähren vermag: „Mit dem Licht der Zwischenräume arbeiten", vermerkt denn auch Handke in *Gestern unterwegs* am Busbahnhof von Dubrovnik.

Die Schwelle lässt sich nicht durch eindeutige Definitionen fixieren, doch kann sie in einem Geschehen des *Übergangs* für einen Augenblick aufblitzen. Auf solche Momente gilt es im Werk Handkes zu achten. In *Gestern unterwegs*, einer Sammlung von Aufzeichnungen einer dreijährigen Reise Handkes, finden sich viele kurze Texte, die mit dem Wort „Und", gesetzt unter Anführungszeichen und gefolgt von einem Doppelpunkt, beginnen. Es handelt sich dabei um Versuche, Schwellen hörbar werden zu lassen, wobei das „Und" die Funktion der Schwelle markiert. Dies möchte ich an drei Beispielen kurz veranschaulichen:

1) >Und<: das Lautenspiel des Orpheus *und* die Arche Noah ...[3]
2) >Und<: Übergang und Aufleben (außen das Gewitter mit Wolkenbruch, und innen in den erhellten Häusern die Kinder mit den Farbstiften, und unten das Nachklingen des Donners im Fahrrädermetall)[4]
3) >Und<: Das richtige Wort (die Entsprechung) und das Schimmern der Konturen der Dinge als Wesen[5]

In welcher Weise kommt hier die Figur einer Schwelle zum Ausdruck? Im ersten Beispiel lässt das „Und" unterschiedliche Traditionen inein-

---

[3] Peter HANDKE, *Gestern unterwegs. Aufzeichnungen November 1987 – Juli 1990*, Frankfurt am Mai 2007, 33.
[4] Ebd., 191f.
[5] Ebd., 248.

ander übergehen, was jedoch niemals einen Automatismus darstellen kann, sondern einer Vermittlung und Interpretation, etwa einer Erzählung, bedarf. In diesem Fall stellt Handke griechische Antike und biblische Tradition vor Augen, zwei der wichtigsten Quellen, aus denen auch sein Schreiben lebt: Der rettende Gesang des Orpheus klingt in den bergenden Raum der Arche. Wo gibt es heute Vermittlungsorte (Erzählungen) – so bleibt zu fragen –, an denen diese beiden Traditionen zusammenklingen und eine bewahrende Funktion für das bedrohte Menschliche zum Ausdruck bringen können? Das zweite Beispiel bindet „Übergang" und „Aufleben" aneinander und hebt im Gegensatz zu einem definierenden Gestus das Lebendige eines Geschehens des Übergangs hervor. Das dritte Beispiel spricht vom „Wesen" der Dinge und verbindet mit einem „Und" zwei überraschende Bestimmungen davon: „Entsprechung" und das „Schimmern der Konturen". Nicht im unveränderlichen Kern voneinander getrennter Entitäten und innerhalb festumrissener Grenzen, sondern an zwei Phänomenen, die ein Übergehen zum Ausdruck bringen, sei das Wesen der Dinge zu finden: Wenn Etwas Anderem entspricht, sind beide immer schon in einer Beziehung des Ineinander-Übergegangen-Seins; wenn die Konturen schimmern, ist die Geschlossenheit ihrer Gegenstände transzendiert. Das „Und" markiert hier eine Schwelle, die zwei getrennte Seiten in Entsprechung bringt und ihre Konturen flüssig werden lässt.

Wenn wir vor diesem Hintergrund das Motto der Tagung erneut hören, löst sich die eindeutige Richtung seiner Bewegung und die klare Fixierung der beiden Pole auf. Das Motto, so die These meines Beitrages, kann nur dialektisch verstanden werden, d.h. muss in beide Richtungen gelesen werden, indem jede der beiden Seiten zur jeweils anderen übergeht: „Verwandeln allein durch Erzählen" und „Erzählen nur durch Verwandeln". In der Diktion von *Gestern unterwegs* könnte man sagen:

›Und‹: Erzählen und Verwandeln

Dies ist der Titel, der durch diesen Aufsatz tragen soll. Der erste Versuch, sich dem Motto der Tagung anzunähern, hat zum Oszillieren seiner Pole und zur Notwendigkeit einer Lektüre in zwei Richtungen geführt. Die folgenden Überlegungen versuchen, sich in der Verbindung (›und‹) von Erzählen und Verwandeln zu halten. Dazu beziehe ich mich auf Handkes bedeutendes Buch *Die Wiederholung*, womit nun auch der Untertitel des Beitrags erreicht ist: *Hölderlin-Metamorphosen in der „Wiederholung"*. Zunächst möchte ich die enge Verbindung dieses Buches mit der Thematik der Erzählung aufzeigen und danach die verwandelte Aufnahme einer Grundfrage Hölderlins darin andeuten.

II. „Die Wiederholung" als „Werk über das Erzählen"

In der größtmöglichen Kürze zusammengefasst, ist die *Die Wiederholung* die Beschreibung eines Weges durch Jugoslawien, den Filip Kobal nach seiner Matura antritt, um seinen Jahre zuvor dort als Partisane verschollenen Bruder zu suchen. Im Rahmen dieses Weges werden viele Stationen der Kindheit und Jugend des Protagonisten rekapituliert.

In seinen Vorlesungen zur österreichischen Gegenwartsliteratur führt Wendelin Schmidt-Dengler aus, dass *Die Wiederholung* nicht zuletzt als eine „Apologie des Erzählens", ja „als ein Werk über das Erzählen zu lesen"[6] sei. Das Buch ende „in einem Hymnus, in einer Verkündigung, die das Erzählen preist"[7]. Im letzten Abschnitt des Buches heißt es:

> Es lebe die Erzählung. Die Erzählung muss weitergehen. Die Sonne der Erzählung, sie stehe für immer über dem erst mit dem letzten Lebenshauch zerstörbaren neunten Land. Verbannte aus dem Land der Erzählung, zurück mit euch vom tristen Pontus.[8]

Der letzte Satz des Hymnus, und damit auch der letzte Satz des Buches, ist als Aufruf an einen Erzähler gestaltet:

> Erzähler in deiner verwachsenen Feldhütte, du mit dem Ortssinn, magst ruhig verstummen, schweigen vielleicht durch die Jahrhunderte, horchend nach außen, dich versenkend nach innen, doch dann, König, Kind, sammle dich, richte dich auf, stütze dich auf die Ellenbogen, lächle im Kreis, hole tief Atem und heb wieder an mit deinem allen Widerstreit schlichtenden: >Und ...<[9]

Das letzte Wort des Buches ist ein >Und<, das eine schlichtende Rolle hat, mithin in der Mitte widerstreitender Seiten steht und ein Übergehen ermöglicht, wo sonst alles unverbunden oder im Streit bliebe. Mit dieser verbindend versammelnden Geste („sammle dich") kann eine

---

[6] Wendelin SCHMIDT-DENGLER, *Bruchlinien. Vorlesungen zur österreichischen Literatur 1945 bis 1990*, St. Pölten – Salzburg ³2010, 497; 499.
[7] Ebd., 497. Vgl. Peter HANDKE, *Die Wiederholung*, Frankfurt/M. 1989, 331–334.
[8] Ebd., 333.
[9] Ebd., 333f.

neue Erzählung anheben, aus dem Verstummen und der Sprachlosigkeit hervortreten. Das „Und ...", das uns bisher als die Mitte eines dialektischen Verhältnisses begegnet ist, wird hier zum Ausgangspunkt der Erzählung, ja zu *dem* Ausgangspunkt einer zu gebenden Erzählung schlechthin.[10]

Der emphatische Hymnus darf nicht vergessen lassen, dass Erzählung und Erzähler in der *Wiederholung* keinen sicheren und ungefährdeten Ort haben. *Die Wiederholung* ist ein Buch, das die Gefährdung der Erzählung reflektiert, in ihm wird gleichsam um ihre Möglichkeit und ihr Glücken gewürfelt. Damit ist es in eine Linie bereits älterer Werke Handkes zu stellen, die um diese Frage kreisen. Schon der erste Roman (wenn diese Bezeichnung zutreffend ist), *Die Hornissen*, versucht genau die Grenze zwischen der Kontinuität einer Erzählung und ihres Zerfalls auszuloten. Das Buch bietet keinen Fokuspunkt, von dem aus seine Geschichte in all ihrer Verworrenheit der Darstellung als folgerichtig noch in den Blick kommen könnte. Andererseits wahrt es so viel an Zusammenhalt, dass es nicht ins Absurde kippt und bloß Darstellung der Auflösung jeglicher Strukturen wäre. Ähnlich ist es bei *Die Angst des Tormanns beim Elfmeter*. Auch hier steht die Kontinuität einer Erzählung beständig vor dem Scheitern, etwa dadurch, dass in bestimmten Phasen allen Gegenständen der Wahrnehmung eine Überinterpretation zuteilwird. Sie werden mit einer Fülle an Bedeutungen aufgeladen, die das Gefüge der Wahrnehmung an den Rand des Zerbrechens führt. Um dies zu veranschaulichen, sei eine Stelle erwähnt, in der Bloch, die Hauptperson, das Schlagen eines Blitzableiters an die Mauer hört: „Bloch, der schon in der Schule einen Blitzableiter beobachtet hatte, fasste diese Wiederholung sofort als Absicht auf; es konnte kein Zufall sein, dass er zweimal hintereinander auf einen Blitzableiter traf."[11] Der Verweischarakter der Dinge der Welt, die sich nie isoliert voneinander betrachten lassen, wird hier bis an die Grenze des Zusammenbruchs einer

---

[10] In derselben Funktion tritt das „Und ..." schon früher im Buch auf, als Filip Kobal davon erzählt, wie sein Vater immer wieder mit einem „Und ..." angehoben habe, um von sich zu erzählen: „Nach seiner Pensionierung, als er eine Zeitlang nicht wusste was tun, glaubte ich, es sei eine Idee, ihm ein Heft zu geben, damit er darin seine Lebensgeschichte aufzeichne; denn wenn er diese mündlich erzählte – fast erschreckend, hob er nach einem langen Schweigen oft an mit seinem tiefstimmigen ‚Und ...' –, geriet er dann immer wieder ins Stocken und brach ab mit einem: ‚Das lässt sich nicht sagen, das muss man aufschreiben!'" (Ebd., 159).

[11] Peter HANDKE, *Die Angst des Tormanns beim Elfmeter*, Frankfurt/M. 1972, 98.

sinnvoll deutbaren Welt gesteigert. Das relationale Gefüge, in dem alle Dinge stehen, wird überdehnt, gleichsam unendlich ausgeweitet, alles ist Metapher für anderes und kann für alles andere stehen. Dinge und Ereignisse werden in ihrer Bedeutung ständig fraglich und relativiert, weil immer noch etwas anderes hinter ihnen zu finden sein muss. Demgegenüber stehen Stellen, in denen die Bedeutungsunschärfe aller Dinge starr begrenzt wird, sie ihren Bedeutungsreichtum verlieren und lediglich als Namen übrigbleiben. Dennoch schlägt auch dieses Buch Handkes nicht gänzlich ins Absurde um, sondern es lassen sich Strukturen seines Zusammenhangs explizieren. Nachdem Handke in frühen Werken gerade die Grenze, welche die Kontinuität einer Erzählung (ihr verbindendes >Und<) und ihres Zerfalls voneinander trennt, auszuloten und sich genau an ihr zu halten sucht, stellt *Die Wiederholung* nun explizit die Frage nach der Möglichkeit und dem Glücken einer Erzählung, ohne dabei jedoch den Horizont ihrer Gefährdung zu vergessen.

Eine in dieser Hinsicht entscheidende Szene findet sich im zweiten Kapitel des Buches *(Die leeren Viehsteige)*. Dort erzählt Handke, wie Filip Kobal in einem Eisenbahntunnel nahe Jesenice übernachtet und dabei eine „außerweltliche Sprachlosigkeit" und den Verlust der „Zeichenkraft"[12] der Dinge erfährt. Zunächst ist von einer Erzählung die Rede, die auch im Halbschlaf oder Schlaf unaufhörlich weitergeht, aber den Zusammenhang ihres Gefüges, d.h. ihr „>Und<", „>Dann<" und „>Als<"[13] verliert. Sie wird gleichsam zur Anti-Erzählung, d.h. zur Aneinanderreihung abgebrochener, ihre Bedeutung verlierender Fragmente. Sie bleibt lückenlos, „ohne Atempause"[14] und ist somit die Verkörperung in sich geschlossener Immanenz. Diese Anti-Erzählung kann nicht aufhören und vereitelt so jede Möglichkeit einer Distanz. Sie ist ohne Ende und dazu verurteilt, ihr eigenes Scheitern ständig neu zu beginnen und zu wiederholen. Damit ist sie Chiffre für den Tod jeglicher Erzählung, und tatsächlich fällt Filip Kobal wenig später in ein gänzliches Verstummen: „So außerhalb der menschlichen Gesellschaft hatten auch die Dinge keine Sprache mehr."[15] Aus dieser Sprachlosigkeit kann nur ein Gehen retten. Filip Kobal begibt sich aus seiner Schlafstätte im Tunnel auf den Rückweg und wiederholt so einen schon einmal begangenen Weg,

---

[12] HANDKE, Die Wiederholung (s. Anm. 7).
[13] Ebd.
[14] Ebd., 109.
[15] Ebd., 111.

von dem er weiß, dass sein Boden trägt. In fundamentaler, d.h. leibhaftiger Weise lässt ihn dieses Gehen im Morgengrauen spüren, wie seine Schritte sicheren Grund finden. Das Erlangen dieser Gewissheit kann ihn erneut zur Sprache kommen lassen. Die Welt wird wieder lesbar. Diese singuläre Erfahrung, die Beschreiblichkeit der Erde wieder zu finden, lässt den Autor auf eine religiöse Sprache zurückgreifen. Er sagt, es sei „die einzige Vorstellung von einem Gott, welche mir über die Jahre geglückt ist"[16].

Halten wir fest: *Die Wiederholung* ist ein Werk über das Gehen und das Erzählen in seiner Fragilität und Gefährdung, was besonders in der eben erwähnten nächtlich-morgendlichen Szene deutlich wird. In der vielleicht schönsten Weise sichtbar wird dieser Zusammenhang am Beginn des ersten Kapitels *(Die blinden Fenster)*, als Filip Kobal sich von seinem Vater verabschiedet und dieser ihn zum ersten Mal in seinem Leben umarmt. An dieser Stelle, an der auch das Gehen des Filip Kobal anhebt, heißt es:

„Möge seine Umarmung mich auch durch diese Erzählung tragen."[17]

Die Gefährdung der Erzählung bis hin zum Verlust von Sprache und Bedeutung weist auf eine fundamentale Bedrohung hin, die in ihrer Relevanz wohl erst erkannt werden kann, wenn man sie als Echo der Dichtung Hölderlins, der für Handke einer der wichtigsten Autoren ist, liest.

III. Hölderlin und der Gesang

In *Gestern unterwegs*, den Aufzeichnungen eines drei Jahre währenden Gehens, sieht man, wie Gedichte Hölderlins Handke einen Monat lang intensiv begleiteten.[18] Betrachten wir zunächst in aller Kürze, wie Hölderlin die Gefährdung der Erzählung in seinem Werk reflektiert.

Nach den frühen Gedichten Hölderlins, die aus einem unmittelbaren religiösen Erleben geschrieben sind, und den Hymnen der Tübinger

---

[16] Ebd., 114.
[17] Ebd., 14.
[18] Vgl. HANDKE, Gestern unterwegs (s. Anm. 3), 27–67. Es handelt sich um die Zeit von Anfang Dezember 1987 bis Anfang Jänner 1988. Vgl. dazu auch: „sogar Hölderlin müsse überwunden werden, wie Kafka" (Ebd., 98).

Zeit, die emphatisch den Aufstieg des Subjektes bis zum Göttlichen vor Augen stellen, tritt in seinem Werk eine Ernüchterung ein. Hölderlin hatte die Gegenwart als Schwelle zu einer neuen Zeit verstanden, doch stellte sich diese Hoffnung, sowohl was die Entwicklungen Frankreichs nach der Revolution als auch das Bürgertum Deutschlands betrifft, zunehmend als Enttäuschung heraus. Das in den Tübinger Hymnen mit großem Pathos hervorgetretene Subjekt findet keine Beheimatung mehr – weder die erhoffte Zukunft noch die Erinnerung an die Vergangenheit des Griechentums, noch die Zuwendung an das zeitlose Vergehen und Werden der Natur vermögen dem Dichter noch einen Ort bruchloser Identifikation zu bieten. Mit dieser Erfahrung der Entfremdung verliert aber auch das Göttliche seinen Haftpunkt: Die Gegenwart ist nicht durch eine Erhebung zum Göttlichen gekennzeichnet, als utopisches Moment im Aufbruch in eine neue Zeit ist es fragwürdig geworden, in der Erinnerung an die Griechen gelangt es zu keiner Lebendigkeit mehr, in der Zeitlosigkeit der Natur kann weder das Menschliche noch das Göttliche eine Analogie finden.[19]

Die Fragilität der Gottesbeziehung tritt spätestens ab 1800 (wohl aber schon mit Hölderlins überstürztem Verlassen Jenas im Jahr 1795) in aller Deutlichkeit hervor.[20] Im Zuge einer fortwährenden Ernüchterung werden mit dem zunehmenden Verlust der Beziehung zum Göttlichen für Hölderlin aber auch Gesang und Dichtung fraglich. In dem 1800 entstandenen Gedicht *Die Götter*[21] wird dieser Zusammenhang explizit ausgesprochen:

DIE GÖTTER

Du stiller Äther! immer bewahrst du schön
   Die Seele mir im Schmerz, und es adelt sich
     Zur Tapferkeit vor deinen Strahlen,
       Helios! oft die empörte Brust mir.

---

[19] Vgl. dazu die Gedichte *Griechenland. An St.; An die Natur; An Neuffer.*
[20] Vgl. Giorgio AGAMBEN, *Die Zeit, die bleibt. Ein Kommentar zum Römerbrief,* Frankfurt/M. 2006, 100.
[21] Friedrich HÖLDERLIN, *Sämtliche Gedichte* (hg. von Jochen SCHMIDT), Frankfurt/M. 2005.

⁵Ihr guten Götter! arm ist, wer euch nicht kennt,
Im rohen Busen ruhet der Zwist ihm nie,
Und Nacht ist ihm die Welt und keine
Freude gedeihet und kein Gesang ihm.

Nur ihr, mit eurer ewigen Jugend, nährt
¹⁰In Herzen die euch lieben, den Kindersinn,
Und laßt in Sorgen und in Irren
Nimmer den Genius sich vertrauern.

Das Gedicht kommt erst in der zweiten Strophe auf seinen eigentlichen, durch den Titel angezeigten Gegenstand zu sprechen, nämlich die Götter, während die erste Strophe, die das Element des Äthers anspricht, noch den Weg einer Vorbereitung darstellt. Worin besteht nun die Annäherung an das Thema des Gedichtes? Die Aufgehobenheit in der umgebenden Sphäre des Äthers hat Schmerz und Empörung gegenüber einen bewahrenden Charakter. Die Seele wird nicht gänzlich von ihnen erfasst und vernichtet, sodass das Gedicht hier seinen Abbruch finden müsste. Die Schilderung kann weitergehen, allerdings tritt keine Beruhigung ein, Wörter wie „Zwist", „Sorgen", „Irren" prägen auch die beiden anderen Strophen. Es zeigt sich, dass die eigentliche Problematik erst in der zweiten Strophe erreicht ist. Sie stellt eine Welt vor Augen, die das Göttliche nicht mehr ins Wort bringen kann, die also keine Sprache für das Göttliche mehr kennt. Sie wird „arm", vermag die Nacht nicht mehr zu verlassen und verliert auch den Gesang. Der Bezug auf die Götter bringt eine neue Dimension der Bedrohung ans Licht, die über den Begriff des Äthers noch nicht ausdrückbar war. Es handelt sich dabei um eine Sprachlosigkeit, um ein Verstummen des Gesanges, das also auch den Schmerz und die Empörung, die in der ersten Strophe noch ein Ort hatten, zu keinem Ausdruck mehr kommen lassen kann. Die dritte Strophe bekräftigt in einer nochmaligen, verstärkenden Anrede an die Götter („Nur ihr ... nährt", V 9) die Beziehung, die zwischen ihrem Verlust und der Möglichkeit des Gesangs besteht: Sie allein vermögen den „Genius" (V 12), verantwortlich für den Gesang, zu erhalten.

Nun ist klar, dass Hölderlin hier nicht von irgendwelchen Göttern spricht, an die man nicht mehr glaubt, und dass es aufgrund dessen keinen Gesang mehr geben könne. Was Hölderlin hier mit dem Verlust des

Göttlichen vor Augen hat und was auch den Hintergrund des gemeinsam mit Schelling und Hegel verfassten *Ältesten Systemprogramms des deutschen Idealismus* bildet, ist eine Welt, die betreffs der Zukunft visionslos geworden und der im Blick auf die Vergangenheit jede leitende Erinnerung zerfallen ist. Es ist eine Welt, die sich selbst zunehmend nach dem Bild einer Maschine zu verstehen beginnt: Die Natur wird zum toten Produkt technischer und wirtschaftlicher Manipulation, Staat und Gesellschaft erscheinen „als mechanisches Räderwerk"[22], Denken wird als verobjektivierendes Urteilen verstanden. Die Welt, nach dem Prinzip von Ursache und Wirkung erklärbar, beginnt sich gänzlich in ihrer Immanenz zu schließen. Der Verlust des Göttlichen ist Chiffre für diese Immanenz, in der keine Erhebung der Seele mehr statthaben kann, die einen Blick auf die Welt gewähren könnte, der Gesang und Erzählung eröffnete.

Die Welt wird nach dem Bild einer Maschine, die ein lückenlos in sich geschlossenes System darstellt, verstanden und nicht mehr aus einer Erzählung, die immer auch aus Leerstellen, Zwischenräumen, Übergängen und Schwellen lebt. Dies veranlasst Hegel, Schelling und Hölderlin zur Forderung einer *neuen Mythologie*, wobei es sich nicht um eine Wiederaufnahme alter Göttergeschichten oder gar um die Erfindung neuer, sondern um eine „Mythologie der *Vernunft*"[23], d.h. der Freiheit, handeln müsse. Es ist dies die Forderung nach Erzählungen, welche – unter dem Leitwort der Freiheit – die eigene Zeit zum Ausdruck bringen können. Es ist dies die Forderung nach Erzählungen, aus denen wir unser Dasein in Freiheit verstehen können, das sich sonst nur im Gegenüber der Notwendigkeiten maschineller Abläufe ansichtig würde. Hölderlin hat in seinen späten Gedichten, etwa in *Wie wenn am Feiertage ..., Brot und Wein, Der Ister, Mnemosyne*, mit dieser Problematik gerungen, wie noch Gesang und Dichtung ins Wort kommen können, um dem Menschen darin einen Aufenthalt, ein Wohnen, zu ermöglichen. Es ist nicht ganz von der Hand zu weisen, dass an dieser Stelle für ihn die christliche Erzählung, die in ihrem Zentrum ja mit dem Tod Christi eine umfassende Erfahrung des Zerbrechens hat, noch einmal Relevanz gewann. Diese Spur kann hier jedoch nicht weiterverfolgt werden.

---

[22] Aus dem ältesten Systemprogramm des deutschen Idealismus, zitiert nach: Georg Wilhelm Friedrich HEGEL, *Frühe Schriften (Werke I)*, Frankfurt/M. ⁴1986, 235.
[23] Ebd., 236.

Festzuhalten bleibt, dass Hölderlin vor die entscheidende Frage führt, wie es noch zu Erzählungen kommen kann, aus denen heraus Menschen sich verstehen können, um nicht ihr Dasein analog zu Maschinen deuten zu müssen. Dies ist für ihn eng mit der Frage verbunden, welchen Blick auf die Wirklichkeit die Religion eröffnen kann. Ich denke, Peter Handke nimmt in seinem Werk diese Herausforderung Hölderlins in immer neuen Variationen auf. Seine Schriften können auch als immer neue Metamorphosen dieser Grundfrage Hölderlins gelesen werden.

IV. Verwandlung der blinden Fenster

Wie äußert sich diese Grundfrage Hölderlins nun aber in der *Wiederholung*? Um uns dieser Frage anzunähern, müssen wir der Entwicklung einiger wichtiger Linien des Buches folgen.

In Handkes Schreiben zeigt sich die Verwandlung einer starren Welt der definierten Gegensätze und der eindeutigen Alternativen in eine Beschreibung des Oszillierens, des Dämmerns und Schimmerns, der Übergänge und Schwellen, des ›Und ...‹. Es sind gerade die Zwischenräume, Leerstellen und Lücken, die Handke hörbar machen möchte. Davon sind unsere Überlegungen von Anfang an ausgegangen, nun muss dies anhand der *Wiederholung* gezeigt werden. Ich möchte dazu auf zwei Bilder hinweisen, die zu leitenden Motiven seines Buches werden und auch den beiden ersten Kapiteln ihre Titel geben: das *blinde Fenster* und die *leeren Viehsteige*. Beide werden von ihm einmal als „Leerformen" bezeichnet, auf die „Verlass"[24] sei. Was aber ist eine Leer*form*, was vermag sie noch zu formieren? Sie hat keinen Inhalt mehr und ist nicht besetzt durch etwas, dem sie eine Form gibt. Sie formiert – im wahrsten Sinne des Wortes – nichts, „Nichts". Inwiefern soll auf diese Leerformen Verlass sein, wenn mit „Verlass" das bezeichnet ist, was einen tragenden Grund gibt? Inwiefern können die blinden Fenster zu einem tragenden Grund werden? Fragen wir zunächst, in welcher Weise Handke die blinden Fenster in den Blick nimmt.

Sie tauchen zum ersten Mal im letzten Abschnitt des ersten Kapitels auf. Erzählt wird Filip Kobals erster, jedoch abgebrochener und um

---

[24] HANDKE, Die Wiederholung (s. Anm. 7), 218.

einen Tag aufgeschobener Aufbruch von zuhause nach Jugoslawien. Am Bahnhof von Mittlern, an dem seine Reise beginnen sollte, sieht er ein blindes Fenster:

> Ich hob den Kopf und erblickte an der Seitenwand des Bahnhofs ein blindes Fenster, in demselben Weißgrau wie die Wand, nur im Viereck zurückversetzt. Das Fenster bekam keine Sonne mehr, empfing aber von irgendwo ein Reflexlicht und schimmerte. Im Dorf gab es nur ein einziges derartiges Fenster, und es befand sich ausgerechnet am kleinsten Gebäude, dem des Wegmachers [...]. Im Vorbeigehen zog es jedesmal meinen Blick an, so als sei da etwas zu sehen; doch wenn ich stehenblieb und eigens hinschaute, hatte es mich wieder einmal genarrt. Trotzdem behielt es seine unbestimmte Bedeutung, und am Haus des Vaters fehlte es mir.[25]

Zum ersten Mal von einem blinden Fenster ist im Rahmen einer Szene auf einem Bahnhof die Rede. Bahnhöfe stellen selbst eine Art Schwelle dar, sind sie doch Ort von Ankunft und Abfahrt, nicht jedoch Orte eines dauernden Verweilens. Sehr genau beschreibt Handke den optischen Eindruck des Fensters – seinen Farbton zwischen Weiß und Grau, seine Versetzung aus der Hauptebene der Hausfront. Es erscheint nicht in direktem Licht, sondern lediglich indirekt beleuchtet und wird wahrnehmbar in einem Schimmern, d.h. jenem verschwimmenden Lichteindruck, der alle Konturen unscharf werden lässt. Nach dieser akribischen Beschreibung wendet Handke den Blick zurück zu seinem Heimatdorf, dem Ort seines Aufbruchs, wo es nur ein einziges derartiges Fenster gibt, nämlich am kleinsten Haus am Rande des Dorfes, dem Haus des Wegmachers und Schriftmalers. Er ist von Beruf einer, der Wege bereitet, auf denen ein Gehen möglich ist, und – im Malen der Aufschriften auf Häuser – „das nächste Zeichen [...] aus der Leerfläche zauberte". Im Entstehen der Schriften aus dem Nichts (auf einer „Leerfläche") tritt für Filip Kobal das Dorf „aus der Bedeutungslosigkeit"[26] heraus und findet eine Ausrichtung und Sprache. Die Leere der blinden Fenster wird aber nicht nur in eine große Nähe zur Tätigkeit des Schreibens, sondern auch des Gehens gesetzt. In der Bewegung des Vorübergehens scheint das blinde Fenster etwas sehen zu lassen, das sich im Versuch, es im Stehenbleiben zu fixieren, entzieht. Deutlich wird dadurch ein Moment der Unverfügbarkeit. Lässt sich die Bedeutung des blinden Fensters auch nicht festhalten, so wird es doch, wo es nicht ist,

---

[25] Ebd., 96.
[26] Ebd., 50.

in einem Fehlen erfahren – ohne dass man freilich sagen könnte, dass *etwas* fehlt. Als sich Filip Kobal am Tag nach seinem ersten Aufbruch tatsächlich auf den Weg macht, bezeichnet er die sich auf seiner Reise wiederholenden blinden Fenster als seinen Forschungsgegenstand, als seine Reisebegleiter und Wegeweiser.[27] Seine Wanderung, die sich dann auch in seine Erzählung verwandeln wird, ist somit angeleitet, ausgerichtet und ermöglicht durch jene Leerformen, Leerflächen und Lücken.

Blinde Fenster stehen aber auch für ein opakes Moment. So heißt es an einer Stelle: „Das blinde Fenster war weit und breit das einzige seiner Art. Und auch seine Wirkung kam aus dem fehlenden Üblichen, dem Abwesenden: dem Undurchlässigen."[28] Weder sind sie Spiegel, in dem man sich sieht, noch sind sie durchsichtig und geben ihr Dahinter frei. Mögen sie auch im Licht, das auf sie fällt, schimmern, bedeuten sie doch das Ende jeder Reflexion, d. h. der Möglichkeit der Spiegelung, der Möglichkeit, sich darin ansichtig zu werden und selbst zu finden. Ebenso markieren sie die Unmöglichkeit einer Vermittlung, sie vermögen nicht als Brücke zu fungieren, die zwischen dem Betrachter „draußen" und einer Welt „drinnen" vermitteln könnte. Diesem opaken Charakter der blinden Fenster kommt in der Geschichte eine wichtige Bedeutung zu. Sie durchziehen die Erzählung, tauchen immer wieder auf und stellen so einen Leitfaden dar, der eine Gegenbewegung zu den zahlreichen Spiegelungen nahestehender Personen, die Filip Kobal auf seinem Weg erlebt, zeichnet: Der Geschichte- und Geographielehrer spiegelt sich im Grenzsoldaten, der ihm bei der Einreise die Bedeutung seines Namens erklärt hatte.[29] Dann ist da Mutter, die sich in der Kellnerin am Bahnhof von Jesenice spiegelt[30], sodann findet er seinen eigenen Doppelgänger auf einer Busfahrt nach Vipava: „endlich blickte er in den untrüglichen Spiegel"[31]. Dann wieder erscheint er selbst der so genannten „Karst-Indianerin" als das Spiegelbild des Sohnes des verstorbenen Schmieds aus dem Nachbardorf.[32] Und schließlich sieht er auch den verschollenen Bruder, den zu suchen überhaupt der Beweggrund seiner Fahrt war, gespiegelt in einer anderen Person: „So sah ich dann in einer sonnigen

---

[27] Vgl. ebd., 97.
[28] Ebd., 136.
[29] Ebd., 13.
[30] Vgl. ebd., 18–20.
[31] Ebd., 256; vgl. 255–262.
[32] Vgl. ebd., 300.

Stunde, wieder vor einem Gasthaus, in solch einem Nebendorf den Bruder durch das Hofportal treten."[33] Die Spiegelungen werden Filip Kobal, so könnte man sagen, immer innerlicher: vom geschätzten Lehrer zu seiner Mutter, weiter zum ihm selbst (in der doppelten Gestalt, dass er sich in seinem Doppelgänger findet und dass jemand anders ihn selbst als Spiegelung einer anderen Person betrachtet), bis hin zu seinem Bruder. In ihm, oder besser in seinem Spiegelbild, tritt Filip Kobal sein innerster Wunsch gegenüber. Es kommt dabei aber zu keiner wirklichen Begegnung, zu keinem Freilassen des Anderen, weil dieser immer nur Projektionsfläche von Filip Kobals Vergangenheit (Grenzsoldat, Kellnerin), seiner Identität (Doppelgänger), seines Begehrens (Spiegelung des Bruders) ist. Wie diese Reflexionen in andere Personen die Geschichte begleiten, so auch die blinden Fenster als die Unmöglichkeit der Reflexion. Ihr opakes Moment verhindert gleichsam, dass die Spiegelungen absolut gesetzt und so zum Leitmotiv des Weges, der im Buch beschritten wird, werden können.

Der Höhepunkt des Buches scheint mir dort zu sein, wo beide Stränge, die Spiegelungen und die blinden Fenster, in einem Abschnitt zusammenlaufen, in dem berichtet wird, Filip Kobal habe zweimal den verschollenen Bruder zu Gesicht bekommen. Das erste Mal sieht er ihn in einer Spiegelung, das zweite Mal, unmittelbar danach, begegnet er im Zerbrechen jeglicher Reflexion. Es handelt sich dabei um eine Szene, die erneut an einem Bahnhof spielt und sich in der Nacht zuträgt. Sieht Filip Kobal dort zunächst noch „wappenartige blinde Fenster"[34], so kommt er dann an einem „beleuchteten Kellerfenster"[35] vorbei. Er sieht einen eingerichteten, bewohnten Raum, eine Bücherwand, ein leeres Bett, aber keine Person. Im Raum befindet sich niemand mehr, der die Gestalt des Bruders spiegeln könnte. Was Filip Kobal darin jedoch begegnet, ist eine nicht mehr besetzbare Abwesenheit, die sich dem Versuch, sie festhalten zu wollen, immer schon entzogen hat. Dem korrespondiert ein Ablassen Filip Kobals, in welches sich sein Versuch, den Bruder festhalten zu wollen, *verwandelt*: „Ich sah mich an einem Ziel. Nicht den Bruder zu finden hatte ich doch im Sinn gehabt, sondern von ihm zu erzählen."

---

[33] Ebd., 313.
[34] Ebd., 315.
[35] Ebd., 316.

Die Verwandlung seines innersten Wunsches führt zur Erzählung. Sein Wunsch, den Bruder zu finden, wird verwandelt in die Erfüllung dessen, was Wunsch des Bruders war: Er spricht von einem „frommen Wunsch", den der Bruder gleichsam als Vermächtnis hinterlassen hatte und den er „nun übertragbar in die irdische Erfüllung: die Schrift"[36] sieht. Das Gehen auf der Spur des Bruders verwandelt sich in eine Erzählung, von der es wiederholt wird: „Natürlich: Das Gehen, selbst das Gehen im Herzland, wird eines Tages nicht mehr sein können, oder auch nicht mehr wirken. Doch dann wird die Erzählung da sein und das Gehen wiederholen!"[37] Wir stoßen hier auf die beiden Richtungen, das Motto der Tagung zu lesen. Die *Erzählung* vermag den begangenen Weg zu wiederholen und damit zu *verwandeln*, d.h. lesbar zu machen: „Verwandeln allein durch Erzählen." Zu dieser *Erzählung* führte aber ein Weg der *Wandlung* Filip Kobals, der verglichen werden kann mit dem *Verwandlungsweg*, den auch Odysseus oder Parzival erfahren: „Erzählen erst durch Verwandeln."

Die blinden Fenster werden, im Ablassen vom Versuch, den Bruder in Bildern festzuhalten, durchsichtig und geben einen Blick frei, der bislang verstellt war. Als leere Flächen verwandeln sie sich in die unbeschriebenen Blätter einer zu erzählenden Geschichte; die leeren Viehsteige werden zu den Zeilen, auf denen sich diese Erzählung schreiben kann. Als Wegweiser und Reisebegleiter stehen sie nun für die (immer vom Verirren bedrohte) Kontinuität einer Erzählung. Eine Antwort an Hölderlins Grundfrage gibt *Die Wiederholung*, indem sie den verschlungenen Weg des Werdens einer Erzählung geht, d.h. indem sie den Boden bereitet, der in aller Gefährdung und Brüchigkeit eine Erzählung wird tragen können. Die Erzählung selbst kann niemals unvermittelt einsetzen, sondern bedarf einer Vorbereitung, setzt eine Wandlung voraus.

V. Aus-Blick: Literaturwissenschaft und Theologie

Versuchen wir nach den Überlegungen betreffend den Zusammenhang von „Erzählen" und „Verwandeln" einen Blick auf das Verhältnis von Literaturwissenschaft und Theologie zu werfen. Nehmen wir dazu noch

---

[36] Ebd., 317.
[37] Ebd., 298.

einmal bei den blinden Fenstern den Ausgangspunkt. Es hat sich gezeigt, dass diese zunächst als freie Zwischenräume zu Chiffren der Unverfügbarkeit werden und in ihrem opaken Charakter die Unmöglichkeit von Spiegelung und Reflexion bedeuten. In dieser Weise werden sie zu Wegbegleitern und Weggeleitern auf dem Weg Filip Kobals, der aufbricht, um seinen verschollenen Bruder zu suchen. Die blinden Fenster vermögen, als er davon ablassen kann, den Bruder in Spiegelungen festhalten zu wollen, für einen Augenblick durchsichtig zu werden und einen neuen Blick freizugeben. Sie verwandeln sich in leere Blätter einer zu schreibenden Erzählung. Es gibt jedoch noch einen weiteren Aspekt, auf den jene Leere der blinden Fenster (bzw. der Blätter) verweist. Vielleicht ist deren Leere keine ursprüngliche Gestalt, sondern das, was von einem Prozess der Entleerung übrigbleibt. Ich zitiere nochmals eine Stelle, in der es von einem blinden Fenster heißt: „Und auch seine Wirkung kam aus dem fehlenden Üblichen, dem Abwesenden."[38] Was ist das fehlende Übliche, das Abwesende in den blinden Fenstern?

Der Wegmacher und Schriftmaler, an dessen Haus Filip Kobal das erste blinde Fenster findet, geht noch einer anderen Tätigkeit nach: „Der Wegmacher erschien mir noch in einer weiteren Verwandlung: Er frischte an den Bildstöcken draußen auf den Fluren die Bemalungen auf."[39] Dass es sich hier nicht um eine beiläufige Beschäftigung handelt, wird daraus ersichtlich, dass dieser weitere Beruf des Wegmachers und Schriftmalers mit dem Wort der „Verwandlung" eingeführt wird. Wie kann diese Tätigkeit aber nun mit den blinden Fenstern in einen Zusammenhang gebracht werden? Die Bilder der „Feldheiligtümer"[40], die der Maler auffrischt, sind Teil jener christlichen Ikonographie, die in einem großen ästhetischen Programm einst ganz Europa überzogen hatte, nun aber ihre Lesbarkeit zu verlieren droht oder bereits verloren hat. In unermüdlicher Arbeit tritt der Maler diesem Verlust entgegen. Die blinden Fenster wirken in diesem Zusammenhang wie die entleerten Reste der nicht aufgefrischten oder nicht mehr erneuerbaren Bilder. Sie haben damit noch eine weitere Bedeutung erhalten. Sie bezeichnen

---

[38] Ebd., 136.
[39] Ebd., 51.
[40] Ebd., 51. Vgl. dazu: „Die Romanik war keine Gegenbewegung, sondern ein tiefes, begeistertes, allgemeines, innbrünstiges Insichgehen; was für ein gemeinsamer Atem muss um 1100 durch ganz Europa gegangen sein, *ein* Atem, *ein* Bild." (HANDKE, Gestern Unterwegs [s. Anm. 3], 292)

auch die bis zur Entleerung säkularisierten religiösen Bilder, von denen
bloß Leerformen übrigbleiben. Nicht mehr die christliche Ikonographie der allerorts antreffbaren
Bildstöcke vermag Filip Kobal auf seinem Weg zu begleiten, sondern
deren bis hin zu den blinden Fenstern entleerte Gestalt. Wir erfahren
jedoch auch von seiner Bewunderung für den Maler und müssen deshalb
annehmen, dass die blinden Fenster, die seinen Weg begleiten,
nicht ganz von ihrer Herkunft gelöst werden können. Wie würde es
um die blinden Fenster stehen, wenn einmal das gesamte ästhetische
Programm, das sich in den Bildern zum Ausdruck brachte, verschwindet,
ohne noch aufgefrischt zu werden? Ist auf die blinden Fenster auch
dann noch Verlass, wenn die hinter ihnen stehende Tradition, von der
sie sich abstoßen, gänzlich zusammenbricht? Würde dann nicht gerade
das in ihnen „Abwesende" fehlen? Ausgehend davon müssen wir
noch eine andere Frage stellen: Die blinden Fenster leiten Filip Kobal
auf einem Weg bis hin zum Werden einer Erzählung, als deren leere
Blätter sie sich gleichsam erweisen. Was ist nun aber das Verhältnis
zwischen jener zu schreibenden Erzählung, der sich *Die Wiederholung*
öffnen möchte (denken wir nur an das „Und..." an ihrem Ende), und der
christlichen Erzählung, von der die blinden Fenster und leeren Blätter
ja irgendwie herkommen?

Im Hymnus an die Erzählung am Ende des Buches heißt es: „Erzählung,
nichts Weltlicheres als du, nichts Gerechteres, mein Allerheiligstes."[41] Wir treffen hier auf eine weitere Schwelle, die sich in der Struktur
der Kurztexte aus *Gestern unterwegs* auf folgende Weise aussagen ließe:
>Und<: Weltlichstes und Allerheiligstes
Das Übergehen der beiden ineinander erfolgt für Handke in der Erzählung.
Theologisch gesprochen ist dies eine Umschreibung dessen, was
innerstes Moment des Christentums ist, der *Inkarnation*. Das Weltlichste
und das Allerheiligste begegnen einander in Christus. In der Inkarnation
sind die äußersten Pole: Mensch und Gott, Geschichte und das
Absolute zusammengeschlossen. Handke verwendet für diese Begegnung
von Weltlichstem und Allerheiligstem den Begriff der Erzählung,
die christliche Tradition drückt dies in einer *bestimmten* Erzählung, der
von Jesus Christus, aus. Wenn diese Analogie trägt, sind Handkes Begriff
von Erzählung und die christliche Erzählung von der Inkarnation

---

[41] HANDKE, Die Wiederholung (s. Anm. 7), 333.

eng verwandt. Sie mögen vielleicht so zueinander stehen, wie die blinden, leeren Fenster und die vom Wegmacher aufgefrischten Bilder, also in einer Beziehung entleerter, aber nicht abgebrochener Herkünftigkeit.

Wie sich dieser Zusammenhang der christlichen Erzählung und der davon abgeleiteten „entleerten" Erzählungen (wie etwa der Handkes) darstellt und immer wieder neu konfiguriert, halte ich für eine wesentliche Frage, die keiner abschließenden Antwort zugeführt werden kann. Mit Handke kann sie illustriert, nicht aber gelöst werden. Ich möchte (noch einmal) mit Handke abschließend wenigstens zwei weiterführende Fragen formulieren, wobei die erste an die Literaturwissenschaft, die zweite an die Theologie gerichtet ist:

(1) Es gibt Momente, in denen die blinden Fenster durchsichtig werden. Das sind Momente, die mit einem Ablassen vom Eigenen und Freilassen des Anderen verbunden sind und worin die Dinge neue Bedeutung gewinnen. Diese Momente fallen aus dem herkömmlichen Gefüge der Beziehungen heraus. So ein Geschehen in seiner Singularität schildert Handke an jenem nächtlichen Bahnhof, als er in das leere Zimmer blickt, und auch im Morgengrauen beim Verlassen des Eisenbahntunnels. Welche Sprache haben wir für derartige Ereignisse? Hier taucht die Grundfrage Hölderlins, was uns vor der Bedrohung des Verstummens Sprache zu geben vermag, erneut auf. Wird die Sprache hier, wie religiös entleert sie auch sein mag, wieder einen religiösen Charakter annehmen? Oder anders gesagt: Warum spricht der Autor im einen Fall von der einzigen Vorstellung eines Gottes, die ihm geglückt sei, und zitiert im andern Fall ein kurzes Gebet des verschollenen Bruders: „>Mögen wir uns eines Tages alle wiederfinden, in der geschmückten Osternachtskalesche, auf der Fahrt zur Hochzeit mit dem Neunten König im Neunten Land – erhöre, Gott, meine Bitte!<"[42]

(2) Gibt es eine Erwartung derjenigen, die den Leerformen der blinden Fenster in ihrer Unverfügbarkeit treu bleiben (Schreibende, Leserinnen und Leser, Literaturwissenschaft) an die, die sich noch an die Bilder der Feldheiligtümer halten und sie auffrischen wollen? Am Ende seines Buches schreibt Handke: „In mir war geradezu ein Lechzen nach dem einen, ja, christlichen Blick, den ich hätte erwidern können."[43] Die Rede ist von einem christlichen Blick, den er sehnlich erwartet, um

---

[42] HANDKE, Die Wiederholung (s. Anm. 7), 317.
[43] Ebd., 326.

ihm antworten zu können. Was könnte ein christlicher Blick auf die Welt sein? Wo kann ein solcher Blick heute noch erfahrbar werden? Wo kann dieser christliche Blick erfahrbar werden, sodass ihm derjenige antworten kann, der selbst nur mehr an die blinden Fenster und die Leerformen zu glauben vermag?

„statt ‚Bild' sag auch ‚Traum', ‚Illusion', ‚Ganz-Sein', ‚Mit-Sein'..."

Handkes ganz weltliche „Religion" der Bilder

Anna Estermann, Salzburg

I.

Zahlreich waren die ratlosen, mitunter enervierten Reaktionen der Rezensenten auf Peter Handkes 2002 veröffentlichten Roman *Der Bildverlust oder Durch die Sierra de Gredos*. Selbst prinzipiell wohlgesinnte Kritiker konnten mit dem Text nichts anfangen, wie ein Blick auf Ulrich Greiners Rezension beweist:

> Wohin, um Himmels willen, ist Peter Handke mit diesem Buch geraten? In die Sierra de Gredos – und von dort in die Steilhänge der Sinnstifterei, in die Schluchten der Mystifikation, in die Staubwüsten des Schwadronierens. Ihm zu folgen bedeutet qualvolle Entsagung: keine Handlung, die sich erzählen ließe, keine Figur mit Namen, Anschrift und Umriss, keine Dramatik, keine Abenteuer.[1]

Einer von Greiners Hauptkritikpunkten betrifft Handkes Hang zur Vervielfältigung oder Neutralisierung von „obligaten Bestimmungen", wodurch er die „Fremdbestimmung" von Bildern zu umgehen versuche, wie sie für traditionell realistische Erzählungen konstitutiv sei, um so zum „Herr[n] der Fragezeichen" zu mutieren. Greiner artikuliert seinen Ärger darüber, dass der Text aus den gewohnten Erzählmustern Handkes herausfällt. Bis zum *Bildverlust* habe der „entsagungsgewohnte Handke-Leser" ja doch immerhin stets reichlich Ausgleich und schönen Gewinn er-

---

[1] Ulrich GREINER, *Der Herr der Fragezeichen*, in: Die Zeit vom 24.1.2002 (http://www.zeit.de/2002/05/200205_1-handke.xml, 4. Mai 2013).

halten in Form von „innere[r] Entwicklung" und „Herzensbildung" statt „äußerer Spannung".² Hätten es die meisten Kritiker wie auch Greiner indes nicht nur darauf angelegt, Handkes *Bildverlust* an realistischen Erzählkonventionen zu messen, so wäre vielleicht aus werkgenetischer Perspektive eine angemessene Beantwortung der von Greiner überspitzt formulierten Eingangsfrage, wohin Handke mit diesem Buch geraten sei, möglich gewesen. *Woher* er mit diesem Buch gekommen ist, hätte sich dabei freilich als die viel interessantere Frage herausgestellt.

Tatsächlich nimmt *Der Bildverlust* hinsichtlich des Erzählverfahrens im Gesamtwerk eine Sonderstellung ein. Mit keinem anderen Text entfernt sich Handke weiter von konventionellen realistischen Erzählmustern. Eintragungen aus der Frühzeit des „Bildverlust"-Projekts in den Journal-Bänden *Am Felsfenster morgens*³ und *Gestern unterwegs*⁴ weisen darauf hin, dass Handke ursprünglich offenbar ein völlig anderes Erzählen für seine „nächste epische Unternehmung" intendierte: „Was mir für den ‚Bildverlust' vorschwebt: Prosa des vollkommen Faktischen – dieses Faktische aber soll, ebenso vollkommen, gereinigt und gelichtet sein durch ‚das Vorwaltende des oberen Leitenden' (wie Goethe [*in den Noten und Abhandlungen zu besserem Verständnis des west-östlichen Diwans, A.E.*] einst das Wirken des Geistes umschrieb) – dieses soll in den faktischen Sätzen nach-, mit-, vorzittern" (GU 172); sowie weiter: „Die Geschichte, die Historie, und der entsprechende harte Stil müssen das Übergewicht gewinnen für meine nächste epische Unternehmung (‚Der Bildverlust')" (AFM 480). Man kann in Handkes *Bildverlust* wohl vieles sehen, aber „Prosa des vollkommen Faktischen" in „harte[m] Stil" bestimmt nicht. Was ist also passiert auf dem Weg zur Entstehung des Textes?

Handkes Aufzeichnungen zum „Bildverlust"-Komplex setzen Mitte der achtziger Jahre ein.⁵ In den beiden genannten Journalbänden ist

---

[2]   Eine solche Sichtweise verkennt den Stellenwert, der der kontinuierlichen erzähltechnischen Entwicklung als dem Signum von Handkes Schreiben seit den Anfängen zukommt.

[3]   Peter HANDKE, *Am Felsfenster morgens (und andere Ortszeiten 1982–1987)*, Salzburg – Wien 1998, im Folgenden mit der Sigle AFM bezeichnet.

[4]   DERS., *Gestern unterwegs. Aufzeichnungen November 1987 bis Juli 1990*, Salzburg – Wien 2005, im Folgenden mit der Sigle GU bezeichnet.

[5]   Die erste – publizierte – Belegstelle für den Ausdruck „Bildverlust" findet sich meines Wissens im Journalband *Am Felsfenster morgens*: „Das Große Bild in mir war nie intakt. Erst durch das Schreiben schien es, zeitweise, intakt zu werden – oder es drohte vollends zu verschwinden (mein Epos: ‚Der Bildverlust'!)" (AFM 410) und

eine intensive Auseinandersetzung mit Fragen, die das Erzählen betreffen, dokumentiert, ja ab Ende der achtziger Jahre „stehen fundamentale Fragen des Schreibens und der Poetik Handkes auf dem Spiel und damit die nach den Möglichkeiten der Literatur"[6]. Zudem erweist sich *Mein Jahr in der Niemandsbucht* (1994) als aussagekräftiges und umfassendes Dokument einer solchen Verhandlung „fundamentale[r] Fragen des Schreibens". Dieser Befund trifft denn auch, obgleich unter völlig anderen erzählerischen Prämissen, auf *Der Bildverlust* zu. In die beiden monumentalen Epen *Niemandsbucht* und *Bildverlust* sollte sich schließlich aufspalten, was unter dem Arbeitstitel „Bildverlust" ursprünglich als *ein* Schreibprojekt verhandelt wurde.[7]

Als jene Problematik, die beiden Werken zugrunde liegt, erweist sich die Frage nach heutigen Möglichkeiten des Erzählens und dem Verhältnis von Geschichte (im Sinne von Historie) und Fiktion bzw. Dauer und Erzählung. Wenn Ulrich Greiner also mit Blick auf den *Bildverlust* meint, der Text wirke zuweilen, „als habe Handke alles hineingepackt, was ihm einfiel, alles was er je geschrieben hat"[8], so liegt er damit nicht so falsch, da Handkes Auslotung von neuen Erzählformen in Auseinandersetzung mit seinem bisherigen Werk stattfindet. Der explorative Grundcharakter dieser Auslotung verdeutlicht sich nicht zuletzt in den unterschiedlichen Vertextungsverfahren, die aus dem Projekt „Bildverlust" hervorgingen: Während Handke in der *Niemandsbucht* mit der literarischen Form der Chronik experimentiert – die bereits zitierte Intention, eine „Prosa des vollkommen Faktischen" im „harte[n] Stil" zu schreiben, bezieht sich darauf[9] –, kann der *Bildverlust* als Versuch gelesen werden, die konventio-

---

lässt sich auf Oktober 1986 datieren. In den nachfolgenden Eintragungen erhöht sich die Frequenz der Rede vom ‚Bild' signifikant.

[6] So Karl Wagner im Zusammenhang mit dem 1987 erschienenen „Märchen" *Die Abwesenheit*. (Karl WAGNER, *Halbschlafbilder, Selbstgespräche und andere Abwesenheiten*, in: DERS., *Weiter im Blues. Studien und Texte zum Werk Peter Handkes*, Bonn 2010, 271–284, hier 284.

[7] Im Vorwort zum Journalband *Gestern unterwegs* weist Handke explizit darauf hin: „Die Notate zu dem, was hier im Journal ‚Der Bildverlust' heißt, gelten einem Vorhaben, aus dem im Lauf der folgenden fünfzehn Jahre *zwei* Bücher werden sollten, ‚Mein Jahr in der Niemandsbucht' und eben ‚Der Bildverlust'." (GU 5f., H.i.O.)

[8] GREINER, Herr der Fragezeichen (s. Anm. 1).

[9] Vgl. dazu etwa folgende Journaleinträge: „Mit ‚Langsame Heimkehr', vor über zehn Jahren, begann meine altgriechisch-suchende, mäandernde, zögernde, verweilende, ätherische Phase; und nun ist es wieder Zeit für eine lateinische, lineare, vorwärtsdrängende, lakonische: den Anfang versuchen mit dem ‚Versuch über die Müdigkeit'

nellen Grenzen realistischer Schreibverfahren aufzulösen, ohne jedoch verfahrenstechnisch in die Gefilde der ‚reinen Textur' abzugleiten. Der einzige Anhaltspunkt für einen Handlungsfortgang im konventionellen Sinne lässt sich im *Bildverlust* an der Reise der Protagonistin festmachen: Eine Frau, die unter anderem als „Bankfrau" und „Aventurera" bezeichnet wird, begibt sich von ihrem Wohnsitz in einer nordwestlichen Flusshafenstadt auf eine Reise, die sie über die Sierra de Gredos in die spanische Mancha führt, wo sie den Autor trifft, dem sie am Beginn des Romans den Auftrag zu einem Buch über sie erteilt. Während der Überquerung des Gebirgszugs (die geografischen Angaben entsprechen nicht den realen geografischen Verhältnissen) kommt es zum „Bildverlust".[10] Der Text lässt sich grob in drei Teile gliedern. Der erste Teil umfasst die Darlegung der Ausgangssituation (Beauftragung des Autors mit dem Buch und Reisevorbereitungen der Protagonistin sowie Aufbruch und erste Stationen der Reise). Der zweite Teil beinhaltet mit den „Hondareda"-Kapiteln Handkes utopischen Entwurf einer Enklave von Aussiedlern und besteht im wesentlichen aus der Interaktion zwischen der Figur des Berichterstatters und der Protagonistin – mit der Unterbrechung der Reisebewegung kommt dabei auch der Handlungsfortgang vollständig zum Stillstand. Der dritte Teil schließlich umfasst die Überquerung der Sierra und den dabei sich vollziehenden „Bildverlust" sowie die Ankunft beim Autor. Auf der makrostrukturellen Ebene wirken ausschließlich die Reisebewegungen der Frau – die Minimal-Strukturelemente einer Reise, nämlich Reisevorbereitung, Aufbruch und Ankunft, sind gegeben[11] – sowie die erzählerischen Fixkoordinaten Protagonistin und Autor, die bei aller Infragestellung obligater Bestimmungen makrostrukturell konstant bleiben, kohärenzbildend.

[…]" (GU 353); „Für die Geschichte vom ‚Bildverlust', die Geschichte von Freunden durch die Jahrzehnte, werde ich endlich der reine Chronist sein?" (AFM 455).

[10] Genaueres zu Aufbau und Inhalt des *Bildverlustes* bei Sieglinde KLETTENHAMMER, *„Die Bilder gelten nicht mehr". Landschaft und Schrift in Peter Handkes „Der Bildverlust oder Durch die Sierra de Gredos"*, in: Régine BATTISTON-ZULIANI (Hg.), *Funktion von Natur und Landschaft in der österreichischen Literatur. Nature et paysages. Un enjeu autrichien*, Bern – Wien 2004, 319–338, 328ff.

[11] Den Fortgang der Handlung maßgeblich durch die Reisebewegung des Protagonisten/der Protagonistin zu gewährleisten, ist ein bewährtes Mittel in Handkes Texten seit *Die Angst des Tormanns beim Elfmeter*. Mehr dazu im Rahmen einer Analyse der Erzählverfahren in *Die Angst des Tormanns* und *Der kurze Brief zum langen Abschied* bei Rosmarie ZELLER, *Die Infragestellung der Geschichte und der neue Realismus in Handkes Erzählungen*, in: Sprachkunst 9 (1978) 115–140, 117ff.

Letztlich können die beiden Epen *Niemandsbucht* und *Bildverlust* als zwei sehr unterschiedliche Ergebnisse von Handkes Auseinandersetzung mit ein und demselben Problem angesehen werden, das sich ihm ab Mitte der achtziger Jahre verstärkt stellt, nämlich mit der Frage nach möglichen Formen des Erzählens an der Schwelle zum 21. Jahrhundert.[12] Nicht zuletzt die jeweiligen Untertitel bzw. die Gattungsbezeichnungen der beiden Werke spiegeln ihre intrikate Beziehung wider. So wird die chronikartige *Niemandsbucht* als „Märchen aus den neuen Zeiten" bezeichnet, wohingegen der *Bildverlust* gattungstypologisch als „Roman" firmiert.[13]

Um sich einer Antwort auf die Frage, woher Handke mit dem *Bildverlust* gekommen ist, anzunähern, soll im Folgenden zunächst seine Diskursivierung des ‚Bildes',[14] wie sie ab Mitte der achtziger Jahre zu beobachten ist, skizziert werden, um schließlich zu untersuchen, welche

---

[12] Mit Einschränkungen handelt es sich dabei um eine Fortsetzung von Handkes auf ständiger innovatorischer Selbstüberbietung basierender literarästhetischer Entwicklung seit den Anfängen. Nun liegt der Fokus auf dem Bestreben, den vorderhand aporetisch erscheinenden Anspruch einzulösen, abseits konventioneller narrativer Mittel ein neues ‚Epos' zu schreiben.

[13] Dass die Gattungsbezeichnung nicht auf verlegerischer Willkür basiert, geht aus einem Brief Handkes an Siegfried Unseld vom 21. November 2000 hervor: „Er [*der Titel, A. E.*] heißt: ‚Der Bildverlust oder Durch die Sierra de Gredos (Roman)'. Es ist das Epos einer Abenteurer-Frau." (Peter HANDKE – Siegfried UNSELD, *Der Briefwechsel*. Hg. von Raimund Fellinger und Katharina Pektor, Berlin 2012, 711).

[14] Einen kurzen Forschungsüberblick zum Thema gibt Heinz-Peter PREUSSER, *Die Wirklichkeit der Bilder. Peter Handkes leuchtender Alltag*, in: DERS. – Anthonya VISSER (Hg.), *Alltag als Genre*, Heidelberg 2009, 215–230, hier 218f. Bisherige Untersuchungen zum Bild bei Handke konzentrieren sich in erster Linie auf medienkritische Implikationen (so Christoph PARRY, *„Das sind jetzt die richtigen Bilder": Zu Peter Handkes erzählerischem und polemischem Umgang mit Bildern*, in: Dieter HEIMBÖCKEL – Uwe WERLEIN (Hg.), *Der Bildhunger der Literatur. Festschrift für Gunter E. Grimm*, Würzburg 2005, 359–370) oder interessieren sich für Handkes Auseinandersetzung mit der bildenden Kunst (so Martina KURZ, *Bild-Verdichtungen. Cézannes Realisation als poetisches Prinzip bei Rilke und Handke*, Göttingen 2003). Zum ‚Bild' in Handkes *Versuchen*: Stefan BRAUN, *Konstellative Bildästhetik in Peter Handkes „Versuchen"*, in: Ralph KÖHNEN (Hg.), *Denkbilder. Wandlungen literarischen und ästhetischen Sprechens in der Moderne*, Frankfurt/M. – Bern 1996, 279–295 sowie Klaus MODICK, *Inbilder. Kleiner Versuch über Peter Handkes „Versuche"*, in: Merkur 529 (1993) 332–338. Roland Borgards' Monographie *Sprache als Bild*, die sich zum Erscheinungszeitpunkt des *Bildverlustes* bereits in Druck befand, kreist um das „Sprachbild" bei Handke und setzt dieses in eine Beziehung zu dichtungstheoretischen, anthropologischen und literarischen Texten des 18. Jahrhunderts: Roland BORGARDS, *Sprache als Bild. Handkes Poetologie und das 18. Jahrhundert*, München 2003.

Bedeutung dem Befund vom „Bildverlust" im Zusammenhang mit seinem Schreibprogramm zukommt.

II.

Handkes idiosynkratischer Phantasie-Begriff spiegelt die Emphase der unmittelbaren Wahrnehmung als Ausgangspunkt seines Schreibens wider. Spätestens seit *Die Lehre der Sainte-Victoire* (1980) lehnt er jegliches nicht-anschauungsbasierte, im konventionellen Sinne ‚erfindende' Schreibverfahren strikt ab. Mit einem Seitenhieb auf Grass definiert Handke die eigene Schreibregel respektive das eigene Phantasie-Verständnis: „Phantasie heißt ja nicht ‚Alice im Wunderland' oder ‚Der Flüchtling versteckt sich in den Unterröcken der Großmutter', sondern: an der richtigen Stelle den Fluß fließen, den Wind wehen, den Himmel blauen zu lassen."[15] Handkes Phantasie-Auffassung verbindet die eigene unmittelbare Anschauung mit dem erfundenen Zusatz; das ‚Bild' ist semantisch aufs Engste mit dem Phantasie-Begriff verknüpft: „Der Bilderkontinent: wo das Dasein/das Erdenleben sich weitet und betrachtbar wird als ein Bild, und betretbar als ein Kontinent. ‚Bildkontinent': dieses ist das unmißverständliche Wort für Phantasie (ein mißverständliches Wort)." (AFM 156) Sowie: „Schöner deutscher Ausdruck: ‚Es rückt vor Augen.' Durchs Phantasieren, das strukturierende, rückt zugleich die Gegenwart, wie zum Beispiel jetzt morgendlich vor dem Felsfenster, vor Augen, als Bild, und Inbild" (AFM 436). Ludwig Hohl zitierend, besteht Handke auf der Orientierung des Schriftstellers am „Vorhandenen", die einer (zu) freien Erfindungspraxis vorzuziehen sei: „Fast alle Romane oder Erzählungen sind ein Mißbrauch der Phantasie, nicht das ‚Erwärmen des Vorhandenen', sondern mutwillige Schieß-Übungen und mutwilliges Übers-Ziel-Hinausschießen" (AFM 201). Das Hohl-Zitat findet sich auch im Gespräch mit Herbert Gamper aus dem Jahr 1986, wo Handke zudem auf das eigene Bemühen eingeht, in seiner künstlerischen Praxis „mit einer möglichst klaren und reinen Sprache [...] dem was ich sehe und zugleich tief erlebe, zu *entsprechen*"[16]. Diese Verqui-

---

[15] Peter HANDKE, *Phantasien der Wiederholung*, Frankfurt/M. 1983, 93.
[16] DERS. – Herbert GAMPER, *Aber ich lebe nur von den Zwischenräumen. Ein Gespräch, geführt mit Herbert Gamper*, Frankfurt/M. 1990, 31, k.i.O.

ckung von Innen und Außen bezeichnet er Gamper gegenüber, nach anfänglichem Zögern (bedingt durch die „romantische" Konnotation des Begriffs), als „Inbild".

Die explizite Diskursivierung des ‚Bildes' (abseits der bildenden Kunst) setzt Mitte der achtziger Jahre ein. Keineswegs kann dabei die Rede sein von einem stringenten (phänomenologischen, philosophischen etc.) ‚Bild'-Konzept, es lassen sich aber einige inhaltliche Konstanten aufzeigen, die die ästhetische Bedeutung des ‚Bildes', die Bedeutung, die ihm Handke für das eigene Schreibprogramm zukommen lässt, erhellen. Im Werkverlauf der siebziger und achtziger Jahre verlagert sich Handkes ästhetischer Interessensschwerpunkt mit der Wende zum ‚Neuen Sehen' auf den phänomenologischen Bereich. Die in den Texten dargestellte/erzählte Wahrnehmung wird mehr und mehr in ihrer autobiographisch-authentischen Dimension ausgestellt, wodurch der Faktor des Unmittelbaren an Bedeutung gewinnt. Einen vorläufigen Höhepunkt erreichen die damit einhergehende Emphase der Authentizität des Dargestellten und die Frage nach Möglichkeiten der Konservierung des temporären authentischen Erlebens in der Sprache in *Die Lehre der Sainte-Victoire*. Das Thema bleibt in den nachfolgenden Texten virulent.

Die existentielle Bedeutung, die Handke dem ‚Bild' schließlich verleihen wird, ist bereits Mitte der siebziger Jahre aus einem Gespräch mit Manfred Durzak zu ersehen. Darin wird es noch frei von ästhetischen Implikationen und mit dem Fokus auf dem Faktor Erinnerung thematisiert. Von Durzak auf das verworfene Vorhaben, sich einer Analyse zu unterziehen, angesprochen, antwortet Handke es wäre

> viel wichtiger, sich selber zu erinnern. Ich verbringe jetzt die ganze letzte Zeit damit zu lernen, wie man sich nur noch erinnern könnte. [...] Es gibt Momente, wo man gar nicht weiß, warum und aus welchem Anlaß diese plötzlichen Erinnerungen kommen. Momente dieser blitzartigen Erinnerung. Diese geheimnisvollen Erinnerungen, das beschäftigt mich schon seit Jahren. [...] Solche Erinnerungen kommen ganz plötzlich ohne logische Verknüpfung. Ich weiß gar nicht: warum kommt in diesem Moment dieses Bild aus der Erinnerung, ein ganz isoliertes, ganz kurzes schnelles Bild. Das beschäftigt mich. Und dann, wenn ich mich an etwas erinnere von früher: dann ist da so ein Verbundenheitsgefühl, ein Gefühl von Existenz, Geborgenheit, so ein Lebensgefühl, daß ich überhaupt nichts Böses tun könnte in dem Moment. Das ist eine richtige – so darf man wirklich sagen – moralische Kraft. [...] Darüber möcht' ich schon einmal richtig was schreiben: was für eine wichtige Tugend die Erinnerung ist.[17]

---

[17] Manfred DURZAK – Peter HANDKE, *„Für mich ist Literatur auch eine Lebenshaltung"*.

Bereits hier wird deutlich, dass diese inneren Bilder, die semantisch aufs Engste mit Erinnerungsbildern zusammenhängen, für Handke weit über bloße phänomenologische Implikationen hinaus bedeutsam sind. „Verbundenheitsgefühl", „Gefühl von Existenz", „Geborgenheit" – das sind Inhalte, die auch im *Bildverlust* im Zusammenhang mit dem ‚Bild' begegnen und dort höchst emphatisch verhandelt werden. In nuce ist hier bereits Handkes späteres Bild-Verständnis enthalten, in dem es wesentlich darum gehen wird, besagtes „Verbundenheitsgefühl" künstlerisch zum Ausdruck zu bringen.[18]

Was seine Beschäftigung mit inneren Bildern betrifft, so hat Handke gewichtige Vorläufer in der Literatur.[19] Der prominenteste und wohl auch einflussreichste ist Goethe.[20] Unter der Bezeichnung „phantastische Gesichtserscheinungen" kam spontan im Halbschlaf auftretenden phantasierten Bildern im physiologischen und philosophischen Diskurs des 19. Jahrhunderts. eine verhältnismäßig große Bedeutung zu. In Handkes Werk haben die Halbschlafbilder, die sogenannten hypnagogen Bilder, „ihre ‚Epoche' in den siebziger Jahren".[21]

Unter dem Begriff ‚Eidetik' verhandelt man schließlich in der Wahrnehmungspsychologie der zwanziger Jahre des 20. Jahrhunderts eine

---

Gespräch mit Peter Handke, in: Manfred DURZAK, *Gespräche über den Roman. Formbestimmungen und Analysen*. Frankfurt/M. 1976, 314–343, hier 342f.

[18] Vgl. dazu auch den folgenden Journaleintrag: „Hast Du ein Bild – das so seltene –, tu alles, um es zu behalten, zu bewahren; das soll deine Lebensarbeit sein, das *ist* sie" (GU 432, H.i.O.).

[19] Etwa Jean Paul, E.T.A. Hoffmann oder Hugo von Hofmannsthal. Grundlegendes dazu in den einschlägigen Publikationen von Helmut Pfotenhauer und Sabine Schneider: Helmut PFOTENHAUER – Wolfgang RIEDEL – Sabine SCHNEIDER (Hg.), *Poetik der Evidenz. Die Herausforderung der Bilder in der Literatur um 1900*, Würzburg 2005; Helmut PFOTENHAUER – Sabine SCHNEIDER (Hg.), *Nicht völlig Wachen und nicht ganz ein Traum. Die Halbschlafbilder in der Literatur*, Würzburg 2006.

[20] Aufschlussreich etwa der folgende Journaleintrag: „So lang andauernde Nachbilder wie Goethe, der noch Monate nach einem Anblick dessen Gestalt, bei geschlossenen Augen, nachflimmern sah, wirst du selbst im Alter nie haben?: die Pappeln im Hochland der Cerdagne jetzt, werden sie in zwei Jahrzehnten, drei, sich wiederholen, samt der Schneefläche hier, deren Saum sie bilden, auf fünfzehnhundert Metern Höhe über dem Meer, heute in Mont-Louis? (wo vor dem Fenster ein Mensch, statt zu gehen, hoppelt – so kalt ist es hier, am 14. Febr. 1989)" (GU 308). Zu endogenen Bildern bei Goethe: Sabine SCHNEIDER, *Sehen in subjektiver Hinsicht? Goethes aporetisches Projekt einer „Kritik der Sinne" und seine Interferenzen zur Romantik*, in: PFOTENHAUER – DIES., Halbschlafbilder (s. Anm. 19), 37–53.

[21] WAGNER, Halbschlafbilder (s. Anm. 6), 273.

weitere Erscheinungsweise endogener Bilder.[22] Nicht der alienierte Zustand des Halbschlafs ist dabei von Interesse, sondern das Vermögen, bei vollem Bewusstsein einen visuellen Eindruck anhand eines unmittelbar auf diesen folgenden imaginären ‚Nachbildes' in all seinen Details zu beschreiben. Menschen mit eidetischer Veranlagung rufen sich das einmal in der Vergangenheit Wahrgenommene nicht als bloße Erinnerung des visuellen Eindrucks ins Gedächtnis; es erscheint als Bild tatsächlich ‚vor dem geistigen Auge'. Dass Handke das Phänomen geläufig ist, geht aus einem Zitat[23] in folgendem Journaleintrag hervor:

> Autisten seien „von sich selbst – von übermäßig ausgeschütteten Opiaten – berauscht. Wahrscheinlich kommt aber auch noch eine Schädigung des ... limbischen Systems dazu. Dessen Aufgabe ist es, Wahrnehmungen ... auf ihre ‚Wichtigkeit' zu prüfen. So gesehen, wären die autistischen Genies dazu verurteilt, die geballte Kraft (sic) ihrer in der eidetischen Sphäre liegenden Begabung an ‚unwichtige' Gegenstände zu verschwenden". (GU 401f.)

Die Traditionslinie der Verschaltung von inneren Bildern bzw. Sinneswahrnehmung und Kunst bzw. Literatur von Goethe bis zu Oswald Kroh[24], dessen erklärtes Ziel es ist, „das Problem des dichterischen Schaffens dadurch aufzuklären, dass er die *Eidetiker unter deutschen Dichtern* und mit dem Bezug auf die Eidetik Eigenheiten ihrer künstlerischen Produktion dingfest macht", zeichnet Stefan Rieger nach.[25]

---

[22] Die wichtigsten Vertreter dieser Forschungsrichtung in den zwanziger Jahren waren Erich Rudolf Jaensch und Viktor Urbantschitsch. In den sechziger und schließlich in den achtziger Jahren wird die Eidetik in den USA erneut beforscht, so etwa von Ralph N. HABER – Lyn R. HABER, *The Characteristics of Eidetic Imagery*, in: Loraine K. OBLER – Deborah FEIN (Hg.), *The Exceptional Brain. Neuropsychology of Talent and Special Abilities*, New York – London 1988, 218–242.
[23] Die Herkunft des Zitats konnte an dieser Stelle nicht ermittelt werden.
[24] Oswald KROH, *Eidetiker unter deutschen Dichtern. (Ein Beitrag zum Problem dichterischen Schaffens)*, in: Zeitschrift für Psychologie 85 (1920) 118–162. Der Psychologe Kroh liefert keine Definition des „subjektive[n] optische[n] Anschauungsbild[es]" (so die zeitgenössische Bezeichnung für die eidetischen Bilder). Es könne „nicht Aufgabe dieser kleinen Studie sein, eine so eigenartige Erscheinung erschöpfend darzustellen." (Ebd., 18) Einleitend ist lediglich die Rede vom Vermögen der „Erzeugung" solcher subjektiven optischen Anschauungsbilder, was eine aktivische Komponente impliziert; sowie von „gewisse[n] Vorstellungsbilder[n] von halluzinatorischer Deutlichkeit". (Ebd.)
[25] Stefan RIEGER, *Eidetik. Ein psychologisches Bildkonzept zwischen Gedächtniskunst, Literatur und technischen Medien*, in: DVjs 74 (2000) 305–332, hier 317. Unter der Annahme, dass Medien zu „Verwahranstalten kultureller Latenzen avancieren"

Im Lauf der achtziger und neunziger Jahre wird die Kategorie der hypnagogen Bilder bei Handke semantisch ‚umgebaut' und erweitert. Das Erleben der ‚Bilder' bleibt nun nicht ausschließlich auf den Zustand des Halbschlafs beschränkt; es zeichnet sich durch Unvorhersehbarkeit und Plötzlichkeit aus.[26] Zudem wird nicht mehr das Traumhafte oder Phantastische hervorgehoben,[27] sondern im Gegenteil schließt Handke das ‚Bild' mit seinem idiosynkratischen Phantasie-Begriff kurz, indem

[ebd., 316] und neue Medien alte nicht verdrängten, sondern es innerhalb des Mediensystems infolge der Etablierung von neuen Medien lediglich zu einer „Umschichtung von Systemplätzen" und damit einhergehend zu „neue[n] Manifestationen alter Medien" [ebd.] komme, entwickelt Rieger die interessante These, dass das alte ‚Medium' der (romantischen) Literatur imaginärer Bilder solchermaßen in der wissenschaftlichen Konzeptbildung der Eidetik in den zwanziger Jahren des 20. Jahrhunderts wieder auflebe.

[26] Um diese semantische Komponente hervorzuheben, wendet Handke in den Journalen wie auch im *Bildverlust* meteorologische bzw. astronomische Metaphern an: „Gehört das Bilderaufblitzen in mir, wie es sich seit einigen Tagen verstärkt, manchmal sogar in Schwärmen – Bilder immer von Orten, wie eben gerade ‚Málaga' –, zu der dunklen Jahreszeit jetzt so wie oben im Himmel die Sternschnuppen? November, Sternschnuppen- und Bildermonat? (1. November)" (GU 475); „Solche Erinnerung durchschoß mich hellumrissen, ein oszillierendes, vibrierendes Bild, elektrisch." (NB 131); die Metaphern „Bildblitz", „Bildschnuppe", „Bildgewitter" sowie „Bildmeteore" begegnen schließlich auch im *Bildverlust* allenthalben.
Der bei Handke so wichtige Aspekt des Unwillkürlichen und Plötzlichen im Zusammenhang mit dem Erleben endogener Bilder begegnet beispielsweise auch bei Robert Musil, wie Karl Corino aufzeigt: „Ein Mann, der als intellektueller Schriftsteller par excellence gilt, im Bann der Bilder. Bilder, mächtiger als Verstand und Wille. Bilder, jäh vor dem inneren Auge aufspringend, unabweisbar und bezwingend. Eidetiker nennt man Menschen, die von solchen, direkt physisch wahrgenommenen Bildern heimgesucht werden, oft spontan, ohne entsprechende Reizgrundlage, wie es für die frühe Kindheit typisch ist. Einmal Gesehenes steht mit geradezu photographischer Treue vor ihnen. War Musil Eidetiker? Dafür spricht manches. Zu oft taucht dieses Phänomen der unwillkürlich-bannenden Bilder in seinem Werk auf, als daß man es, quasi mit einem Lidschlag, fortwischen dürfte." (Karl CORINO, *Robert Musil. Leben und Werk in Bildern und Texten*, Reinbek b. Hamburg 1988, 486)

[27] Exemplarisch für eine solche Epiphanie ist das ‚Zypressen-Erlebnis' in *Der kurze Brief zum langen Abschied* (1972) (Peter HANDKE, *Der kurze Brief zum langen Abschied*, Frankfurt/M. 1972, 94f). In *Die Lehre der Sainte-Victoire* erteilt Handke diesen „magischen Bildern" der Frühzeit hingegen eine Absage zugunsten eines bewussten, beteiligten Blicks: „Nein, die magischen Bilder – auch der Zypressen – waren nicht die richtigen für mich. In ihrem Innern ist ein gar nicht friedliches Nichts, in das ich freiwillig nie mehr zurückmöchte. Nur außen, bei den Tagesfarben, *bin* ich" (Peter HANDKE, *Die Lehre der Sainte-Victoire*, Frankfurt/M. 1984, 22, H.i.O.). Es gilt zu überprüfen, inwieweit es mit der Kategorie ‚Bild' zu einer Verlagerung des epiphanischen Moments vom unmittelbaren Erlebnis in die zeitversetzte Mittelbarkeit der ‚Bild'-Erscheinung kommt.

die unmittelbare Anschauung, das „Außen", die Essenz eines jeden ‚Bildes' darstellt und mit dem subjektiven Gefühl, dem „Innen", zu etwas „Drittem", etwas „Beständigem" fusioniert.[28] Das einmal Gesehene wiederholt sich im zeitlichen Abstand im erlebten Phänomen des ‚Bildes'. Mit dem visuellen Eindruck stellt sich auch das damit verbundene jeweilige „Gefühl von Existenz" erneut ein.[29] Im Zuge der Diskursivierung des Bildes entsteht ein semantisches Amalgam, das Eigenschaften des Phänomens der hypnagogen Bilder und solche der sogenannten eidetischen Bilder in sich vereint und das zusätzlich mit einer existentiellen Komponente aufgeladen wird.[30] Voll entfaltet wird diese Auffassung vom ‚Bild' schließlich in *Der Bildverlust*.

Auf die eminente Bedeutung der ‚Bilder' weist Handke auch 2002 in einem Gespräch mit Thomas Steinfeld hin. Er geht dabei explizit auf *Der Bildverlust* ein und spricht vom ‚Bild' gar als von einer überindividuellen Angelegenheit:

Vielleicht ist es ein Teil meines persönlichen Wahnsinns: dieses Bildererleben, dass irgendein Ort, an dem man war, viele Jahre später, an einem ganz anderen Ort, in

---

[28] Peter HANDKE, *Der Bildverlust oder Durch die Sierra de Gredos*, Frankfurt/M. 2003, 745. Im Folgenden mit der Sigle BV bezeichnet.

[29] Indem er den gegenwärtigen Moment der künstlerischen Ausführung als zusätzliche Komponente für das ästhetische Fruchtbarmachen der ‚Bilder' berücksichtigt, findet Handkes poetologisches Prinzip der Korrelation von vergangener und gegenwärtiger Wahrnehmung und Empfindung in der schönen Metapher vom Koch als Resteverwerter schließlich im *Bildverlust* in Form einer subtilen Kritik an konventionell-realistischen Erzählformen seinen Ausdruck: „Er [*der Koch, A. E.*] ist ein Meister in der Verbindung der Reste mit den frischen Bestandteilen, wobei die Reste der Hauptteil dessen sind, was er uns anrichtet. *Die Reste erst machen auf unseren Tellern die Fülle der Gegenwart aus. Das Miteinander des Früheren mit dem Jetzigen ist sein und unser Geheimnis.*" (BV 56, H. v. m.; der Hinweis auf den Koch als „Handkesche ideale Autorfigur" auch bei Annegret PELZ, *Peter Handke: Der Bildverlust oder Durch die Sierra de Gredos [2002]*, in: Klaus KASTBERGER – Kurt NEUMANN [Hg.], *Grundbücher der österreichischen Literatur seit 1945. Erste Lieferung*. Unter Mitarb. von Michael Hansel, Wien 2007, 163–172, hier 164)

[30] Vgl. dazu etwa den folgenden Journaleintrag: „Ihr Verräter der Ersten Bilder! – Und was waren deine (meine) Ersten Bilder? – Die brennende Gartenhütte tiefnachts in Berlin-Pankow, 1947; die Regentropfen im Feldwegstaub, pockennarbenförmig in der warmen Sommerstaubglätte, an der Hand des Großvaters, 1950, bei Stara Vas – und du, hast du deine Ersten Bilder verraten? (‚Der Bildverlust')" (GU 75). Die narrative Produktivmachung solcher „Ersten Bilder" stellt ein wesentliches poetologisches Prinzip in *Die Wiederholung* (1986) dar: „Epik: ein alltägliches, aus der Kindheit vertrautes Material bekommt Fülle" (AFM 204).

Form eines Bildes plötzlich und für einen Moment wiederkehrt, oder besser: in Form eines Rebus, von etwas zwischen Bild und Wort. Ich habe das immer als Element eines Lebens aufgenommen, das über mich hinausgeht, in dem das Bild mehr ist als ich, indem die Person aufgehoben ist. Diese Art von Bildern habe ich noch nie beschrieben oder beschrieben gefunden. [...] Diese Vorstellung war einer der epischen Ausgangspunkte meiner Geschichte. Und es wurde mir deutlich, dass es sich hierbei vielleicht nicht um ein physiologisches, sondern um ein epochales Problem handelt. Dem wollte ich nachgehen: dem Verschwinden der Bilder aus einer anderen Zeit und von einem anderen Ort, die mir für eine kurze Zeit das Dasein bekräftigen, die mir zeigen, daß es die Welt noch gibt. Im Grunde ist der „Bildverlust" eine Weltuntergangsgeschichte.[31]

Gerade das Elusive des Phänomens ist es nun, das Handke ausstellt und mit weiteren, subjektiv-existentiellen Faktoren anreichert: „Ich weiß immer noch nicht, was ein Gedanke ist, aber das Bild, das kenne ich: ‚im Bild', bin ich daheim, im Bild bin ich daheim, ‚im Bild sein', heißt für mich: dasein, mitsein, *mitdenken* (ich wiederhole mich? recht so)" (GU 256, H. i. O.).

Die Emphase seines ‚Bild'-Verständnisses manifestiert sich nicht zuletzt in der Rede von einer „Religion" der Bilder: „Meine Art Religion, das sind immer noch die – unwillkürlichen – Bilder, und diese Bilder sind immer noch?" (GU 427). Handke als profunder Kenner des Lateinischen und Altgriechischen macht die theologischen Termini für den profanen Bereich der Wahrnehmung produktiv und legt dabei – implizit oder explizit – den semantischen Kern der Begriffe frei. Lat. „religio" lässt sich mit „gewissenhafte Berücksichtigung/Sorgfalt"[32] übersetzen, gr. „leiturgia" leitet sich her von gr. leîtos, das Volk, und érgon, das „Werk" oder der „Dienst", es lässt sich mit „öffentlicher Dienst" übersetzen. Diese etymologischen Ursprungsbedeutungen sind es, die evoziert werden sollen: „[...] (statt ‚Bild' sag auch ‚Traum', ‚Illusion', ‚Ganz-Sein',

---

[31] Peter HANDKE – Thomas STEINFELD, „*Ich erzähle von einem Leben, das über mich hinausgeht*", in: Süddeutsche Zeitung vom 30. Jänner 2002, 18, zitiert nach KLETTENHAMMER, Landschaft und Schrift (s. Anm. 10), 324f.

[32] Diese Verwendung findet sich an prominenter Stelle in Goethes *Litterarischer Sansculottismus*: „Und nun betrachte man die Arbeiten deutscher Poeten und Prosaisten von entschiednem Namen! Mit welcher Sorgfalt, mit welcher Religion folgten sie auf ihrer Bahn einer aufgeklärten Überzeugung!" (Johann Wolfgang GOETHE, *Litterarischer Sanculütismus*, in: Johann Wolfgang GOETHE, *Sämtliche Werke nach Epochen seines Schaffens*. Münchner Ausgabe. 20 Bde. in 32 Teilbdn. Hg. v. Karl Richter in Zusammenarbeit mit Herbert G. Göpfert – Norbert Miller – Gerhard Sauder, München – Wien 1985–1998, Bd. 4.2.: *Wirkungen der französischen Revolution 1791–1797*, hg. von Klaus H. Kiefer – Hans J. Becker – Gerhard H. Müller – John Neubauer – Peter Schmidt, München u. a. 1990, 15–20, hier 18).

‚Mit-Sein'...); und warum schwindet das Bild aus dir? – Aus Mangel an täglicher Liturgie, an Tages-Liturgie (‚leiturgia' = ‚öffentlicher Dienst')" (GU 321). Im *Bildverlust* firmiert „Liturgie des Behaltens" als (fiktiver) alternativer Titelvorschlag (BV 455) und dient zugleich als Metapher für die Wahrnehmungspraxis der Protagonistin:

> Doch konnte man solch ein Gliedern, Verbinden, Einanderangleichen, Rhythmisieren, In-Schwung-Bringen, mit Schubkraft für einen fernen Fluchtpunkt Unterlegen der Gegebenheiten überhaupt ‚Liturgie' nennen? War das nicht eher eine Strategie? Eine Strategie, die das Wesen ihres vorgeblich abgetanen beruflichen Tuns ausmachte? War es nicht eher so, daß sie auch hier, in der hohen Sierra, nach eigenem Bekunden freiwillig ausgeschieden aus der zeitgenössischen Bankenwelt, nicht davon ablassen konnte, in den Gegenständen ‚die Wertsache' zu suchen, welche, nicht als Wert, nicht für sich allein bleiben und verschimmeln durfte, sondern, im Verband, mit möglichst vielen anderen Wertsachen, in den ständigen fruchtbaren Umlauf gebracht zu werden hatte? Liturgie des Behaltens? Liturgie des Vermehrens, und die Gegenstände als Kapital? (BV 457f.)

Die Analogien zu Handkes ‚Bilder'-Kapitalien des Schreibens sind nicht zu übersehen. „Liturgie des Behaltens" bezeichnet dergestalt jenes aufmerksame, beteiligte Sehen, das immer wieder als die Grundlage des Schreibens schlechthin ausgestellt wird.

Auch soteriologische Implikationen finden sich: „Eine Art Erlösung: Nicht ich denke (an) die Bilder, sondern ich werde von ihnen bedacht; die Bilder denken mich; und schriftstellerisch (künstlerisch) handelt, wer beim Schreiben (stetig) im Bild bleibt; anders wirst du zum (üblichen) Literaten" (AFM 428). Handke schöpft aus dem theologischen Metaphernpool, um phänomenologische Aspekte zu bezeichnen und die Begriffe solchermaßen emphatisch aufzuladen. Aber auch die eminente Bedeutung, die die ‚Bilder' für das Schreiben haben, wird kontinuierlich im Werk verhandelt. Sie sollen, geborgen im Text, als Ausdruck eines „größere[n] Jetzt", einer „größere[n] Zeit" (BV 72) jene ‚Dauer' erhalten, von der es an anderer Stelle, werkchronologisch am Beginn des „Bildverlust"-Projekts, heißt: „Was ist Dauer? Was *war* sie? Denn sie gründet auf Vergangenem, entsteht, da sich ‚das flüchtigste aller Gefühle' verflüchtigt hat, in der Gegenwart und wird zur vollendeten Zukunft."[33]

---

[33] Peter HANDKE, *Gedicht an die Dauer*, Frankfurt/M. 1986, Klappentext, H.i.O. Das ‚Bild' als „einmaliges Zeit- wie Raumzeichen" (GU 484), wie es für die Journale konstitutiv ist (in vielen Fällen hält Handke zur beschriebenen Wahrnehmung, eben zum ‚Bild', das jeweilige Datum fest und die Eintragungen in den Journalen sind

Schreibend stetig „im Bild" zu bleiben, impliziert eine Korrelation von Schreiben und Wahrnehmung. Der Begriff des ‚Bildes' bezeichnet eine phänomenologisch-ästhetische Grundkategorie im Werk Handkes, die er ab Mitte der achtziger Jahre gar als Voraussetzung für das Schreiben implementiert.[34] Dabei bleibt das Phänomen des ‚Bildes' semantisch im Ungefähren. Gerade diese Polyvalenz ermöglicht seine ästhetische Produktivwerdung. Im Folgenden soll nun versucht werden, den Konnex Schreiben–‚Bild' anhand des Befundes vom „Bildverlust" zu erhellen: Welche Bedeutung hat der Verlust der ‚Bilder' für den ästhetischen Bereich, für das Schreibprogramm Handkes? Und wie wird diese Frage im Werk verhandelt? – Dass eine solche Verhandlung stattfindet, davon kann angesichts der engen Verschlingung von ‚Bild' und Schreiben sowie der umfassenden Verhandlung der Thematik, die sich über einen Zeitraum von 15 Jahren erstreckt, ausgegangen werden.

III.

Im größeren Kontext des ‚Bildverlust'-Komplexes objektiviert Handke in *Mein Jahr in der Niemandsbucht* die eigene Werkbiographie, indem er die Frage nach der Möglichkeit oder gar Notwendigkeit einer neuerlichen poetologischen „Verwandlung" autobiographisch codiert zum erzählerischen Sujet macht. Im Kapitel „Die Geschichte meiner ersten Verwandlung"[35] verhandelt Handke seine Hinwendung zum Schreib-

chronologisch angeordnet), sollen die ‚Bilder' im *Bildverlust* gerade als zeit- und raumenthobene Erscheinungen textkonstitutiv wirken, was nicht zuletzt in einer uneinheitlichen Verwendung von Tempus-Formen formal seinen Ausdruck findet, wie beispielsweise anhand eines Bildes deutlich wird, in dem „Frau und Kind am Ende eines Markttages [...] am sonst schon menschenleeren Platz *saßen*, und daß ein starker Wind *gegangen sein wird*, und daß die vom Markt übriggebliebenen ausverkauften Obst- und Gemüsekisten über den Platz *geschlittert sein werden*, und daß zu ihrer beider Häupten Papiere und Plastikfetzen *wirbeln*, und daß der Himmel über dem Platz von einem lichten Grau *war und ist und gewesen sein wird*" (BV 704, H. v. m.).

[34] „Schreiben: das begeisterte Bild; ohne begeistertes Bild kein Schreiben (‚das merken und nicht vergessen')" (AFM 424); „Literatur: Es genügt nicht das Bild – es muß jenes eine (1) Wort dazukommen, welches das Bild erst zum Bild-*Pfeil* macht" (AFM 431, H. i. O.); „Schreiben: Ich übersetze mein Innenbild in die Sprache; die Hauptsache ist also mein Innenbild" (AFM 453).

[35] Peter HANDKE, *Mein Jahr in der Niemandsbucht*, Frankfurt/M. 2007, 219ff., im Folgenden mit der Sigle NB bezeichnet.

programm des ‚Neuen Sehens', wie sie sich Ende der siebziger Jahre vollzog. Mit der ersten „Verwandlung" – „Einmal in meinem Leben habe ich bis jetzt die Verwandlung erfahren." (NB 11) – ist in *Mein Jahr in der Niemandsbucht* somit der Entstehungsprozess von *Langsame Heimkehr* bezeichnet, der bekanntlich mit einer existentiellen Schreib- und Lebenskrise Handkes einherging[36] und dessen Bedeutung als neuralgischer Punkt im Gesamtwerk im Hinblick auf die Entwicklung seines Schreibprogramms kaum überschätzt werden kann: „Vorderhand weiß ich nur: Ich habe damals die Verwandlung erlebt. Sie hat mir gefruchtet wie nichts sonst. Viele Jahre schon zehre ich von jener Periode, mit immer frischem Appetit. Nichts kann mir jene Fruchtigkeit aus der Welt räumen. Durch sie weiß ich, was Dasein ist." (NB 12) Im Zuge der Arbeit am ursprünglichen Erzählvorhaben – „Die Vorzeitformen"[37] –, die „ohne erstes Bild, überhaupt ohne Bild" (NB 225) vor sich hätte gehen sollen, für die weder auf eigene „Erlebnisse, Träume und Tatsachen" hätte zurückgegriffen, noch „Handlung, Verwicklung, Konflikte" (NB 226) hätten erfunden werden können, kommt es in der *Niemandsbucht* schließlich, als dem Erzähler eines Tages der Stoff ausgeht – „[u]nd mit dem Schreibstoff der Lebensstoff" (NB 229) –, zu einer veritablen, als existenzbedrohend erlebten Schreibkrise. Nach der Änderung des Titels von „Die Vorzeitformen" in „Die schimärische Welt" und indem sich im Zuge eines einschneidenden Erlebnisses in der „Gebirgssteppe der Enklave Llivia" (NB 236) das ‚beteiligte', aufmerksame Sehen als neuer ästhetischer Ausgangspunkt für das Schreiben etabliert, wird eine Überwindung der Krise möglich: „Und ich schwor solchem Bild von der Welt die Treue. Es sollte nie wieder zur Schimäre umspringen, und das stand in meiner Macht. Es war mein Blick, der bewirkte, daß es so war. Es war mein Lidschlag, der es einteilte und gliederte." (NB 238) Die Poetik des ‚Neuen Sehens' ist solchermaßen auf den Weg gebracht.

Für die Frage nach dem werkgeschichtlichen Stellenwert von *Der Bildverlust* (wie auch der *Niemandsbucht*), ist das Ende des Kapi-

---

[36] Handkes „lebensbedrohende Krise" sowie die Genese von *Langsame Heimkehr* arbeitet Hans Höller umfassend auf: Hans HÖLLER, *Peter Handke*, Reinbek b. Hamburg 2007, 86ff.

[37] In der *Niemandsbucht* firmieren „Die Vorzeitformen" sowie schließlich „Die schimärische Welt" als Titel. Der lange Weg zum Titel „Langsame Heimkehr" ist im Briefwechsel mit Unseld dokumentiert: HANDKE – UNSELD, Briefwechsel (s. Anm. 13), 352–364, passim.

tels von der Geschichte der ersten Verwandlung von Bedeutung. Mit Blick auf jene erste Verwandlung, die die Entstehung von „Die schimärische Welt" (also von *Langsame Heimkehr*) begleitet hat, heißt es abschließend: „Was ich weiß: Jene Verwandlung, oder Austreibung, oder bloß neue Wendung, hat sich verbraucht. Mir scheint, ich habe alle Errungenschaften verloren oder vertan" (NB 258). Aus dieser Erkenntnis resultiert der Wunsch nach einer erneuten, einer „zweiten Verwandlung", die aktiv eingeleitet werden soll.[38] Rund 15 Jahre nach *Langsame Heimkehr* kommt also ein Reflexionsprozess in Gang, der in *Mein Jahr in der Niemandsbucht* verhandelt wird und der um eine mögliche „zweite Verwandlung" kreist. Etabliert werden soll ein neues Schreibprogramm, das am Chronikalischen orientiert ist und auf ein unmittelbares, beschreibendes Festhalten des Gesehenen abzielt. Der Erzähler scheitert jedoch an der Umsetzung dieser „ersten Idee des reinen Augenzeuge-Seins: Hinschauen, registrieren, festhalten; das Erzählerische als ein bloßer Nebenstrang, und auch keinmal vorbedacht" (NB 417) und kommt zur Erkenntnis, „[d]ie Chronik entspricht der Menschheit nicht. Erst wenn die Fakten, die blinden, [...] sich klären und Sprach-Augen bekommen, hier eins, und dort eins, bin ich, weg vom Chronisten, auf dem guten, dem epischen Weg" (NB 418).

Angesichts der engen thematischen Verschlingung der *Niemandsbucht* und des *Bildverlustes* und des langen Entstehungszeitraums liegt es durchaus nahe, im *Bildverlust* analog zur *Langsamen Heimkehr* einen neuralgischen Punkt im Werkkontext zu sehen und ihn neben der *Niemandsbucht* als Dokument der darin antizipierten „zweiten Verwandlung" zu lesen. *Niemandsbucht* und *Bildverlust* erweisen sich solchermaßen als zwei sehr unterschiedliche Lösungsversuche ein und desselben Problems, das sich um die Frage nach möglichen Erzählformen dreht, die adäquat auf den Befund des „wehen Entschwindens" der Bilder (AFM 531), eben des „Bildverlustes", zu reagieren im Stande wären.[39]

[38] „Die neue Verwandlung wurde dringlich. Und anders als jene erste, die mich hinterrücks befallen hatte, würde ich sie diesmal selber in Gang setzen. Die zweite Verwandlung stand in meiner Macht." (NB 15)

[39] Belege für diesen Befund finden sich allenthalben in den Journalbänden und im *Bildverlust* selbst: „,Der Bildverlust' als Wir-Erzählung; wir alle haben unsere Bilder verloren?" (AFM 515); „Die Bilder gelten nicht mehr: Ist das nur ein Problem des (meinen) Alterns? Oder das Problem einer Epoche? Eines Zeitalters? (‚Der Bildverlust')" (AFM 530); „Der Bildverlust: Aber werden nicht gerade im wehen Entschwinden die Bilder vielleicht noch einmal möglich, in der Geste des sie-nicht-mehr-Fass-

„statt ‚Bild' sag auch ‚Traum', ‚Illusion', ‚Ganz-Sein', ‚Mit-Sein'..." 191

Aus dem zentralen Stellenwert, der den ‚Bildern' in Handkes poetologischem Programm zukommt, speist sich die besondere Brisanz dieses Befundes in ästhetischer Hinsicht. Während Handke in der *Niemandsbucht* eine Art „Simultan-Erzählung" anstrebt, die, nicht Bild-basiert und ganz im Jetzt, auf ein „jahrlange[s], bloße[s] Mitschreiben" (NB 412) und „vorgefaßte[s] Registrieren, Berichten, Chronikherstellen" (NB 415) aus ist, kann der *Bildverlust* als Dokument für ein neuerliches (letztes?) Fruchtbarmachen jener Bilder gelesen werden, die „allmählich zu einer Seltenheit" würden; nämlich jener Bilder,

> welche [...] aus dem gesamten Erdkreis daherblitzten – jetzt eine Baumwurzel im nördlichen Japan, jetzt eine Regenlache aus einer spanischen Enklave in Nordafrika, jetzt ein Loch in einem zugefrorenen finnischen See [...]. [*Abs.*] Sie bedauerte das. Es beunruhigte sie. Denn die Bilder, die sie ihr bisheriges Leben lang aus der Welt empfangen hatte, handelten ja jedesmal, wie gesetzmäßig, von Orten, wo ihr, seinerzeit bei ihrem tatsächlichen Verweilen dort, eine – ihr im Moment gar nicht bewußte, noch so ein Gesetz? – Einheit oder Harmonie zuteil geworden war. Nicht, daß jene Gegenden ‚schön' [...] waren, zählte für ihre spätere Bildsamkeit; vielmehr mußten sie, ohne dein Wissen, in dich eine Fährte eingedrückt haben, aus welcher sich dir später einmal unversehens und unverhofft eine Welt im Frieden, eine ganze Welt im immer noch möglichen Frieden, oder eben jenes ‚Gehege der größeren Zeit' abgezeichnet haben wird. (BV 176f.)

‚Bilder' spielen für das chronikalische Schreibprojekt, wie es in der *Niemandsbucht* entworfen wird, eine untergeordnete Rolle – stattdessen soll die reine Anschauung Ausgangspunkt für das Erzählen sein: „An dem Fenster im Hotel der Reisenden nun wären mein Zuschauen, mein Mitgehen und mein Schreiben eins. Meine Hand sollte geführt werden von nichts als dem Geschehen draußen" (NB 412). Das ‚Bild' soll nicht zwanghaft umgangen werden; das auf unmittelbarer Anschauung basierende Schreiben habe aber stets die Oberhand zu behalten: „und geriete ihr *[der schreibenden Hand, A.E.]* dabei ein Bild, ein Gedanke oder Tagtraum dazwischen, so wäre das für die Aufzeichnungen willkommen, unter der Bedingung, es entstünde oder oszilliere allein aus dem Augenmerk für die Außenwelt und gebe gleich wieder Raum für diese und deren Jahresprotokoll" (NB 412). Die intendierte „zweite Verwandlung" lässt sich im Angesicht des Befundes vom „Bildverlust" als der

---

enkönnens?" (AFM 531); zum Befund des „Bildverlustes" im gleichnamigen Roman ist vor allem das abschließende Gespräch zwischen der Protagonistin und dem Autor aufschlussreich (BV 743ff.).

Versuch einer ästhetischen Neuskalierung des Handkeschen Schreibprogramms lesen. Könnten die ‚Bilder' nicht mehr fruchtbar gemacht werden für die Erzählung, so würde das Ausweichen auf eine nicht Bild-basierte Schreibpraxis dringlich.

Was der „Bildverlust" in poetologischer Hinsicht bedeutet, wird im gleichnamigen Roman auf formaler Ebene expliziert, wenn es im Zuge der Überquerung der Sierra de Gredos, fast schon am Ende des Textes, zum titelgebenden Geschehen kommt. Der „Bildverlust" stellt den Höhepunkt der alles andere als ‚bildverlustigen' Erzählung von der Reise der „Aventurera" dar. Dem Geschehen unmittelbar voraus geht ein „Kreisen von Lebensschauplätzen" (BV 703).[40] An dieser Stelle vollzieht sich eine Korrelation von Form und Inhalt: Die Form des Textes illustriert den von Handke konstatierten „Bildverlust" und führt die verfahrenstechnischen Folgen, die der Verlust der Bilder als ‚Mikrobausteine der Erzählung' zeitigt, vor Augen. Das hier angewandte Textverfahren weicht nun insofern vom sonstigen bildbasierten Schreiben ab, als die präsentierten visuellen Eindrücke in ihrer Eigenschaft als ‚potentielle Erzählkerne' gerade nicht narrativ entfaltet werden bzw. nicht als Ausgangspunkt einer Erzählhandlung dienen, sondern lediglich in ihrem Erscheinen als Teil des visuellen Vorrats der Protagonistin in den Text eingebaut werden, der nicht unwesentlich durch solche ‚Bild-Slides' zuallererst konstituiert wird.

Anhand eines intertextuellen Vergleichs soll nun abschließend eine von mehreren Bedeutungskomponenten des komplexen Befundes vom „Bildverlust" an Kontur gewinnen. Dazu werden zwei Textstellen herangezogen, die denselben „Erzählkern" enthalten, nämlich das Bild einer Autofahrt, heimwärts, in einer Regennacht, das bereits aus Handkes Er-

---

[40] „Und es hatte ein Gebäude, das einst ein Schulhaus gewesen war, ein dreieckiges Giebelfeld mit einem Relief in der Mitte, welches einen leeren Kreis darstellt. Und es stoben von einem abgeernteten Maisfeld weitab vom wendisch-arabischen Dorf in einer Windhose (veraltetes Wort?) die Spreusplitter bis über die Augenhöhe und wandern über das verlassene Feld in Säulenform. Und es entfernte sich von uns ein Sargwagen in einer Friedhofsallee, und die Herbstblätter fallen an ihm vorbei. Und es erschien, und war schon wieder weg und verschwunden, in der Bahnböschung das hohe Gras, wie es uns und dem Zug nachweht. Und es erscheint der im Drahtzaun steckengebliebene Igel, den wir dann befreit haben werden. Und es erscheint jene Schaukel auf dem gewissen Spielplatz im Dämmerlicht, wie sie ohne den Schaukelnden, der verschwunden ist, noch weiterschaukelt und dann weiterbewegt worden sein wird allein vom Wind." (BV 704f.) Hier ist abermals die disparate Verwendung der Tempusformen augenscheinlich.

zählung *Die Wiederholung* (1986) bekannt ist, und das, unmittelbar bevor es zum „Bildverlust" kommt, aufgegriffen wird: „Und im nächsten Schritt schon fahren sie zwei [...] durch eine Regennacht im Auto heimwärts, und alles, was sich auf jener Fahrt ereignete, war, daß auf dem Boden des Wagens die ganze Zeit Werkzeuge, Hämmer, Äxte, Zangen, zusammen mit Äpfeln oder was auch, hin und her rollten und aneinanderschlugen, und daß die Schatten der Regentropfen auf den Scheiben, sooft sie in die Scheinwerfer eines anderen Autos gerieten, als runde dunkle Flecken ihnen beiden über Kleider und Gesicht laufen, und daß es im Fahrzeuginnern warm ist." (BV 704) Dasselbe Bild findet sich als ‚Bilderzählung' und Teil eines größeren Handlungsverlaufs in *Die Wiederholung*:

> Auf dem Rückweg von der Prüfung versäumten wir in Klagenfurt den letzten Zug nach Bleiburg. Wir gingen zur Stadt hinaus und standen an der Ausfahrtsstraße, in der Dunkelheit und im Regen, ohne daß ich mich erinnere, naß geworden zu sein. Nach einiger Zeit hielt ein Autofahrer, unterwegs nach Jugoslawien, ins Untere Drautal, nach Maribor oder Marburg, und nahm uns mit. Es waren keine Rücksitze in dem Auto, und wir saßen hinten auf dem Boden. [...] Von dieser stummen Nachtfahrt, hinten auf dem Blechboden des Fahrzeugs, blieb mir ein Bild der Einheit mit meiner Mutter, das, zumindest in den darauffolgenden Internatsjahren, sich immer wieder als gültig und wirksam erwies. Die Mutter hatte sich für die Reise Wasserwellen legen lassen, war einmal ohne das Kopftuch, und das Gesicht, bei aller Schwere des fünfzigjährigen Körpers, kam mir, ab und zu von einem Lichtstrahl gestreift, jung vor. Mit angezogenen Knien saß sie da, die Handtasche neben sich. Außen an den Scheiben liefen schräg die Tropfen weg, und drinnen im Trockenen rutschten uns bei jeder Kurve irgendwelche Werkzeuge, Pakete mit Nägeln, leere Kanister entgegen. Zum ersten Mal im Leben erfuhr ich da in mir etwas Unbändiges, Ungestümes – etwas wie Zuversicht. Mit der Hilfe meiner Mutter war ich auf den Weg gebracht worden, der für mich der richtige war.[41]

Während im *Bildverlust* lediglich durch die Wiederholung des „sie zwei" im zweiten ‚Bild-Slide', sowie durch die Überleitung „Und im nächsten Schritt schon" eine semantische Kohärenz hergestellt wird, die erkennen lässt, dass es sich um eine Fahrt von „Mutter und Kind" handelt und stattdessen gewissermaßen der ‚rohe Kern' des Bildes selbst, das reine „Außen", von jeglichem narrativen Beiwerk entkleidet, im Mittelpunkt steht, wird selbiges in *Die Wiederholung* in seiner Funktion als narratives Ausgangselement voll entfaltet und solcherart zum ‚Sinnbild' der Einheit von Mutter und Sohn: „Von dieser stummen Nacht-

---

[41] Peter HANDKE, *Die Wiederholung*, Frankfurt/M. 1986, 30ff.

fahrt [...] blieb mir ein Bild der Einheit mit meiner Mutter, das, zumindest in den darauffolgenden Internatsjahren, sich immer wieder als gültig und wirksam erwies." Ausgehend vom „Außen" des Erinnerungsbildes der herumrutschenden Gegenstände und des Regens an den Fensterscheiben, wird im Verbund mit dem „Innen" des (subjektiven) Erlebens hier noch jenes „Dritte" evoziert, das im ‚Bild' geborgen sei, wie es am Schluss des *Bildverlustes* heißt: „Im Bild erschienen Außen und Innen fusioniert zu etwas Drittem, etwas Größerem und Beständigem." (BV 745) Jene (Erinnerungs-)Bilder, die in Texten wie *Die Wiederholung* noch die narrativen Grundbausteine des Erzählens darstellen, lassen sich angesichts des „Bildverlustes" nicht mehr fruchtbar machen: „‚Die Bilderfunken, die Irrlichtsbilder in unsereinem – nein, es sind keine Irrlichter – geschehen weiter, blitzen und fahren weiter dazwischen.' – ‚Nur haben sie keine Wirkung mehr. Oder nein: sie könnten vielleicht weiterwirken. Aber ich bin nicht mehr fähig, sie aufzunehmen und einwirken zu lassen.'" (BV 743) Was übrig bleibt angesichts des „Bildverlustes", ist das bloße, von allem narrativen Beiwerk entkleidete „Außen".

Sich erzählen in Raum und Zeit

Zu einer poetischen Struktur bei Peter Handke

Harald Baloch, Graz

Den folgenden Überlegungen möchte ich methodisch einen Satz aus Handkes *Phantasien der Wiederholung* voranstellen:
„Mich erklären lasse ich mich nur, wenn damit jeder erklärt wird."[1]

Als mit Sprache, Erinnerungsvermögen und Imagination von Zukunft begabtes Wesen, lebt *jeder* Mensch *gleichzeitig* in ganz unterschiedlichen, sich im Bewusstsein oder auch in surrealen Träumen überlagernden Räumen und Zeiten. Die erinnerten Orte der Kindheit, die Orte, wo man studiert hat, der Ort, wo man gerade jetzt ist oder gern sein möchte, liegen mit ihrem jeweiligen Geschehen gefühlsmäßig und gedanklich ganz nahe beieinander. Es genügen oft momenthafte Sinneseindrücke, die einen an etwas glücklich oder erschreckend erinnern, ein anderes Mal Phantasie, Wünsche oder Sorgen auslösen, und schon ist man nicht mehr im Hier und Jetzt, sondern im Damals-Dort oder im Später-Woanders. Hinzu kommen all die Räume und Zeiten, die sich uns in Nachrichten, Büchern, Filmen, Kunstwerken zeigten.

In solche Räumlichkeit und Zeitlichkeit ist *jeder* Mensch von Geburt an gestellt, wird ein Ich, eine Person, mit immer mehr Räumen und Zeiten, die sich miteinander verweben. So sehe ich auch Handke, als einen von uns, aber mit der einzigartigen Begabung, eine Sprache und Erzählformen gefunden zu haben, welche die komplexen Strukturen der menschlichen Wahrnehmung freilegen, sodass man entlang seiner Texte und Theaterstücke auch eine Form findet, sich die eigene Lebensgeschichte anders, zusammenhängender, neu, weiterführend zu erzählen.

---

[1] Peter HANDKE, *Phantasien der Wiederholung*, Frankfurt/M. 1983, 45.

I.

Das gesamte Werk Handkes ist von einer ungemein reflexiven, jedoch nie abstrakt werdenden Aufmerksamkeit für die raum-zeitliche Existenz des Menschen geprägt. Diese Aufmerksamkeit zeigt sich schon in seinem Erstlingsroman *Die Hornissen*. Handke erzählt da aus der Innenwelt eines Erblindeten, der sich mühsam an schreckliche Kindheitserlebnisse zu erinnern versucht. Sein Bruder ist im Bach ertrunken, er selbst hat vielleicht im Zug von Kriegsereignissen das Augenlicht verloren. Der Erblindete vergegenwärtigt sich eigene Erlebnisse, frühere Erzählungen seiner Geschwister, aber auch ein Buch, das er einmal gelesen hatte und dessen Inhalt merkwürdig mit den Schreckensereignissen zu tun hat, sodass er gar nicht mehr genau weiß, was er selbst erlebt oder nur in jenem Buch gelesen hatte. Die Schwierigkeit des blinden Gregor Benedikt, sich in seiner Lebensgeschichte und Welt zu orientieren, vermittelt sich dem Lesenden allein schon dadurch, dass die Abschnitte des Romans keine fortlaufende Handlung ergeben und auch den einzelnen Ebenen der Wahrnehmung bzw. Erinnerung nur schwer zugeordnet werden können.

Zumindest einige Bücher werden in Handkes späteren Erzählungen immer mitspielen – Gottfried Kellers *Der grüne Heinrich*, Vergils *Georgica*, Wolfram von Eschenbachs *Parzifal* und meist auch die Bibel.

Am Schluss des Romans entzieht Handke den Erblindeten mit einem Sprachspiel der dem Leser nur bedrückend erscheinenden Lebenslage. Weil in der „fremden Mundart" des Dorfes dasselbe Wort für ‚blind' und ‚unsichtbar' gebraucht werde, weil ein Geblendeter sein Gesicht nicht im Spiegel sehen könne, also niemand vor dem Spiegel stehe, also auch niemand den Blinden sehen könne, sei es diesem möglich, als Unsichtbarer überall zu sein.[2] Und als Unsichtbarer, überall seiend, sei der Blinde gar nicht blind, sondern ein „Seher":

„Zum anderen ist der Unsichtbare nicht blind; was er will, daß er sehe, das sieht er; wenn er will, hat er ein zweites Gesicht, aus dem ihm auch das fernab Liegende ersichtlich wird. Auch der Blinde kann sehen, was er will; weil er unsichtbar ist, wird ihn an seinem Schauen niemand behindern. Jedoch kann er nicht anschaun, was künftighin sein wird; er kann nicht voraussehn und im voraus sagen, was werden und

---

[2] Peter HANDKE, *Die Hornissen*, Frankfurt/M. 1977, 273f.

was sein wird. Es liegt ihm auch nichts daran. Er hält sich daran, was er bis jetzt und bis jetzt und so weiter erfährt und erfahren hat. In vielen Sagen ist gerade der Blinde ein Seher. Der Seher ist blind."[3]

Als ich in Handkes Journal *Die Geschichte des Bleistifts* den Satz „Blind schreiben, wie Homer"[4] las, erinnerte ich mich an diese Textpassage aus *Die Hornissen*.

II.

Man könnte nun Werk für Werk der Frage nachgehen, wie Handke sich und seine Ich-Erzähler in Raum und Zeit immer neu, verwandelt, konfiguriert, wie er – erzählend oder auf der Bühne zeigend – aus den Diskontinuitäten des Daseins ein Zeit und Raum umgreifendes und übergreifendes Kontinuum fügt. Als sehr stimmig und beispielhaft erscheint mir die Studie des Stuttgarter Germanisten Bastian Strinz „Raum- und Zeitkonstruktion bei Peter Handke: Die Wiederholung und Versuch über die Jukebox".[5] In *Die Wiederholung* erlebt Handkes Protagonist Philipp Kobal zwei zeitlich weit auseinanderliegende Reisen in Slowenien: die eine, die er gleich nach der Reifeprüfung unternommen hat, und die ihm erstmals eine größere Welt erschloss, und die spätere Reise auf den Spuren eines verstorbenen Bruders. Die zweite Reise löst immer wieder Erinnerungen an die erste aus, und was Kobal auf der in einem Jetzt spielenden Reise intensiv sieht, erinnert ihn von Zeit zu Zeit an die Vorfahren oder die Landschaft daheim. Daraus ergibt sich in der Erzählung eine schmerzhaft und beglückend schöne Folge von Bildern.

Strinz zitiert zur Erinnerungsweise Handkes und seines Alter-Egos Kobal die folgende Reflexionspassage aus *Die Wiederholung*:

„Was der Zwanzigjährige erlebt hatte, war noch keine Erinnerung. Und Erinnerung hieß nicht: Was gewesen war, kehrte wieder; sondern: Was gewesen war, zeigte, indem es wiederkehrte seinen Platz. Wenn ich mich erinnerte, erfuhr ich: So war das Erlebnis, genau so!, und damit wurde dieses erst bewusst, benennbar, stimmhaft und spruchreif, und deshalb ist mir die Erinnerung kein beliebiges Zurückdenken, sondern

---

[3] Ebd., 274.
[4] Peter HANDKE, *Die Geschichte des Bleistifts*, Frankfurt/M. 1985, 360.
[5] Bastian STRINZ, *Raum- und Zeitkonstruktion bei Peter Handke: Die Wiederholung und Versuch über die Jukebox*, in: Mauerschau 1/2010, 171ff.

ein Am-Werk-Sein, und das Werk der Erinnerung schreibt dem Erlebten seinen Platz zu, in der es am Leben erhaltenden Folge, der Erzählung, die immer wieder übergehen kann ins offene Erzählen, ins größere Leben, in die Erfindung."[6]

III.

Die Erzählung *Die Wiederholung* kann wie eine Vorgeschichte, besser: Vorform, zu Handkes Bühnenstück *Immer noch Sturm* gelesen werden, das 2011 bei den Salzburger Festspielen uraufgeführt wurde. Gleich die Eingangsworte des Stücks spannen einen mythischen Raum und eine mythische Zeit auf, in denen der Autor selbst auftritt und mit seinen in der „Wirklichkeit" schon verstorbenen Vorfahren zusammentrifft: seiner Mutter, den Großeltern, den drei Brüdern, und einer in zur Familiengeschichte hinzuerzählten Schwester der Mutter. In der Personenangabe des Stücks bezeichnet sich Handke mit „Ich", unter Anführungszeichen, weil er in der Zeit des Stücks als Alter, älter als die Mutter, als Jugendlicher und als Kleinkind anwesend sein und mitspielen wird.

Man muss den Text sehr langsam lesen, um sich in einen Theaterraum versetzen zu können und zu merken, wie der Bühnenraum und der eigene Bewusstseinsraum zu einem einzigen Raum zusammenfließen:

„Eine Heide, eine Steppe, eine Heidesteppe, oder wo. Jetzt, im Mittelalter, oder wann. Was ist da zu sehen? Eine Sitzbank, eine eher zeitlose, im Mittelgrund, und daneben oder dahinter oder sonstwo ein Apfelbaum, behängt mit etwa 99 Äpfeln, Frühäpfeln, fast weißen, oder Spätäpfeln, dunkelroten. Sanft abschüssig erscheint diese Heide, heimelig. Wem zeigt sie sich? Wem erscheint sie so? Mir hier im Augenblick. Ich habe sie vorzeiten, in einer anderen Zeit, gesehen, und sehe sie jetzt wieder, samt der Sitzbank, auf der ich einst mit meiner Mutter gesessen bin, an einem warmen, stillen Sommer- oder Herbstnachmittag, glaube ich, fern vom Dorf, und zugleich in der Heimatgegend. Ungewohnt weit war und ist jener Heimathorizont. Ob das Gedächtnis täuscht oder nicht: aus der einen, dann der anderen Ferne ein Angelusläuten. Und auch wenn das wieder eine Täuschung ist: im Nachhinein scheint es, dass die Mutter und ich uns an der Hand halten. Überhaupt geschieht in

---

[6] Peter HANDKE, *Die Wiederholung*, Frankfurt/M. 1999, 101f.

meinem Gedächtnis da alles paarweise; die Vögel fliegen zu Paaren im Himmel, die Schmetterlinge flattern paarweise durch die Lüfte, paarweise schwirren die Libellen, undsoweiter. Das Apfelbäumchen freilich ist mir, zusammen mit den nachleuchtenden Äpfeln, solcherart in wieder einer anderen Zeit begegnet, in einer Nachtsekunde, in einem Tagtraum, oder wann. Ich bin zunächst dagesessen mit geschlossenen Augen. Jetzt schlage ich sie auf. Und was sehe ich nun? Meine Vorfahren nähern sich von allen Seiten, mit dem typischen Jaunfeldschritt, deutlich von einem Fuß auf den anderen tretend."[7]

In einem Interview nennt Handke *Immer noch Sturm* sein „intimstes" und zugleich „extrem universelles" Stück[8], ein anderes Mal einen „Hellwachtraum"[9]. Die Handlung lässt sich daher auch nicht wirklich zusammenfassen. Indem ich meine Wahrnehmungen skizziere, ergibt sich vielleicht ein Umriss.

Handke kommt mit *Immer noch Sturm* seinen Familienangehörigen mütterlicherseits und sich selbst (!) berührend nahe. Die Vorfahren sind in dem Stück keinesfalls „Gespenster", wie es in einer Rezension hieß, sondern werden in der Erinnerung, die ja die Bühne ist, lebendig, als Charaktere auch mit ihren familiären Konflikten und ihrer nicht einfachen Beziehung zum „Ich" Handkes in dessen verschiedenen Lebensaltern. Aus der Herkunftsfamilie des „Ich" sind nicht alle da oder doch da, in Form der Abwesenheit: der deutsche Vater, der deutsche Stiefvater. Die da sind, die Großeltern und deren vier Kinder, werden in ihrer durch den Nationalsozialismus gebrochenen, aber unzerstörbaren slowenischen Identität erinnert. Wie ihre Muttersprache, der heimatliche slowenische Dialekt in Alltagsdialogen durchbricht und wie sie dabei einander erinnern und sich freuen, indem einer dem anderen übersetzt. In starken Einzelszenen wird – wenn man sich auf eine Metaebene begibt, wozu beim Lesen mehr Zeit ist – deutlich, wie sensibel der innere Zusammenhang von Sprache, Identität, Gemeinschaft und Kultur ist. Und gefährdet: dann, wenn eine minoritäre Volksgruppe verdrängt, unterdrückt, verfolgt, fast ausgelöscht, politisch missbraucht und schließlich unwillig geduldet wird. In *Immer noch Sturm* sind das universell und zugleich konkret die Kärntner Slowenen. Handke erzählt

---

[7] Peter HANDKE, *Immer noch Sturm*, Berlin 2010, 7f.
[8] Kleine Zeitung vom 6.8.2011.
[9] Süddeutsche Zeitung, 26.11.2010.

deren Geschichte, indem er zwei Brüder und die hinzuerzählte Schwester der Mutter sich dem Widerstand der Partisanen gegen die nationalsozialistische Herrschaft anschließen lässt. Die Brüder fallen als Partisanen, eine angesichts der „realen" Familiengeschichte Handkes bewusste Fiktion als politisches Statement. Aber welches?

Für Handke steht die Legitimität des Partisanenkampfes gegen den nationalsozialistischen Terror außer Frage. Im Stück erfährt man, wie der Widerstand der Partisanen als politisches Argument zur Erreichung der Unabhängigkeit Österreichs fungierte, aber kaum dass diese erreicht war, die Partisanen in Kärnten als subversive Kommunisten denunziert wurden und die gesamte slowenische Volksgruppe unter den bis heute nachwirkenden Verdacht geriet, das Kärntner Unterland an Jugoslawien anschließen zu wollen.

Doch Handke sieht Geschichte nicht allein aus der politischen Perspektive. Seine Kunst ist es, aus einer Selbstbeobachtung heraus zu erfassen, wie die realen Schrecken der Menschheitsgeschichte jeden einzelnen von innen her erfassen, erschüttern, an menschlicher Entfaltung hindern, sprachlos werden lassen. Und umgekehrt: wie sich in anderen Erfahrungen eine Form friedlichen Lebens abzeichnet – in einer anderen Zeit und einem anderen Raum.

Diese andere Zeit und der andere Raum zeigen sich Handke in kleinen Geschichten. Wenn zum Beispiel davon erzählt wird, was es für die Partisanen nach Jahren des Versteckens in den Wäldern bedeutet hat, wieder mit dem Fahrrad fahren zu können, immer wieder einen Hügel hinauf und hinunter.

Peter Handke weiß, wie angreifbar und fragil eine solche verwandelnde Sicht- und Erlebnisweise der eigenen Lebensgeschichte und der realen politischen Geschichte ist. Er thematisiert das am Schluss des Stücks in einer Wechselrede mit seinem Paten Gregor, dem Bruder der Mutter, dem Partisanen, der im Kampf vom friedlichen Obstbauer zum zynischen und zornigen Realisten geworden ist. Der Text wird so eingeleitet:

„Ich werde mich dann zu ihm auf die halbversunkene Bank inmitten des Jaunfeldes gehockt haben mit der Frage: ‚Aber kann Geschichte nicht auch eine Form sein, und Form heißt Frieden?' Gregor: ‚Fehlt nur, daß du mit der Weltseele kommst. Weltseele: aus Vollgummi. Und die Einzelseele: verlaust.'"[10]

---

[10] HANDKE, Immer noch Sturm (s. Anm. 7), 152.

Gregor später: „Du und deine andere Zeit. Es ist aus mit der – wann wirst Du das wahrhaben wollen?"[11]

Handkes „Ich" widerspricht und in einer Passage der Widerrede wird dem ernüchternden Blick auf Geschichte der verwandelnd liebende entgegengesetzt. Und liebende Erinnerung führt ganz natürlich zu einer religiösen, sakralen, liturgischen Form. Ich zitiere aus der Wechselrede mit Gregor:

„Darauf ich: ‚Hier, *meiner* Liebe Kind bist du. Meiner Liebe Kind seid ihr Vorfahren. Nicht bloß, dass ich vor eurem Bild das Licht brennen lassen möchte Tag und Nacht: ich möchte darüber hinaus eure Totenköpfe streicheln – sie zwischen die Hände nehmen, so! Nein, keine Totenköpfe seid ihr mir, sondern Antlitze. Ich verehre euch. Warum? Weil ihr Hasenherzen wart, aber tapfere. Als gehörten Hasenherzen und Tapferkeit zusammen. Und nie auch ward ihr Angreifer. Allein in der Verteidigung seid ihr zu Männern geworden, und zu Frauen, und zu was für welchen. Dein anderes ewiges Licht soll euch leuchten! So gedenke ich euer, und denke umgekehrt von euch mich gedacht. Eure Hände möchte ich nachzeichnen, eure Augen, eure Fußstellung. Eure Stimmen hören, mitten im Herzen, mitten im Traum und über den Traum hinaus. Seltsam, daß der Umriß der Verblichenen soviel stärker und dauerhafter ist als der der Heutigen. Solche wie euch wird es nie wieder geben. Kein Tag ohne euch. Und ohne euch kein Morgen. Mit euch komme ich zur Besinnung. Ihr seid meine Besinnung, meine Bestimmung. Dank euch werde ich das Jaunfeld hier und mit ihm das Land zwischen den Karawanken und der Svinjska planina immer hochhalten – dank euch, durch euch, mit euch! Ich bin einverstanden mit meinem Sterben. Aber nicht mit dem euren, Vorfahren, nicht und nicht, ewig nicht. Und ewig möchte ich mich bei euch entschuldigen, daß ich lebe. Auferstehen sollt ihr. Ich rufe euch aus den Gräbern zur Auferstehung. Gott ehre eure Gesichter.'"[12]

---

[11] Ebd., 153.
[12] Ebd., 154f.

Stimmen

Die Andacht der Aufmerksamkeit oder: Der Weg führt nach innen

Versuch über Peter Handke

Erich Kock, Köln

Bis zu diesem Augenblick gibt es (neben zahlreichen wertschätzenden) nicht wenige Urteile von Literatur- und Theaterkritikern, Literaturwissenschaftlern oder keineswegs professionellen Liebhabern des Lesens, die mit den Hervorbringungen des Poeten Peter Handke nicht ins Reine kommen. Einige unter ihnen unterstellen ihm „hochgestochene Wichtigtuerei", ein schon kauziges Vergeheimnissen klarer Tatbestände und „ambitionierte Plattitüden". Andere nehmen ihn vor allem als pathetischen Verfertiger bloßer Tautologien wahr. Wieder andere (nicht nur professionelle „Poltergeister" unter den Kritikern zeitgenössischer deutschsprachiger Literatur) beschreiben Handke als einen Autor, der aufs Peinlichste „religiöse Motive und Begriffe missbraucht". Auf der anderen Seite habe man einen umfänglichen Teil der Bücher Handkes als „Erbauungsliteratur" zu werten und in der Nähe der Hedwig Courths-Mahler (1867–1950) zu suchen.

Bei derart massiven Einwürfen, Recherchen, ja, Abkanzlungen drängt sich natürlich ein Verdacht auf: entzieht sich der Erzähler, Verfasser von Sprechstücken, Aufzeichnungen und Aufsätzen vielleicht einem Kanon, den die Kritik vielen ihrer Urteile und Wertungen zu Grunde legt? Und verrät sich hier nicht vielleicht doch der ungefragte Hintergrund eines Literaturverständnisses, das mehr oder weniger „klassisch" oder „klassizistisch" orientiert ist? Maßstäbe dieser Art und Gattung setzen noch immer auf eine geschlossene Form und greifbare Handlung – und also auf eine ihr entsprechende „Lösung". Ja, geht ein solches Denken nicht vielleicht insgeheim von der Vorstellung aus, die sich (wie es Rudolf Alexander Schröder einmal formuliert hat) gerade in kritischen Köpfen schnell ansiedelt, als lasse „sich aus bestimmten Gegebenheiten eines Werkes ein *Kanon* aufstellen, an dem hinfort auch alles Übrige zu messen und zu richten" sei. Doch schon der bloße Sprachgebrauch (so Schröder) schreibe schließlich dem Verstand „Krücken, dem Pegasus aber Flügel" zu.

Unter diesem Vorbehalt und dem anderen, dass sich weniger Poeten als Kritiker an einem Maßstab zu orientieren pflegen, den sie gern für sich behalten und der nicht allein literaturtheoretische Kriterien umfassen dürfte, wird auch die Auseinandersetzung mit einem so umfänglichen wie originären Werk wie dem Peter Handkes zu bestreiten sein. Eben diese Voraussetzung (gewiss nicht sie allein) lässt wohl auch eher zu, das langsame Fortschreiten eines poetischen Prozesses zu würdigen, der inzwischen einen Zeitraum von vierzig, bald fünfzig Jahren umfasst.

I. Obsessives Hinschauen und passioniertes Mitschreiben

Wenn es aber so etwas wie einen verlässlichen Schlüssel für die Prosa des Peter Handke geben sollte, dann ist es nach meinem Ermessen die besondere, weil kontemplative Form der *Aufmerksamkeit*, die der Autor ohne Ausnahme allem zuteil werden lässt, was ihn umgibt oder ihm zugänglich wird: Menschen, Gesten, Gebärden, Dingen, Geräuschen, Orten, Plätzen, Straßen, Augenblicken, Tages- und Jahreszeiten, den Naturdingen und -erscheinungen, Lebensnachbarn wie Fernstehenden, Kindern und Säuglingen. Dieser so versunkene wie hellwache „Röntgenblick" einer auf „wahre Empfindung" bezogenen Wahrnehmung gilt aber nicht weniger dem, was man in unseren Tagen „Umwelt" zu nennen pflegt. In Handkes sensibler Zeitgenossenschaft tritt sie häufig auf eine erschreckend präzise Weise zutage: dieser Autor weiß das bis zum Überdruss entwirklichte, wesenlose, banalisierte, nichtige Dasein des Tagesmenschen, die Reste einer ins Unterbewusste abgesunkenen Moralität und Religiosität in den Blick zu nehmen und genauso den schwer namhaft zu machenden Zwang einer sozialen Atmosphäre, die auf Selbstentfremdung hinausläuft und den Einzelnen in ein Labyrinth undurchschaubarer Lebensvollzüge versetzt. Mag eine solche Betrachtungsweise nicht eben neu oder originär erscheinen – Handkes Gabe obsessiven Hinschauens und scharfsichtiger Einfühlung überrascht. Selbst dem widerständigen, jedoch unabgelenkten Leser ergibt sich schließlich der Eindruck, ein Schreiber wie dieser Autor finde als beharrlicher Spurensucher mehr *vor*, als er *er-finde*, und das auch in Erzählungen, die sich – wie in der „Morawischen Nacht" (2007) – zum Volumen eines Romans auswachsen. Und das heißt: Diese Prosa lebt offenkundig von einer Pflicht zu philiströser Genauigkeit, in der sich Fantasie und bohrendes Nachdenken die Waage halten oder auch verknüpfen, verweben und durchkreuzen.

Ein derart passioniertes Nieder- und Mitschreiben der *inneren* Geschichte jener Menschenseelen, in denen wir unsere Zeitgenossen und uns selber wieder erkennen können, ist in der deutschsprachigen Literatur der letzten Jahrzehnte selten so eindringlich wahrgenommen worden, wie in einer Reihe unterschiedlicher (wenn auch keineswegs immer untadeliger) Erzählungen und Aufzeichnungen des Peter Handke. Mit seinem Bemühen, auch dem zerreißenden Selbstwiderspruch des Menschen, seiner Angst wie seiner Gunst, seinem Hass wie seinem Eros, dem irdischen Paradies wie der irdischen Hölle Recht und Stimme zu geben – der Sehnsucht wie der Verzweiflung, der Verlassenheit wie der Konsonanz mit dem geschenkten Dasein, mit all dem gibt er seinem Leser eine Erfahrung zurück, die ihm mitten zwischen den Bücherbergen der Literatur-Industrie abhanden gekommen ist. Einem auf die Widerspiegelung der „Inbilder" und „Ingestalten" von Natur und Menschen-Dasein und eben nicht allein auf äußere Phänomene gerichteter Blick wird durch den hypertrophen Intellekt des Erzählers gebrochen. Das bringt mit faszinierenden Farben auch ein prismatisches Sehen mit sich, das den Leser irritieren und verstören, aber auch beglücken kann.

II. Rechenschaftslegung des Ich

Handkes Aufzeichnungen „Gestern unterwegs" (vom November 1987 bis Juli 1990; im Jahr 2005 erschienen) berühren Orte und Landschaften in einem ausgedehnten europäischen Gelände: zwischen Athen und Amsterdam, Dubrovnik und Aberdeen, Epidaurus und Stambul, Split und Carcassone, Edinburgh und Triest, Calais und Sevilla, Paris und St. Moritz (um diese Orte zu nennen). Sie beschreiben aber auch das historische und gegenwärtige Gesicht anderer Kontinente wie etwa Japan oder Vorderasien. Hier ist offenbar eine süchtig anmutende Anschauungslust am Werk; und das heißt: sie kann von bildgebundener Erkenntnis nicht genug bekommen. Das langsame Tempo des „Mitschreibens" sucht und lässt Raum für Zwischentöne, Zwischenräume, Impromptus und ständige Horizonterweiterungen. Hier waltet so etwas wie ein unstillbares Verlangen nach der Offenlegung jenes Gesichts, das unsere Welt und unsere Menschen ausmacht und das beide angenommen haben. Mit einem anderen Wort: Es handelt sich bei Handkes Erzählungen und Aufzeichnungen wohl auch um das eigentümliche Wiederauftauchen jener „Kavalierstouren", die im 18. oder 19. Jahrhundert das Gefühl „Auch ich in Arkadien" hervorzurufen halfen, heutzutage aber ein deutlich gebrochenes Verhältnis zur sichtbaren Welt einschließen. Und es handelt sich um die Suche nach einer Erkenntnis – wie nämlich ist das wesen- und wehrlos gewordene Leben des Einzelnen (sofern er noch nicht ein Massenteilchen geworden ist) in Städten und Dörfern, Wohnquartieren, Satellitenstädten und geplanten Urbanisationen, in Zügen und Flugzeugen beschaffen? Handkes „Röntgenblick", die *camera obscura* seines Hinschauens, lässt dabei den fotografischen Impressionismus gängiger Reisebeschreibungen hinter sich. Das unermüdliche und doch ermüdende Sich-Fortbewegen durch wechselnde Landschaften, der Anblick von Bauten und Bildern, die Versenkung in ihre Wesensgestalt, der ins Zentrum der Person treffende Zusammenstoß mit der Hinterlassenschaft einer Epoche wie der Romanik, die bisweilen herzbewegende Begegnung mit Liturgie und Riten, den Mysterien der Eucharistie und der Gemeinschaft der „Gläubigen", aber auch Handkes bisweilen empörte Feststellungen zu jener „Häresie der Formlosigkeit", von der in Martin Mosebachs Buch die Rede ist – Erfahrungen dieser und anderer Art nötigen den Autor Handke zu einer Rechenschaftslegung des Ich, die in unaufhörlichen Tages-Notaten deutlich wird. Dieses beharrliche Forschen im Gesicht seiner selbst und unsrer aller Welt beglückt und schmerzt in einem. Es lässt den Leser rätseln und klärt ihn zugleich auf; es stößt ihn unweigerlich ins Nachsinnen und Nachdenken. In dieser unaufhörlichen Fortbewegung – auch des Hinschauens und „epimetheischen" Nachgehens – kehrt für den aufmerksamen Leser auf neue Weise das überlieferte Bild des Wanderers und Flaneurs, eines Protokollanten und ortskundigen Mitschreibers der „Weltminute", aber auch das eines poetischen Stadtstreichers wieder, das in der deutschen Literatur bleibende Muster hinterlassen hat.

Um an Peter Handkes Anfänge zu erinnern – im Jahr 1972 erschien seine Erzählung „Wunschloses Unglück", die der Autor nach der Selbsttötung seiner Mutter (November 1971) zu schreiben begann. Diese Frau ist in Handkes Werk eine bis auf Traumreste entpersönlichte Person, aufgezehrt von einer Ehe, in der sich die Partner auseinander gelebt haben („denn sie waren nie richtig zusammen gewesen") – um ihr Selbst gebracht, aber auch von einer in leeren Riten erstickenden Religion des bloßen Brauchtums, unterdrückter Spontaneität und dumpfen Dahinlebens. Diese Erzählung, die in Erinnerungsbruchstücken endet und wohl nie zu Ende geschrieben werden wird, wirkt in der Form erzählender Berichterstattung auf ihren Leser wie ein Trauerspiel fürchterlicher Entselbstung des nahestehendsten Menschen. Man könnte sie als „geformten Schrei" bezeichnen; und in gewissem Betracht gleicht sie mehr einer Trauer-Ode als einem „Nachruf": ein weltlicher Passionsbericht, Totenklage und Selbstgericht, ein „Konterfei" offener Wunden.

III. Sich verirren schadet nichts

„Sich verirren schadet nichts": diese Maxime Handkes macht auch ein Stück seiner Optik und Poetik aus. Und folgerichtig hält er sich in den „Zwischenräumen", der *terra incognita* der Worte und ihrer Ränder auf, und das mitunter in einer wehrlosen Offenheit. Der Autor ängstigt sich, dass der „Blick austrocknen" könnte, und auch deshalb ist seiner Prosa das Kindsein nicht abhanden gekommen. Genau diese Verfassung – „den Säuglingsblick zum Himmelslicht wiederholen bis zum Ende" (in „Gestern unterwegs, Aufzeichnungen der Jahre 1987–1990") – hat Peter Handke unter anderem seine „Kindergeschichte" (1981) schreiben lassen, die Jahre, in denen das Kind eines alleinerziehenden Vaters aufwächst und diesen Mann in der Gemeinschaft mit seinem Kind darüber belehrt, was da mit diesem Wesen und ihm selber vor sich geht: beim Beieinanderwohnen, in der Schule, und im Umgang des Kindes mit seines Gleichen. Es ist das so etwas wie die Geschichtsschreibung der Entfaltung, der Möglichkeiten und Begrenzungen eines Kindes, das zugleich eine Art „Volk" repräsentiert und nicht bloß eine Menschengattung. Diese akribisch genaue, aber auch einer tiefen Empfindung folgende Historie könnte man wohl auch eine Suche nach dem richtigen Ort, und der richtigen Zeit für Vater und Tochter nennen. Die dieser Arbeit anhaftenden Mängel werden m. E. durch die Gabe der Einfühlung in ein Geschehen aufgewogen, das sich stellenweise wie der Zustandsbericht einer Kindesseele liest. Doch just an dieser Stelle zeigt sich auch, was es mit einer Poesie auf sich hat, die sich auf solche Versuche nicht einlässt und sich als unangefochtene „Fertigkeit" präsentiert.

Vor allem bestimmte Gestalten in der Erzählung „Der kurze Brief zum langen Abschied" (1974), in „Die Stunde der wahren Empfindung" (1974) und die „Linkshändige Frau" (1976) sind insoweit selbstbiographisch, als sie mit etlichen Eigenschaften ausgestattet sind, die auch der Autor besitzt: Überwachsein, Obsession, Selbstwiderspruch, Einfühlung, Liebe, Hass, Autismus, Zärtlichkeit, Anschauungsverlangen, Neugier, unaufhörliche Selbstbeobachtung, Entdeckungsgabe, und die Fähigkeit, eine Handlung zum *soliloquium* werden zu lassen. Der Krieg, den der Autor Handke manchmal im eigenen Inneren mit sich führt, korrespondiert nicht selten mit den Kriegen „da draußen". Hie und da erscheint seine eigentümliche Weise von Wahrnehmung wie ein Geschenk „von oben" (nicht nur jenes geflügelten Pferdes, dessen Hufschlag die Musenquelle auf dem Berg Helikon entspringen ließ), also als ein *donum gratiae*. Andererseits stellt sie sich als Ertrag stetiger und ermüdender Arbeit dar. Kurz gesagt: vorschnell (oder voreingenommen?) wird man der Poesie Handkes wohl kaum beikommen können.

Aus wechselnden Arbeitszuständen (natürlich auch aus Schreibhemmungen) und zudem aus stets neuen Blickwinkeln gewinnt ein geduldiger Leser mit der Zeit den Eindruck, als wolle sich hier ein ortssüchtiger und ortsflüchtiger Autor gewissermaßen eine Heimat und einen Ort der Ruhe *erschreiben*. Das gilt auch für den Bereich der Religion. Im Fluss der Prosa des Autors Handke tauchen – oft wie beiseite gesprochen und beiläufig – Worte und Sätze aus dem Wortschatz katholischer Frömmigkeit nächst biblischen Sentenzen auf, die einem Christen bekannt sind und die ihn, falls er einen Umgang mit der Heiligen Schrift pflegt, lebenswichtig geworden sein können. Vielleicht bedeuten sie auch für Peter Handke mehr als nur die Vorlage für eine „Kunstfigur". Im „Kurzen Brief" verlautet beispielsweise an einer Stelle: „die Religion war mir seit langem zuwider, und trotzdem spürte ich auf einmal eine Sehnsucht, mich auf irgendetwas beziehen zu können" (S. 165). Das Hermetische und Kryptische etlicher Aussagen (sie tauchen auch in der „Linkshändigen Frau", geschrieben im Frühjahr 1976, wieder auf) muss ins Auge fallen. Jedenfalls treibt hier eine mehr oder weniger deutliche „Konfession", nicht bloß „Religion" gleich einem Erinnerungsfetzen und

Trümmerstück inmitten einer Klischee- und Warenwelt durchs Bild. In Handkes „Geschichte des Bleistifts" (geschrieben 1976–80) begegnen dem Leser einmal Priester als „geistlose Arrangeure, die vorn am Altar ordinäre Haushaltsgeräusche vollführen". Bei bestimmten Predigern fehlen Handke, wie er schreibt, Geist und „Feuerzunge" der Sprache. Der Urheber solcher Sätze vermisst also das menschlich inkarnierte Wort. Aber dort, wo es ihm in einer Messfeier auch sakramental entgegentritt, hat Handke offensichtlich nur eine Verlustanzeige zu machen.

IV. Das Evangelium – ein ungeliebter Verwandter?

Einerseits schreibt sich ein Autor dieses Ranges seine herkünftige religiöse Prägung und seine „Gefühlsmuster" von der Seele; andererseits lassen ihn liturgische und bildgewordene Ausdrucksformen der Überlieferungen nicht in Ruhe und noch weniger entlassen sie ihn offenbar seiner schriftstellerischen Pflicht. So könnte man behaupten: Handkes Religion sei zur Andacht der Aufmerksamkeit geworden und (dieser Eindruck drängt sich auf) er behandle das Evangelium samt seinen Verkörperungen als einen ungeliebten Verwandten. Jedenfalls durchläuft dieses Verhältnis – soll man sagen: „Beziehung"? – alle möglichen Stadien der Anwürfe, der Klage und Wut, aber auch der Ergriffenheit und des Finderglücks. Dieser Widerspruch ist keineswegs neu. Darin steckt wohl auch ein gutes Teil „Dialektik"; über diese Seite auch poetischer Praxis hat sich Erik Peterson bereits im Jahr 1926 Gedanken gemacht, als er schrieb: „Es ist die Nemesis, die den Dialektiker erreicht, dass er vor lauter Ernstnehmen nicht zum Ernst kommt." Verbirgt sich also hinter der Suche nach „der wahren Empfindung" und derjenigen nach dem Wort, dem wahren Bild, auch manchmal so etwas wie ein spielerischer Irrgang im Labyrinth der eigenen Denk- und Sprachhoheit? Ich kann und möchte das nicht festschreiben.

Den Autor Peter Handke fasziniert offensichtlich die Zeichensprache katholischer Liturgie: ihre in eine verlässliche menschliche Form gebrachte Wesentlichkeit und auch das Bild, das sie für die „letzten Dinge" gefunden hat: das gültige und wirkende Wort für jenes *numen adest*. Und wenn auch für ihn vor allem der eigene Augenschein zählt, so hat er sich doch offenbar zu einem Sehen erzogen, dem sein Ich nicht im Wege stehen muss. Dazu aber gehört auch das Wörtlichnehmen der

Fantasie und der Gemütskräfte, und nicht bloß das Erzählen der Außenseite sinnenhaft wahrzunehmender Realität. Das m. E. eilfertige Urteil über einen privatistischen und auf Vagheit wie Formschwäche zurückzuführenden «Missbrauch religiöser Motive und Begriffe» ist und bleibt wohl doch so kurzschlüssig, wie es bereits am Anfang war. Allenfalls sollte die Antwort offenbleiben.

Immerhin könnte es sein, dass ein derart belesener Autor wie Handke Autoren, die seinem ureigenen Fühlen, Denken und Schreiben besonders nahe stehen, bis dato nicht wahrgenommen hat: Verwandte Geister, wenn auch deren Werke (was einem Kenner der etliche Jahrhunderte umfassenden europäischen Geistes- und Literaturgeschichte nicht schwer fallen dürfte) im 17. bis 19. Jahrhundert entstanden sind. Wenn der Schüler des Sehens und Hinsehens, Handke, dieser Fantasie-Arbeiter, der das *ineffabile* der menschlichen Person genauso wie das *nunc aeternum* (die Ewigkeit in der Zeit) zu verstehen weiß, dann könnten ihm beispielsweise die Bekanntschaften mit zwei Autoren nicht gleichgültig sein, deren Wirksamkeit rund vierhundert und zweihundert Jahre zurückliegt. Hier ist etwa der Traktat „über das Sakrament des gegenwärtigen Augenblicks" *(De l'abandon à la Providence divine)* des Jean-Pierre de Caussade, Verfasser aszetischer Schriften und Jesuit (1675–1757), zu nennen und gleichfalls der britische Lyriker und katholische Priester Gerard Manley Hopkins (1847–1889). Zu *beiden* Männern passt Hofmannsthals Satz: „Es ist die Aufgabe des Dichters in seinen höchsten Augenblicken, dem Wort seine alte Unschuld wiederzugeben." Drei Worte tragen diese Aussage, und man sollte sie hervorheben: „Dichter", „Augenblicke" und „Unschuld". Merkwürdig genug, dass sich in Hopkins Gedichten, Tagebüchern, Naturbeobachtungen und anderen Prosatexten Begriffe und Worte wie „Inbild", „Ingestalt" und „Inkraft" (*inscape* – gemeint ist die Wesensgestalt, das Selbst eines Dinges) finden, die in nicht wenigen Notaten und Schriften Handkes als „Inbild" und „Bildverlust" protokolliert sind. Was Hopkins zur Metrik und Poetik schreibt, lässt sich, wie Hermann Rinn bereits 1954 notiert hat, schwerlich übertreffen. Und sollte unser einer nicht nachdenklich werden, wenn er Handkes Zeichnungen von Weiden, Buchenblättern, Bäumen, Maisblättern, Moosen und Steinen in den „Slowenischen Erinnerungen" (1991) mit denen des Poeten Gerard Manley Hopkins von Bäumen, Pflanzen und Wasserläufen vergleicht. Denn es handelt sich offensichtlich um eine verblüffend ähnliche Gabe der Versenkung in die Naturdinge und inniger Naturliebe wie bei dem 1942 in Kärnten geborenen Peter Handke.

V. Die Einheit von Ding, Bild und Schrift

Handke besitzt natürlich eine ganze Reihe literarischer Vorbilder und Lehrmeister, die er selber namhaft macht. Dazu zählen so gegenfüßlerische Geister wie Goethe, Nietzsche, Hofmannsthal, Flaubert, Hölderlin, Stifter, Keller, Kafka, Heidegger und Wittgenstein – aber auch Aischylos, Homer, Vergil und Thukydides. In diesen Bereich gehört auch eine Reihe von Übersetzungen Handkes aus dem Altgriechischen und Französischen (Im „Nachmittag eines Schriftstellers" von 1984 steht die Bemerkung: „Das Übersetzen bringt mich zu tiefer Ruhe"). Eine andere Art von Orientierung und Folge entsteht Handke aus der Beschäftigung mit dem Leben und Werk der Maler Gustave Courbet und Paul Cézanne (unter den Neueren: De Chirico, Max Ernst, René Magritte und Edward Hopper). Peter Handke berichtet zum Beispiel von dem Besuch einer Ausstellung der Bilder des *peintre animal* Gustave Courbet und er erzählt von dem, was man eine «Pilgerreise» zur Berg-Landschaft der provencalischen „Sainte Victoire" nennen könnte. Sie verschafft ihm eine Erfahrung „erlösenden Sehens" und (wie er es auf S. 57 nennt) „das gute Recht zu schreiben". Im Anblick einer bestimmten Stelle des Berges, die Paul Cézanne fasziniert und beschäftigt hat – und die einen entscheidenden Moment in seinem Werk ausmacht, begreift der Autor der «Lehre der Sainte Victoire» die Einheit von Ding, Bild und Schrift (S. 62ff). Es gibt also dem künstlerischen Programms Cézannes getreu, die *realisation* eines Urbildes in der Sprache wie im gemalten Bild. Auch ein Autor, der so wie Handke in der Sprache lebt, hat offensichtlich Mühe, ein solches Widerfahrnis in Worte zu fassen, handelt es sich dabei doch um die Realisation eines Ideals der Künste wie der Literatur, und an dieser Stelle fühlt sich der Schriftsteller – Poet Peter Handke endgültig dem Reich der Formen zugehörig und verpflichtet. Wenn man will, so etwas wie eine Art „Berufungs-Erlebnis".

In diesem nicht sehr umfangreichen Buch steht auch ein Satz von jenem „Augenblick unbestimmter Liebe, ohne den es rechtens kein Schreiben gibt". Offensichtlich hat der Autor, der sich als Lernenden sieht und „definiert" und manchmal gewisse Züge eines Alchimisten trägt, einen weiten Weg zurückgelegt – jedenfalls den der Jahre 1965, 1966 bis 1980. Schon 1966 hat sich Peter Handke mit dem Begriff der *littérature engageé* des Jean-Paul Sartre und seinem politischen Verständnis von Literatur auseinandergesetzt. Für Handke steht seitdem fest, dass fast alles, was diesem Programm auch in Deutschland auf dem Fuße folgt, auf einem Unbegriff fußt. Mit anderen Worten: „Literatur und Engagement" schließen sich aus. Das bedeutet für Handke nach seinem Sprechstück „Publikumsbeschimpfung" (1965) wohl den entscheidenden Schritt zu einer Art von Einzelgängertum, dem er mit einer eigenen poetischen Form des Erzählens Recht und Stimme zu verleihen gesucht hat. Im Übrigen hat seine Form der „Poetisierung der Welt" (um sie einmal so zu nennen), also der Universalisierung der Poesie, viel mit dem Literaturverständnis deutscher Romantik zu tun. Dabei handelt es sich aber offensichtlich nicht um eine bloße Reprise oder Repristinierung. Daraus lässt sich m. E. wohl auch erkennen, wie wenig Handke im Grunde mit dem „Überziehungskredit" der 68er zu schaffen hat.

„Sich verirren schadet nichts" – eine Art Leitgedanke des Peter Handke: er umschließt das Erscheinungsbild eines Poeten, der sich fortan in der *terrra incognita* der Worte und Bilder aufhält und bewegt und dort zu verantworten sucht. Unwillkürlich kommt einem dabei der Vers des Vergil aus den *Georgica* in den Sinn: „gravidas cum vomere fruges" – „Schwere Frucht gewinnt man mit dem Pfluge" (VERGILIUS PUBLIUS MARO, *Georgica* II, 424).

Auch die Natur hat Zeilen?

Ein merkwürdiger Weihnachtsgruß

Johannes Neuhardt, Salzburg

In der Tat: Vor 27 Jahren, zu Weihnachten 1986, sandte mir Peter Handke auf einer Birkenrinde diesen Wunsch:

Auch die Natur hat Zeilen?

Hat die Natur eine Sprache?
Kennt sie ein Wozu und ein Wohin?
Besteht nicht ihr Wesen in der Wiederholung des ewig Gleichen?
Was nur erinnert, verharrt in der Vergangenheitswelt.

Hat die Natur eine Sprache?
Nicht die Wiederholung von Abläufen oder die ständige Konfrontation mit belanglosen und gleichgültigen Äußerlichkeiten des menschlichen Lebens. Zeilen meinen Struktur. Zeilen, die eine Richtung vorgeben und mich zwingen noch einmal durchzulesen, es zu wieder-holen. Alles menschliche Streben hat immer ein Wozu und ein Wohin.

Aber was hat das alles mit Weihnachten zu tun?
Christen glauben, dass Gottes Sohn unsere menschliche Natur angenommen habe. Diese Natur, die Zeilen hat. Es geht nicht mehr alles wirr drunter und drüber. Die Zeilen geben eine Richtung vor. Natur offenbart sich nicht nur in der Wiederholung des ewig Gleichen. Was wird auf diese Zeilen geschrieben? Gott kann auch auf krummen Zeilen gerade schreiben. Es geht nichts mehr auf einmal, sondern Schritt für Schritt – Zeile für Zeile.

Ein schöner Weihnachtswunsch!

Eben zur selben Zeit (1988) erschien bei S. Fischer in Frankfurt der Roman des 1954 in Wels geborenen österreichischen Dichters Christoph Ransmayr: „Die letzte Welt". Der berühmte römische Dichter Ovid (Publius Ovidius Naso) wird im Jahre 8 n. Chr. durch ein Dekret des Kaisers Augustus an das Ende der Welt verbannt (nach Tomi am Schwarzen Meer). Er wusste offenbar zu viel und sollte mundtot gemacht werden. Am Rand der Welt also, dort, wo die Grenzen zwischen Natur und Zivilisation, Schönheit und Schrecken, Erleuchtung und Schmerz, Leben und Tod verschwimmen, musste er seine Tage fristen. Hier entstand das Hauptwerk des Dichters, seine Metamorphosen. Hier in der Unwirtlichkeit menschenverachtender Natur befreit sich Ovid von allen Zwängen, indem er Zeile an Zeile reiht. So lebt er im Einklang mit dieser rauen Welt.

Im Abschlusskapitel schreibt Ransmayr, indem er das Résumé zieht: „Aus Rom verbannt, aus dem Reich der Notwendigkeit und der Vernunft, hatte der Dichter die *Metamorphoses* am Schwarzen Meer zu Ende erzählt. Er hatte eine kahle Steilküste, an der er Heimweh litt und fror zu seiner Küste gemacht und zu seinen Gestalten jene Barbaren, die ihn bedrängten und in die Verlassenheit von Trachila vertrieben. Naso hatte schließlich seine Welt von den Menschen und ihren Ordnungen befreit, indem er jede Geschichte bis an ihr Ende erzählte."
Auch die Natur hat Zeilen?
Ja, sie hat.

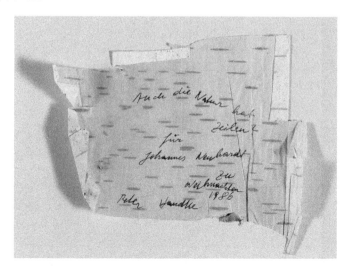

Verwandlung und Bergung der Dinge in Gefahr

Religiöse Dimensionen im Werk Peter Handkes

Festvortrag beim interdisziplinären Symposium
zu Peter Handke „Verwandeln allein durch Erzählen"
am 8. November 2012, Universität Wien

Egon Kapellari, Graz-Seckau

Meine Damen und Herren!

I.

„Peter Handkes Werk (ist) ohne die biblischen Quellen und liturgischen Anspielungen in seiner Sinndichte nicht angemessen zu verstehen", haben die Veranstalter dieses interdisziplinären Symposiums in den ankündigenden und dazu einladenden Text geschrieben. Wie kommt aber ein Bischof, der nicht auch Literaturwissenschaftler ist, als Referent in dieses Programm? Herr Prof. Jan-Heiner Tück hat mich schon vor einigen Monaten brieflich dazu eingeladen und zwar, wie er – dies begründend – schrieb, auf Empfehlung von Dr. Hans Widrich, einem Peter Handke und mir seit Jahrzehnten gemeinsamen Freund aus Salzburg. Prof. Tück verwies darauf, dass ich als früherer Diözesanbischof von Gurk-Klagenfurt und aufgrund meines Engagements im Bereich der Literatur (zum Beispiel durch das Buch „Aber Bleibendes stiften die Dichter") dafür geeignet, beziehungsweise – wie der Herr Professor freundlich übertreibend meinte – „geradezu prädestiniert" sei. Diese Begründung verweist auf die mir freilich gar nicht willkommene Notwendigkeit, meinen Blick auf Handke und sein Werk in diesem abendlichen Vortrag auch mit einigen autobiographischen Anmerkungen zu verbinden.

Die mich gleicherweise ehrende wie herausfordernde Einladung zu diesem Abend habe ich nur sehr zögernd angenommen. Dieses Zögern hatte gute Gründe – angefangen bei der Frage, wie ich neben meinen unabweisbaren Verpflichtungen als Bischof noch genug Zeit finden könnte, um einen Text zu erarbeiten, der dem hiesigen anspruchsvollen Forum entspricht. Andererseits war es verlockend, mich dem „ingens opus" von Peter Handke wieder nähern zu können, ja nähern zu müssen und dabei auch die Möglichkeit zu haben, mit Hans Widrich und mit dem Grazer Theologen Harald Baloch darüber zu sprechen. Harald Baloch hat unter dem Titel „Religion und Ritus in Werken Peter Handkes bis 1986" eine Dissertation bei Prof. Philipp Harnoncourt verfasst. Diese Arbeit ist 23 Jahre später unter dem Titel „Ob Gott oder Nicht-Gott. Peter Handke und die Religion" als Buch erschienen und gilt in Fachkreisen als sehr kompetentes und profundes Werk. Dr. Widrich wird morgen an einer dieses Symposium abschließenden Podiumsdiskussion teilnehmen. Er hat auch schon beim vorausgehenden Handke-Symposium in Salzburg mitgewirkt und hat durch biographische Hinweise auf Handke und durch autobiographische Hinweise den dortigen literaturwissenschaftlichen Horizont narrativ färbig belebt. Und Widrich hat mir vorgeschlagen, meine heutigen Anmerkungen über Handkes Person und Werk unter dem Titel *Verwandlung und Bergung der Dinge in Gefahr. Religiöse Dimensionen im Werk Peter Handkes* in einen umgreifenden Kontext zu stellen: nämlich in den Horizont meiner jahrzehntelangen Befassung mit Kunst mehrerer Gattungen, meiner vielen Begegnungen mit Kunstschaffenden, meiner Sorge für und um die Liturgie und schließlich meiner beinahe 20 Jahre dauernden Tätigkeit als Kärntner Diözesanbischof. In diesen Kärntner Jahren war es mir auch beständig aufgegeben, das Miteinander der Kärntner Slowenen und der deutschen Mehrheitsbevölkerung in Kirche und Gesellschaft zu fördern. Das Sprechen über all das sollte immer wieder mit einem Blick auf Handke verwoben werden. Dieser Vorschlag eines kompetenten Freundes erschien mir schließlich als plausibel, auch wenn ich hier – wie schon gesagt – Autobiographisches gerne vermieden hätte.

Rückblendend in meine Biographie ist zu sagen, dass mir in den Jahren vor der Reifeprüfung in Leoben und während eines Studiums der

Verwandlung und Bergung der Dinge in Gefahr   219

Rechtswissenschaften die Begegnungen mit den Schriftstellern des „Renouveau catholique" – die meisten waren Konvertiten zur katholischen Kirche – besonders prägend waren. Ich nenne hier nur Georges Bernanos und Paul Claudel. Peter Handke hat in Tanzenberg besonders auch Bernanos gelesen. Er war dabei vom Roman „Das Tagebuch eines Landpfarrers" sehr fasziniert und ist es bis heute, wie mir Hans Widrich erzählt hat.

Später, in den 18 Jahren meiner Tätigkeit als Studentenpfarrer für die Grazer Universitäten, war ich immer wieder mit der Frage befasst, welche Bedeutung in meinem eigenen Leben und im Leben vieler von mir begleiteter Studierender verschiedenster Disziplinen zeitgenössische oder ältere Nicht-Fachliteratur und zumal auch Dichtung haben könne und daher auch sollte. Dabei ging es selbstverständlich auch um allgemein religiöse oder antireligiöse Implikationen und noch einmal um spezifische Bezüge mancher Werke solcher Literatur bezogen auf die katholische Kirche.

Im ziemlich reichhaltigen Programm der Grazer Katholischen Hochschulgemeinde in meinen dortigen Jahren vom Februar 1964 bis zum Dezember 1981 wurde nicht nur *über* Literatur gesprochen. Es gab auch viele persönliche Begegnungen *mit* Literaten. Ich nenne hier nur zwei von ihnen, nämlich Manès Sperber und Reiner Kunze. Sperber war damals zum ersten Mal nach Kriegsende wieder nach Graz gekommen und war hier für einige Tage unser Gast. Viele Studierende hatten eben sein Buch „Die Wasserträger Gottes" (1974) gelesen und dementsprechend groß war die Zahl derer, die ihm zuhörten. Bei einem Abendessen sagte mir Sperber dann etwas, an das ich mich seither oft erinnert habe. Er sagte mit offenkundigem Nachdruck als agnostischer Jude zu mir, dem damals ziemlich jungen katholischen Priester: „Achten Sie auf Ihr christliches Proprium! Sie haben nicht das Gesetz zu verkünden, sondern die Gnade."

Unverwechselbar anders waren die Begegnungen mit Reiner Kunze, der später auch mein Gast im Bischofshaus in Klagenfurt war und im Sommer vorigen Jahres mein Gast in Graz gewesen ist. In all den Jahrzehnten, seit ich ihn kenne, ist er Agnostiker gewesen und geblieben. Dies aber in großer Sensibilität für den Glauben, die Freuden und die Nöte von Christen heute. Als zwei Beispiele dafür zitiere ich erstens aus seinem kurzen Gedicht über eine verregnete, aber tapfer durchgehaltene Flurprozession in Bayern. Dort sagt er epochenkritisch: „Schwerer wirds von Tag zu Tag, Gott durch den Regen zu bringen." Und in einem Gedicht über die Türme von Lübeck sagt Kunze: „Damit die Erde hafte am Himmel, schlugen die Menschen Kirchtürme in ihn, sieben kupferne Nägel, nicht aufzuwiegen mit Gold."

Anders als im Verhältnis zu Manès Sperber und Reiner Kunze bin ich Peter Handke in meinen Jahren als Grazer Hochschulseelsorger nie bewusst persönlich begegnet, obwohl er sich, wie ich später erfuhr, öfter in unserem Studentenhaus Leechgasse 24 aufhielt, um hier die Mensa oder seinen früheren Schulkollegen Hans Widrich zu besuchen. Handke und Widrich wurden in der Gegend um Völkermarkt in Kärnten geboren, haben gemeinsam Internats- und Schuljahre im Bischöflichen Kleinen Seminar und in der staatlichen Gymnasialexpositur in Tanzenberg bei Klagenfurt verbracht und sind miteinander bis heute besonders verbunden. In den Jahren von 1979 bis 1987, als Handkes Tochter Amina in Salzburg das Gymnasium besuchte, hat er am Mönchsberg als Mieter in einem der Familie Widrich gehörenden Haus gewohnt. In dieser Zeit sind so wichtige Werke wie „Über die Dörfer", „Kindergeschichte", „Die Geschichte des Bleistifts" und „Der Chinese des Schmerzes" entstanden. Dr. Widrich war während der Grazer Studienzeit Handkes Leiter des neuen Afro-Asiatischen-Instituts gewesen, für das ich bald darauf ebenfalls zuständig wurde. Er ist – wie schon gesagt – bis heute auch mit mir freundschaftlich verbunden und hat wohl auch bewirkt, dass manchmal Bücher von Handke mit Widmung bei mir eingetroffen sind. So 1981 das Buch „Über die Dörfer" aus Salzburg oder 2010 das Buch „Ein Jahr aus der Nacht gesprochen" aus Chaville bei Paris. Und auch die Einladung von Herrn Prof. Tück an mich zum heutigen Vortrag ist ja durch Hans Widrich mitverursacht worden.

„Haben Sie überhaupt jemals mit Handke gesprochen?" Auf diese naheliegende Frage an mich gibt es kein klares Ja oder Nein. Ich habe oft gedacht und manchmal auch gesagt: Mit Peter Handke zu sprechen heißt für mich, seine Bücher zu lesen, und das habe ich in vielen Jahren immer wieder getan. Besonders bewegt war ich dabei durch das Buch „Wunschloses Unglück" aus dem Jahr 1971. Als Kärntner Bischof habe ich oft das halb ruinöse ehemalige Prämonstratenserstift Griffen bei Völkermarkt besucht, mit seinen zwei zum Glück nicht ruinösen Kirchen und dem nahe gelegenen Grab von Handkes Mutter auf dem alten Friedhof. Der mir gut bekannte, auch kirchenkritische Text im genannten Buch über den Tod und das Begräbnis von Maria Handke ist mir dann jedes Mal in bewegende Erinnerung gekommen.

Einmal hatte Peter Handke einen Besuch bei mir in Klagenfurt angesagt. Er wollte über eine Kontroverse sprechen, die es zwischen ihm und mir bezüglich der Einweihung der in ihrem Inneren durch den bedeutenden Kärntner slowenischen Künstler Valentin Oman endlich vollendeten Tanzenberger Seminarkirche gegeben hatte. Handke war bei dieser Einweihung nicht anwesend, hatte aber durch die Kritik einer slowenischen Zeitung davon Kenntnis erhalten, dass ich bei dieser Liturgie nicht auch Slowenisch gesprochen hatte. Er kritisierte mich deshalb in eben diesem Blatt. Ich antwortete ihm mit dem Hinweis, dass ein slowenischer, in Tanzenberg leitend tätiger Priester mir ja auf vorherige Anfrage hin gesagt hatte, dies sei nicht vorgesehen. Das war ein gutgemeinter, aber falscher Rat. Übrigens habe ich in Kärnten bei hunderten Liturgien in 20 Jahren auch Slowenisch gesprochen, was allgemein bekannt war. Der abendliche Besuch Handkes bei mir kam dann aber doch nicht zustande, weil das Fahrzeug, mit dem er kommen sollte, durch einen Defekt betriebsunfähig geworden war. So blieb mein Sprechen mit ihm auf das Lesen seiner Bücher beschränkt; dies freilich intensiviert durch vom gemeinsamen Freund Hans Widrich vermittelte Signale wie zum Beispiel Buchgeschenke.

II.

Nach dieser ziemlich lang gewordenen Einleitung wende ich mich noch vor einer Konzentration auf das Werk von Peter Handke der generellen und an alle Arten von Kunst adressierbaren Frage „Was kann Kunst? Was darf Kunst?" zu: Kunst als Literatur, als Bildende Kunst, als Musik, als Theater. Friedrich Schiller hat 1784 im Zusammenhang mit seinem schließlich doch erfolglosen Versuch, zum Sekretär der kurpfälzischen „Deutschen Sprachgesellschaft zur Besserung der Sitten und Reinigung der deutschen Sprache" bestellt zu werden, von der Schaubühne, und dabei konkreter vom Theater in Mannheim als von einer moralischen Anstalt gesprochen. Goethe lässt seinen Torquato Tasso sagen: „Gab mir ein Gott zu sagen, was ich leide." Und Rilke hat in der Ersten Duineser Elegie über den mythischen Ursprung von Musik als von etwas gesprochen, „das uns jetzt anruft und tröstet und hilft". Dieses schöne Pathos ist seither viele Male kritisch und oft auch voll Hohn in Frage gestellt worden. Aber die Frage, was Kunst kann, soll oder darf, begleitet dennoch leise oder auch deutlicher das künstlerische Schaffen jeder Epoche im Ganzen. Bert Brecht, der eminente und dabei zuweilen schwer erträgliche Moralist, hat in einem bekannten, sirenenhaft schönen Fünfzeilen-Text moniert, dass Schönheit und Güte verbunden bleiben. Und er hat auch den Verlust an Humanität benannt für den Fall, dass beide auf Dauer auseinander fallen. Dieser Fünfzeiler aus dem Stück *Der kaukasische Kreidekreis* lautet:

> „Wisse, Frau, wer einen Hilferuf nicht hört,
> Sondern vorbeigeht, verstörten Ohrs; nie mehr
> Wird der hören den leisen Ruf der Liebsten, noch
> Im Morgengrauen die Amsel oder den wohligen
> Seufzer der erschöpften Weinpflücker beim Angelus."

Soviel aus der hochmoralischen Lyrik von Bert Brecht. Damit verglichen ist Peter Handke gewiss kein drastischer Moralist. Gibt es aber nicht auch bei ihm eine wenngleich leise Botschaft von der Art, die Rilke dem Torso einer antiken Statue des Apoll in Rom zugeschrieben hat mit den Worten: „Du musst dein Leben ändern." Eine Botschaft dieser Art gibt es auch bei Handke. Sie drückt sich aus in vielen Stimmen, die freilich nicht trompetenhaft sagen „Du musst!", die aber mindestens sagen „Du kannst!". Und über all das hinaus erklingt aber die Stimme der „Nova" am Schluss des dramatischen Gedichts „Über die Dörfer" mit einem geradezu trompetenhaften Pathos.

Was bedeutet aber für Peter Handke Literatur generell in seinen Selbstzeugnissen zunächst als Lesender und später als selbst Schreibender? In der Schulzeit und in der frühen Schaffensperiode sei für ihn Literatur lange Zeit das Mittel gewesen, über sich selber „wenn nicht klar, so doch klarer zu werden". „Sie hat mir" – schreibt Handke rückblickend – „geholfen zu erkennen, dass ich *da* war, dass ich auf der Welt war." Literatur habe ihm gezeigt, dass sein Selbstbewusstsein kein Einzelfall war. Ohne die Literatur wäre ihm sein Selbstbewusstsein „etwas Schreckliches, Beschämendes, Obszönes gewesen". Er sei eigentlich nie von seinen offiziellen Erziehern erzogen worden, sondern habe sich immer von der Literatur verändern lassen: „Von ihr bin ich durchschaut worden, von ihr habe ich mich ertappt gefühlt, von ihr sind mir Sachverhalte gezeigt worden, deren ich nicht bewusst war oder in unbedachter Weise bewusst war. Die Wirklichkeit der Literatur hat mich aufmerksam und kritisch für die wirkliche Wirklichkeit gemacht." So Handke: „Ich bin ein Bewohner des Elfenbeinturms". Lesen wird für ihn zu einer Gegenwelt angesichts seiner ärmlichen und konfliktbeladenen Familiensituation und der Erziehung im Bischöflichen Knabenseminar in Tanzenberg, aber auch während des 1961 in Graz begonnenen Jusstudiums, das ihm zwar leicht fällt, aber fremd bleibt.

Im Rahmen des heute vorgegebenen Themas erscheint mir Handkes wiederholte und auch weithin bekannte Kritik an Erziehung und religiösem Leben im Tanzenberger Internat als bedeutsam. Er schränkt diese Kritik aber selbst immer insofern ein, als er in den sechs Jahren seiner Tanzenberger Gymnasialzeit geradezu ideale Bedingungen für seine lebensentscheidende Liebe zur Literatur hatte. Da ist einerseits der – ebenso wie er – vereinzelte und schüchterne Lehrer Reinhard Musar, der ihm auch Bücher aus der Lehrerbibliothek zu lesen gibt, und andererseits der Bibliothekar des Seminars. Und Handke ist dafür dankbar. Anlässlich des 50-Jahr-Jubiläums des Bischöflichen Knabenseminars schrieb er an den Direktor der Schule:

„Lieber Herr Mochar, danke für Ihren Brief aus den ehemals doch eher kalten Mauern von Tanzenberg. Aber natürlich muss ich wohl auch dankbar sein, auf diese Weise so nah ans Lateinische und Griechische gekommen zu sein, worin oder wobei es mir auf Dauer heimatlich und zugleich weit zumute wird. Zu Ihrem Jubiläum gehört sich kein hartes Wort und so denke ich mit Zuneigung zum Beispiel an den runden Ostturm, wo sich einst hoch oben eine kaum zugängliche Bibliothek befand, in dessen Allerheiligstem, hinter den gar zu heiligen Büchern, die ausleihbar waren [...] ein lieber Pater Spiritual namens Josef Rehnelt S.J., der die Bibliothek verwaltete, zusammen mit den Seelen der Zöglinge, mir eine Tür offenließ, zum wirklichen Lesen, so dass ich dort etwa Charles Dickens las, und las, und las [...]."

In seiner existenziellen Tiefe wird Handke dabei von Georges Bernanos und Paul Claudel, vor allem aber von William Faulkner erfasst, von dem er im Tagebuch „Phantasien der Wiederholung" sagt: „Ich bin erlöst – seit ich mit fünfzehn William Faulkner las – und bin seitdem immer wieder erlöst worden." Als Handke das mehr als 20 Jahre nach der Schulzeit in den „Phantasien der Wiederholung" notiert, ist dieser Satz aber nicht mehr ironisch gegen Glauben und Religion gewendet, sondern Ausdruck eines neuen Verständnisses für Sprache als religiöse Form.

III.

Nun soll über Handkes Religionskritik und ihre Wandlungen gesprochen werden. Die frühen Werke Handkes sind ausgesprochen religionskritisch, wobei Religionskritik aber nicht im Vordergrund steht, sondern in eine umfassende Sprachkritik eingebettet ist. In den Sprechstücken „Kaspar" und „Selbstbezichtigung" zeigt er den einzelnen Menschen als von Anfang an der strukturellen Ordnungsmacht von Sprache ausgeliefert und so seinem Innersten entfremdet. Im „Kaspar" – das Stück sollte ursprünglich „Sprechfolter" heißen – macht Handke die zu einem geregelten Leben rufenden Sätze als ein großes in die Gesellschaft einfügendes Schema bewusst. Die „Selbstzichtigung" hat die Form einer Beichte, wobei Selbstaussagen eines Individuums rituell so aneinander gereiht werden, dass die Wahrnehmung einer einzigen großen Existenzschuld entsteht. Der Text beginnt mit den Sätzen „Ich bin auf die Welt gekommen. Ich bin gezeugt worden. Ich bin entstanden. Ich bin gewachsen. Ich bin geboren worden. Ich bin in das Geburtenregister eingetragen worden.", und führt über Aussagen wie „Mit meinen Personalien bin ich aktenkundig gemacht worden. Mit meiner Seele bin ich von der Erbsünde befleckt worden." zu den Schlusssätzen „Ich bin ins Theater gegangen. Ich habe dieses Stück gehört. Ich habe dieses Stück gesprochen. Ich habe dieses Stück geschrieben." Diese Schlusssätze bringen eine befreiende Erfahrung zum Ausdruck, die Handke der Literatur und dem Theater zuschreibt. Er selbst will solche Erfahrung durch eine streng formal angelegte Aufdeckung von Schemata bewirken und sieht nur in Form der Poesie ein Durchbrechen dieser Schemata als möglich. Der Gedanke, dass Religion den Einzelnen vor der Ausgesetztheit in der Welt und den gesellschaftlichen Zwängen schützen könnte, liegt Handke damals fern. Das wird besonders in der Erzählung „Wunschloses Unglück" deutlich, in der er, erschüttert durch den Selbstmord seiner Mutter, nach Sprache sucht. In dieser Erzählung beschreibt er berührend, wie die Mutter zunehmend wunschlos zum Opfer eines depravierenden familiären und einengenden dörflichen Milieus wird und schließlich nicht mehr leben mag. Glaube und

Frömmigkeit werden von Handke für dieses Schicksal mitverantwortlich gemacht: Ich zitiere:

„Es gab nichts von einem selber zu erzählen; auch in der Kirche bei der Osterbeichte, wo wenigstens einmal im Jahr etwas von einem selber zu Wort kommen konnte, wurden nur die Stichworte aus dem Katechismus hingemurmelt, in denen das Ich einem wahrhaftig fremder als ein Stück vom Mond erschien [...]. Das persönliche Schicksal, wenn es sich überhaupt jemals als etwas Eigenes entwickelt hatte, wurde bis auf Traumreste entpersönlicht und ausgezehrt in den Riten der Religion, des Brauchtums und der guten Sitten [...]. Der schmerzensreiche Rosenkranz; Damenwahl; das Bruderschaftstrinken; das In-den-April-Schicken; die Totenwache; der Silvesterkuss; in diesen Formen veräußerlichten privater Kummer, Mitteilungsdrang, Unternehmungslust, Einmaligkeitsgefühl, Fernweh, Geschlechtstrieb, überhaupt jedes Gedankenspiel mit einer verkehrten Welt, in der alle Rollen vertauschbar wären, und man war sich selber kein Problem mehr [...]. Die erwähnten Riten hatten dann eine Trostfunktion, der Trost: er ging nicht etwa auf einen ein, man ging vielmehr in ihm auf; war endlich damit einverstanden, dass man als Individuum nichts, jedenfalls nichts Besonderes war." Soweit das Zitat aus *Wunschloses Unglück*.

Handke hat den würdigenden Blick auf Menschen, die Opfer gesellschaftlicher Verhältnisse wurden und unbeachtet am Rand der Gesellschaft stehen, stets behalten. Seine analytische Fähigkeit, zu zeigen, wie die Lebenswirklichkeit durch schematische Wahrnehmung und Beschreibung determiniert ist, wird später den Kern seiner Medienkritik ausmachen. Doch die Intention seines Schreibens ändert sich nach 1971 merkbar. In seiner Rede zur Verleihung des Kafka-Preises 1978 ehrt er Franz Kafka als seinen großen Lehrer. Es gäbe, sagt er, „in den Schriften der Völker seit Anbeginn keinen zweiten Text, der den Machtlosen besser dabei helfen kann, in Würde und zugleich Empörung einer als Todfeind erfahrenen Weltordnung standzuhalten, als den Schluss des Romans ‚Der Prozess', wo Josef K., der Held, zum Geschlachtetwerden weggezerrt wird, die höhnisch verschleppte Hinrichtung sogar selber vorantreibt und es dann doch, heroisch triumphierend, unterlässt, den zwei Herren, die über ihn hinweg einander das Messer reichen, die Henkershandlung abzunehmen: das steht GESCHRIEBEN – man LESE" (EF 156f).

Aber gerade an der Prozess-Erzählung sei ihm, Handke, am deutlichsten geworden, wie sich seine Schreibversuche vom Werk Franz

Kafkas unterscheiden müssten: „[...] denn dieses zeigt die Welt als eine bösartige Übermacht, die mit dem sogenannten Lebenslauf jedes einzelnen Katz und Maus spielt, während mir Nachgeborenem die Schöpfung zuweilen doch schon wieder als eine Herausforderung erscheint, die ich vielleicht, vielleicht sogar auf (meine) Dauer bestehen kann" (So in: „Ich bin ein Bewohner des Elfenbeinturms").

Handkes neue Erfahrung von Welt kommt als fragil und angefochten in der Tetralogie „Langsame Heimkehr", „Die Lehre der Sainte Victoire", im dramatischen Gedicht „Über die Dörfer" und in der „Kindergeschichte" zur Sprache. Im Lauf der Jahre hat sich auch seine kritische Distanz zu Religion gewandelt. Schon in der 1971 geschriebenen Erzählung *Der kurze Brief zum langen Abschied* – der Geschichte einer Ehekrise – lässt Handke seinen Ich-Erzähler sagen:

„In der Kirche nahm ich die Sonnenbrille und den Strohhut ab. Es war später Nachmittag, der Rosenkranz wurde gerade gebetet. Wenn es still war, hörte man, wie draußen der Sand gegen die Kirchentüre schlug. Einige Frauen standen in einer Reihe vor den Beichtstühlen. Als ich zum Altar hinschaute, sah ich in der Erinnerung davor eine Schwalbe fliegen. Wieder versank ich in jeden Anblick. Die Religion war mir seit langem zuwider, und trotzdem spürte ich auf einmal eine Sehnsucht, mich auf etwas beziehen zu können. Es war unerträglich, einzeln und mit sich allein zu sein. Es musste eine Beziehung zu jemand anderem geben, die nicht nur persönlich zufällig und einmalig war, in der man nicht durch eine immer wieder erpresste und erlogene Liebe zueinander gehört, sondern durch einen notwendigen, unpersönlichen Zusammenhang. Warum hatte ich zu Judith nie so bedenkenlos freundlich sein können wie jetzt beim Anblick der Kirchenkuppel, oder dieser Wachstropfen auf dem Steinboden?"[1]

Mehrere Spuren von Handkes gewandelter Auseinandersetzung mit Religion finden sich unter den Notizen in seinem Tagebuch „Das Gewicht der Welt", das die Jahre 1975 bis 1977 umfasst. Er hält darin vor allem fest, wie er immer wieder von Schrecken und Trauer über den Tod seiner Mutter eingeholt wird, von Todesängsten, Todessehnsucht und Sinnlosigkeitserfahrungen. In diesem Kontext sind dann die expliziten Bezüge auf Religion zu verstehen, von denen ich einige exemplarisch zitiere: „Meine Verlegenheit vor jemandem, der wirklich an Gott

---

[1] Peter HANDKE, *Der kurze Brief zum langen Abschied*, Frankfurt/M. 1973, 165.

glaubt" (11. Juni 1976). – „Orgelmusik: Vorstellung, es müsste doch etwas geben, das der Grund dieses Klanges wäre, diese Musik kann nicht für sich, aus sich entstanden sein; sie erzeugt die Vorstellung eines höheren Wesens, das ich mir sonst nicht denken kann" (Februar 1977). Im Mai 1976 notiert Handke aus seiner Lektüre Martin Heideggers: „Bereitschaft des Sich-Offen-Haltens für die Ankunft oder das Ausbleiben des Gottes. Auch die Erfahrung dieses Ausbleibens ist nicht nichts, sondern die Befreiung des Menschen von der Verfallenheit an das Seiende." Soviel aus Heidegger. Und dann wieder Handke: „Heute Abend Stücke aus der Bibel wieder gelesen, danach (den Film Anm. d. Verf.) ,Young Mr. Lincoln' wieder gesehen: machtvolle Erhebung aus den täglichen Verlegenheiten, wobei diese aber nicht abgetan, beiseitegeschoben werden, vielmehr erstrahlen als etwas zu Ertragendes und Erträgliches. (Hagar, die von ihrem Kind – beide sind in die Wüste geschickt –, als sie meint, es werde verdursten müssen, nicht weggeht, sondern sich weg*setzt*; und Henry Fondas Abraham Lincoln, mit Körperbewegungen, so ruhig und deutlich wie Buchstaben einer anderen Heiligen Schrift); und ich musste natürlich wieder tief Atem holen, um nicht zu weinen" (31. 10. 1976).

Die religiösen Bezüge in Handkes Erzählungen und Tagebüchern nach 1978 gehen darüber hinaus. Handke will – wie in der Kafka-Preis-Rede programmatisch gesagt – nicht mehr nur Schreckenserfahrungen der eigenen Existenz schreibend bewältigen, sondern einzelne, wenn oft auch nur momenthafte Erfahrungen von Glück, Freude, Zusammenhang und Sinn in Sprache fassen. Das können eigene Erfahrungen sein oder – darauf beruhend – die Erfahrungen, zu denen Handkes poetische Phantasie die Gestalten seiner Erzählungen führt. Gelingt das sprachlich, dann bleiben solche Erfahrungen in Erinnerung, bekommen Dauer im Bewusstsein, lassen sich wiederholen und sinnstiftend vergegenwärtigen. Allein schon aus dieser Intention ergibt sich eine strukturelle Parallele zwischen Handkes Erzählen und der Vergegenwärtigung von Heilsgeschehen in der Heiligen Schrift und im Sakrament der Eucharistie.

So kann man wohl auch die schlüsselhafte Textstelle in Handkes *Die Lehre der Sainte Victoire* (Winter und Frühjahr 1980) verstehen, die ich als Titel für die heute hier vorgetragenen Überlegungen gewählt habe. Bevor ich diesen Text zitiere, sei angemerkt, dass für Handke das Malen und die Bilder von Paul Cezanne zum Vorbild für das eigene Erzählen geworden sind. Doch nun zum Zitat:

„Zwei Dorfälteste hörte ich einmal sagen: ‚Wenn sie nichts glauben – zu was sind sie denn überhaupt da. Ohne gemeint zu sein, fühlte ich mich doch betroffen. Beschäftigte mich denn nicht schon länger der Gedanke, ‚nur mit einem Glauben könnten die Dinge auch auf die Dauer wirklich bleiben?' Was war dieses Geheimnis, das die Dorfrichter zu kennen schienen? Ich hätte mich nie als gläubig bezeichnen können, das Kind von einst noch weniger als mich jetzt: aber hatte es nicht schon ganz früh ein Bild der Bilder für mich gegeben? Ich will es beschreiben, denn es gehört hierher. Dieses Bild war ein Ding, in einem bestimmten Behältnis, in einem großen Raum. Der Raum war die Pfarrkirche, das Ding war der Kelch mit den weißen Oblaten, die geweihte Hostien heißen, und sein Behältnis war der in den Altar eingelassene, wie eine Drehtür zu öffnende und zu schließende vergoldete Tabernakel. – Dieses sogenannte ‚Allerheiligste' war mir seinerzeit das *Allerwirklichste*. Das Wirkliche hatte auch seinen wiederkehrenden Augenblick: sooft nämlich die durch die Worte der Wandlung sozusagen Gottes Leib gewordenen Brotpartikel mitsamt ihrem Kelch im Tabernakel geborgen wurden. Der Tabernakel drehte sich auf; das Ding, der Kelch, wurde, schon unter Tüchern, in die Farbenpracht seiner Stoffhöhle gestellt; der Tabernakel drehte sich wieder zu – und jetzt der strahlende Goldglanz der verschlossenen konkaven Wölbung. Und so sehe ich jetzt auch Cezannes ‚Verwirklichungen' (nur dass ich mich davor aufrichte, statt niederzuknien): Verwandlung und Bergung der Dinge in Gefahr – nicht in einer religiösen Zeremonie, sondern in der Glaubensform, die des Malers Geheimnis war."[2]

Von diesem Text her lassen sich die vielen Erzählszenen und Tagebuchnotizen tiefer verstehen, in denen Handke bis heute beim Schreiben Formen der kirchlichen Liturgie, der sakralen Kunst und dabei insbesondere der Romanik, Texte der Heiligen Schrift und der christlichen Mystik miterlebt. Handke stellt sich zwar die Frage, ob er dabei auch im Sinne des ausformulierten kirchlichen CREDO glaube, das er hört. Aber ein möglicher persönlicher Glaube bleibt sein Geheimnis ebenso wie bei Cezanne.

Das genauere Nachfragen nach Handkes Religiosität bleibt legitim, wenn es nicht einengend ist. In einem Interview, das Ulrich Greiner mit Handke für die Hamburger Wochenzeitung „Die Zeit" geführt hat

---

[2] Peter HANDKE, *Die Lehre der Saint-Victoire*, Frankfurt/M. 1980, 65f.

und das ebendort im November 2010 erschienen ist, weist Handke die Frage, ob er ein religiöser Autor sei, zurück, sagt aber dann sehr persönlich:
„Wenn jemand sagt, er sei religiös, geht mir das auf die Nerven. Wenn er nicht erzählt, was das ist. Das Erzählen ist das Entscheidende. Wenn ich an der heiligen Messe teilnehme, ist das für mich ein Reinigungsmoment sondergleichen. Wenn ich die Worte der Heiligen Schrift höre, die Lesung, die Apostelbriefe, die Evangelien, die Wandlung miterlebe, die Kommunion und den Segen am Schluss ‚Gehet hin in Frieden!', dann denke ich, dass ich an den Gottesdienst glaube. Ich weiß *nicht, ob ich an Gott glaube, aber an den Gottesdienst glaube* ich. Die Eucharistie ist für mich spannender, die Tränen, die Freude, die man dabei empfindet, sind wahrhaftiger als die offizielle Religion. Ich weiß, ich habe, wenn ich das sage, eine Schattenlinie übersprungen, aber dazu stehe ich." Soweit Handke. In diesem Zusammenhang denke ich an die auch autobiographische Formulierung „Credere di credere" des italienischen Philosophen Gianni Vattimo.

Die Schönheit und Form der Liturgie bedeuten Handke sehr viel, so viel, dass die oft zu bemerkende Achtlosigkeit, mit der in unseren Kirchen Liturgie gestaltet und gefeiert wird, eigentlich beschämen müsste. Auch dazu eine Tagebuchnotiz Handkes: „Die Sanftheit, mit welcher der Priester das Evangelium rezitierte, war schon die Predigt; das sanfte Vorlesen genügte" (GB 198). Auch aus kirchlicher Sicht bedeutet das keine Abkehr vom Glaubensbekenntnis hin zu bloßer Ästhetik, zumal für uns ja Schönheit, Wahrheit und Güte an ihrer Wurzel verbundene Eigenschaften Gottes sind: Eines Gottes, von dem Handke nicht weiß, ob er an ihn glaubt. Merkbar ist also gewiss eine sensibel anzusprechende Distanz Handkes gegenüber dem expliziten „Credo in unum Deum" der Kirche, und ich möchte dazu eine Vermutung aussprechen: Im dramatischen Gedicht „Über die Dörfer", das auf Handkes Heimatort Griffen bezogen ist, greift – wie in griechischen Tragödien – in Gestalt der Nova eine „Dea ex machina" in einen Geschwisterstreit und den Verfall des Dorfes ein. In der langen Friedensrede der Nova, deren Pathos dem Autor Handke seitens einer areligiösen „political correctness" im deutschsprachigen Feuilleton viel Häme eingetragen hat, lautet einer der Appelle der Nova: „Lasst ab vom Gegrübel ob Gott oder Nicht-Gott: das eine macht sterbensschwindlig, das andere tötet die Phantasie, und ohne Phantasie wird kein Material Form; diese aber ist der Gott, der für alle gilt. Das Gewahrtwerden und Prägen der Form heilt den Stoff! Gottlos *allein* schwanken wir."[3]

Handke lässt die Kant'sche Frage, „ob ein Gott sei", in seinem Werk offen. Vielleicht steht dahinter die Entscheidung, einem Dilemma entgehen zu wollen: Der Glaube an einen jenseitigen personalen Gott könnte fragen lassen, ob dem Menschen dadurch die Freude an der Welt geschmälert und Todessehnsucht erweckt werden könnte. Andererseits würde ein erklärter Atheismus eine Reduktion der menschlichen Existenz auf krude Faktizität ermöglichen. Wohl angesichts dieser zwei Möglichkeiten zu einem Wirklichkeitsverlust und nicht aus Gleichgültigkeit bleibt – so scheint es – für Handke die Frage nach Gott offen und er erfährt und schafft Kunst als eine Form, die dem Menschen Würde und Bestand in seiner stets angefochtenen Existenz gibt.

Noch Vieles wäre über Handkes religiöse Dimensionen zu sagen, würde aber den hier gegebenen zeitlichen Rahmen überdehnen. Ich möchte daher nur mehr anregen nachzulesen, wie für Peter Handke das Antlitz des unschuldigen, hilflosen und spielenden Kindes zur Ikone und zur absoluten moralischen Instanz wird.

IV.

Abschließend kehre ich zur allgemeinen Frage zurück, was denn Kunst kann, soll und darf. Ich verbinde damit eine Erinnerung an meine Begegnungen mit Julien Green, der als letzter großer Schriftsteller des „Renouveau catholique" 1998 in Paris verstorben ist und am 21. August in der Klagenfurter Stadtpfarrkirche St. Egid bestattet wurde. Julien Green hatte ebenso wie Eugène Ionesco auf Vermittlung des mit ihm seit seiner Pariser Zeit sehr verbundenen Klagenfurter Schauspielintendanten Herbert Wochinz wiederholt Urlaubstage in Kärnten verbracht. Er besuchte mich in meinem Haus und bat um eine Grabstätte in einer Seitenkapelle der genannten Kirche gegenüber einem alten Marienbild. Ich konnte dem schließlich zustimmen und habe Jahre später in dieser Kirche für ihn das Requiem gefeiert. In der Predigt sagte ich: „Julien Green, der Amerikaner in Frankreich, in Europa, hat gewusst, was im Menschen ist. Er wusste um die *condicio humana* mit ihren Höhen und ihren Abgrün-

---

[3] Peter HANDKE, *Über die Dörfer. Dramatisches Gedicht*, Frankfurt/M. 1981, 117.

den. Er wusste, wie Blaise Pascal, um die Größe und das Elend des Menschen. Und er hat das Ringen zwischen göttlicher Gnade und menschlicher Sünde in seinem eigenen Herzen tief erlebt und erlitten." Das hier Gesagte gilt in Analogie auf freilich je meist unverwechselbare Weise für alle große Literatur und so auch für das *ingens opus* von Peter Handke und für seinen Erzählstrom, an dessen Ufer ich mich immer wieder einmal aufhalte, freilich ohne tief darin eintauchen zu können. Ich hoffe aber, dass ich dies später einmal noch werde tun können.

Peter von Matt hat an den Anfang seiner Rede zur Eröffnung der diesjährigen Salzburger Festspiele die Pathosformel „Kunst erleuchtet die Welt" gesetzt. Er hat diese Aussage dann durch Hinweise auf viele Paradoxien relativiert und schließlich doch wieder affirmiert. In dieser Spannung erscheint mir diese Formel auch als ein Wort über das literarische Schaffen von Peter Handke. Während Ingeborg Bachmann von sich gesagt hat „Denn ich habe zu schreiben. Und über den Rest hat man zu schweigen.", legt Peter Handke in seinem Werk sein Leben mit allem Licht und Schatten offen. Er hat zwar von sich gesagt „Ich bin nicht da, um anderen ein Beispiel zu geben.", aber er gibt doch vielen Menschen und so auch mir allgemein humane und auch religiöse Inspiration, wofür besonders nahe an seinem 70. Geburtstag zu danken ist.

Sätze vom Meer

Für Peter Handke

Arnold Stadler, Messkirch

29. Juni 2013 Ithaka – 6. Oktober 2013 Villa Eden

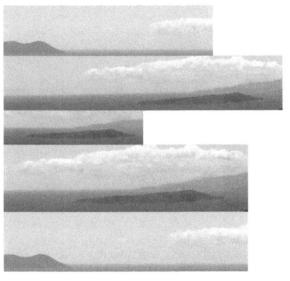

Die Insel hinter der Insel heißt Ithaka.
Was ist Glück? Nachher weiß es der Mensch und könnte ein Lied davon singen.

[Lieber Peter!]

I. Longeville

Einst ging ich durch ein Föhrenwäldchen im Sand gleich hinter der Dünung von Longeville sur Mer. Da sah ich es. Das Meer! Das blieb. Verblieb vielleicht noch das einzige Wort meiner Sprache, das ohne Ausrufungszeichen falsch geschrieben war. Und als ich nach Jahren und Zeiten wieder auf der Höhe derselben Dünung stand, im Begriff, mir selbst: das Meer! zu sagen, und schau! Da ist es wieder! sah ich das Blau, als reimte sich es sich auf meine Augen, als wären Augen und Meer ein Endreim, dabei waren sie doch nur jene zwei, zwischen denen meine Welt lag. Dort das Meer, hier meine Augen, und dazwischen nichts als die Welt. Wie schön! Dachte ich, als wäre alles ein Reim auf Blau, auch Anfang und Ende. Das ganze Blau, das nun weiterging über alle Tropen bis zu den Eisbergen.

Und davor und dazwischen die Menschen, so wie sie von Gott geschaffen waren oder nicht. Menschen, die auf Muschelsuche oder nach sonst etwas waren (im Wald waren es die Pilze), und möglicherweise auf der Suche nach sich selbst. (Und da dies – im Unterschied zu den Muscheln und Pilzen nicht möglich war ... Kurz: das war die Sehnsucht.)

Da stand er wieder am Anfang vom Ende der Welt. Da kam ein Kind, ein Junge, mit seinen Schwimmringen, seinen Eltern, Vater und Mutter. Und das Kind rief, als es das Meer sah: La Piscine! als wäre es nichts als ein Swimming Pool. Gehen konnte er schon und auch das Wichtigste sagen, aber noch nicht schwimmen. Wahrscheinlich lernte er es auf dem Rücken des Vaters in jenem Sommer, der Schnee von gestern ist, wie auch er. In diesem Meer.
Und du? fragte ich mich.
Was ist das Meer für dich?
Was ist das Meer anderes als das Meer?
‚Du mutest der Welle zu, daß sie dich kenne.' (Eine Gedichtzeile von Oberlin, auch lange her). Die Wellen und ich ... Als wären wir ein Paar, als könnten wir wir sagen?

Immer, wenn ich angekommen war und ich am Meer stand, war es so, als stünde ich vor dem Leben. Das Meer!
Mir blieb nichts übrig als Ja zu sagen und ich sagte noch einmal Ja!

So war es.
Das erste Schöpfungswort ist Ja. Das erste Wort war ein Ja – Sein Echo wird fortdauern bis zum Ende der Welt. Auch Licht und Meer sind Schöpfungsworte, und das Schönste ist das Unvergesslichste.
Ja, das Staunen gehört unbedingt an den Anfang des Sehens, vom Licht der Welt an.
Und dann auch wieder ans Ende, wenn wir die Augen schließen.
Licht reimt sich auf nicht – aber nur für die Blinden. Tatsächlich reimt es sich auf die Augen, die etwas im Brennenden Dornbusch sahen, auf die Jahre in der Wüste, und dann auf das Leben, auf Meer und auf Ja.

II. Mein erstes Lichtjahr

Als ich ein Kind war, spielte ich mit einer Inbrunst und einer Leidenschaft, dass ich die Zeit vergaß. Es war eine Ewigkeit. Und eines unserer Spiele hieß auch so: Ewigkeit. Wir wollten uns in die Ewigkeit vorzählen, beginnend mit der Wüsten- wie Meereszahl: 1 – Wer von da aus am weitesten kam in Richtung Lichtjahr, hatte gewonnen. Es war mit Rita und Marie Luischen, unten im Holzschopf an der Straße von Wien nach Paris. Hätte mich damals einer gefragt, Was hast du die ganze Zeit gemacht? hätte ich sagen können: Ich habe gelebt.

Und später, nach der Zeit gefragt, hätte ich mir sagen müssen: sie ist vergangen.

Ja, es war ein Leben unter freiem Himmel.

Das schwöre ich bei den Kondensstreifen am Himmel meiner Kindheit.

[...]

Ganz am Anfang meines Lebens, ich war damals zu Hause in der kleinen Kirche St. Michael, sah ich jahrelang auf mein erstes Bild: Es zeigt den heiligen Erzengel von Guido Reni, eine züchtige Kopie in wehrhafter Variante für den dörflichen Gebrauch, statt des blonden, wallenden Haares ein Helm. Dieser Engel war definitiv ein Mann, und keiner, der wie eine Frau aussah. Und am Himmel ein Bild desselben, da hinaufgemalt von Pater Tutilo aus Beuron. Dieser hinaufgemalte Himmel wurde bei einer Verschönerungsmaßnahme in den späten 60er Jahren heruntergeschlagen, weil das Bild, das die Kinder des Dorfes zeigte, wie sie schon als Engel im Himmel sind und musizieren, nicht mehr in die Zeit passte. Das war theologisch korrekt. Tutilo war der letzte Nachfahre der Beuroner Kunst, die nach dem Krieg überhaupt nicht mehr geschätzt wurde.

Das alles war mit der Genehmigung des Kirchenbauamtes geschehen, das ja schon ganz utilitaristisch dachte. Noch ein Bildersturm in der zeitgemäßen Variante der Nachkriegszeit: die Kirche als Mehrzweckhalle, der Seelsorger oder Priester als Eventmanager- die Gemeinde als ‚Seelsorge-Einheit', noch ein unschönes Wort von der Theologenseite.

Die meisten meiner ersten Menschen haben das Meer nie gesehen, nur wenn Krieg war vielleicht, so wie mein Vater. Es gab Menschen, die mir noch sagen konnten, wie es war, als der Strom und das elektrische Licht ins Haus kamen. Und das Lesen am Abend auf diese Weise mit einem Mal ein Kinderspiel war.

Menschen, die es nicht sagen konnten, wie es war, gab es auch bei uns.

Dazu muss der Mensch nicht vom Meer sein.

Landmenschen wie ich haben vielleicht auch über das Zählen des hauseigenen Viehs – und auf dem Friedhof über die Grabsteine – Zählen gelernt, und Schreiben auch. Noch mehr vielleicht über das Sehen.

Auch meine Großmutter hat das Meer nie gesehen.

Gleich hinter dem Schwackenreuter Wäldchen staunte sie über die Größe der Welt.

Ihr genügten die Augen.

Als dann das Fernsehen kam, hereingeschneit, aber nicht wie der Schnee, ließ sie sich die eigenen Augen nicht nehmen. Sie fing mit dem Fernsehen erst gar nicht mehr an.

Manche verharrten selbst noch vor dem Testbild, die Maschine nahm den Platz des Herrgottwinkels ein, wurde nachts abgedeckt, wie ein teurer Vogel.

Ach, das Fernsehen! Der Mensch ist verschieden, darin gleicht er sich.

Aber im Fernsehen hat sie doch zum ersten Mal das Meer gesehen, schwarzweiß auf 40x60 Zentimeter. Das war aber eine Enttäuschung.

Im Kino war sie auch nie: Sie konnte sich also nicht an ihren ersten Film erinnern. Und doch war sie ganz auf der Welt. Alles, was sie sah, verdankte sie ihren Augen, alles sah sie so, ganz unmittelbar, mit nichts dazwischen, die erste Erdbeere und den ersten Schnee.

Sie neigte auch schon zum Stolpern und Stottern – aber nur im ebenerdigen Bereich.

Da war sie verwandt mit Pater Tutilo, von dem ich nicht weiß, ob er je am Meer war, vielleicht auch nur im Krieg. (Ich kann ihn und keinen mehr fragen, der es wüsste.) Kam mit 20 nach Beuron, Stabilitas Loci ein Leben lang. Nur zu uns kam er dann noch mit seinen unvergesslich einfältigen Predigten. Wie er schaute! Sich die Kanzel hinaufwand, nichts sagte und schaute – zum Himmel hinauf, den er selbst hinaufgemalt hatte, und zu uns hinunter, über unsere Köpfe hinweg, über die der König der Perser weinte, Jahrhunderte vor unserer Zeit, weil er wusste, dass in hundert Jahren keiner von ihnen mehr da sein würde, ach, wie er schaute! Da lachten sie. Ja, da sahen sie wohl einen Heiligen und hörten die Hähne von ihren Einödhöfen her krähen. Sie krähten im Dreivierteltakt.

Und so auch jetzt: Ganz in der Nähe verlebt so ein Hahn wohl seine Jugend, die erste Liebe.

Oder ist es wie in der Fünften von Beethoven? Kikeriki-Kikeriki, Schicksalssymphonie vom 29. Juni, und Petrus weinte, bitterlich.

Die jungen Hähne übten, es war herzzerreißend.

Es floss viel Wein in all den Jahren, ja, und das erste Wunder galt auch gleich dem Wein.

Was ist schon ein halbes Jahrhundert, wenn es vorbei ist.

‚Riß im Himmel' – wertmindernd. So die Beschreibung eines Bildes bei der Auktion.

Dieser Himmel war ein Schnäppchen. Das furchtbare Wort Schnäppchen war noch furchtbarer, wenn es mit dem Wort ‚Himmel' konfrontiert wurde. Dessen Monstrosität lag in seiner Verkleinerung.

Heimatgefühle stellten sich ein, wenn ich zu den Wolken und ihrem Himmel aufschaute ... und ans Meer dachte, das ich dann zum ersten Mal an einem grauen Tag bei Cuxhaven sah, da, wo es sich nicht mehr sagen ließ, wo die Elbe aufhörte und das Meer begann.

Es gab Menschen, die bekamen Heimatgefühle über Staumeldungen im Verkehrsfunk zwischen Harburg und dem Maschener Kreuz ... und so fort.

Das war's! –

Selbst Bäuerinnen von einst fahren nun zum Discounter und kaufen H-Milch im Karton und fahren wieder in ihre Häuser zurück, die nur noch Bauernhausattrappen, in ihre Dörfer, die nur noch Dorfattrappen sind.

Der Gemüsegarten wurde stillgelegt vom Tag an, da es die Tiefkühltruhenkultur gab und der Eismann einmal in der Woche seine Ware ins Haus lieferte.

Sie waren schon auf Ko Samui und Djerba.

Eine Hellseherin hat meiner Mutter Dieses und Jenes vorausgesagt, was zweifellos eingetreten ist, wie das Glück und dann der Schmerz, in dieser Reihenfolge.

Und dann, im neunzigsten Jahr angekommen, sagte mein Vater: Wir sind nicht krank, sondern alt. Und meine Mutter konnte, nachdem sie die Wochen auf der Intensivstation überstanden hatte, wieder in den Garten. Der Sohn sagte: das ist ja toll! Sie sagte: Es ist Gnade.

III. Die Narren, die Dichter

Dichter können Ausflüge machen an Orte, wo zwei Zwerge um die Ecke kommen von heiligen Bergen herunter wie Menschen, die von den Einheimischen für Philosophen gehalten werden, weil ihr kleines Leben nicht alles sein kann.

Man sagt ja nicht linksfüßig, sondern linkshändig, damit begann meine Geschichte, das linkshändige Schreiben, das linkshändige Leben und Lesen. Schön die Erinnerung an ‚Die linkshändige Frau', an die erste Zeit nach dem Laufstall, die ersten Schritte. Es sah so aus, als wären sie frei.

Mein Bewusstsein orte ich beim Gehen in meinen linken Fuß.

Ach, die Steine meiner Erinnerung, die Steine und meine Sehnsucht, zu gehen, bis ans Meer, und dann das Wasser und ich sagte mir: hier bleibst du.

Der Stein bedeutete Gehen, das Wasser verhieß Bleiben, ist das nicht paradox?

Ach, das Meer, wenn es das Meer war, und nicht etwas anderes, das nur wie das Meer aussah, auf den Schiffen, auf der Straße, die wir Meer nennen, zwischen Leukée und Ithaka, im Morgen- und Abendlicht, unterwegs nach Patras.

Wir sagen Meeresstraße, Straße von Messina, Meeresstraße, als hätten wir so Boden unter den Füßen.
Der Mensch sagt ja nicht linksfüßig. Er ist zu Zeiten ein linkshändiges Wesen, das schreiben kann. Und doch: Mein Bewusstsein orte ich beim Gehen in meinen linken Fuß.
Ein solcher Tag wäre früher ein Frühlingstag gewesen, ein Abend voll von Ahnungen unter freiem Himmel; und mit in die Nacht hineinspielenden jungen Leuten, denen kein anderes Wort als Ja eingefallen wäre zum Leben.
Das Glück, das Meer und das Licht – und dann der sich einstellende Abschiedsschmerz, wenn ich sehe, dass ich mit meiner Zigarre schon auf halbem Weg angekommen bin.

IV. Die Insel hinter der Insel heißt Ithaka

Nach dem Mittagsschlaf fiel mir das Wort ‚selig' ein. Am Meer: Nur Schlafen war noch schöner als Hinausschauen. Weil Schlafen am Meer noch schöner ist als Hinausschauen.
Schauen, Hinausschauen. Ein Blick nach Ithaka. Mehr nicht.
Kann man mit dem Meer auf Augenhöhe sein?
Eher nicht.
Nach Poros hinüber, auf Augenhöhe mit den Fresken aus dem 14. Jahrhundert.
Die Frau kam aus Ithaka und fragte mich: haben Sie Enkel?
Coreoopsis – Mädchenauge – Blüte von Mai bis August – Nicht für den Verzehr geeignet – haben die eine Ahnung.
Ich sitze weithin sichtbar für jedes Zielfernrohr (und Google Earth), irgendwo zwischen Aktium, Lepanto und Waterloo.
Die Insel hinter der Insel heißt Ithaka.
Ein Schiff! – Das Verlangen fährt mit, bis es mit der Unendlichkeit verschwimmt.
Das Schönste dabei ist, dass es weitergeht als ich.
Es ist mein das Meer befahrende Verlangen in Blau.
Ein Kapitel des Lebens müsste ‚Vom Verlorengehen' heißen.
Meer der Seele – Hauptwerk des persischen Mystikers Al-Ghazali.
Oder ist das Meer jener Bauch, in dem alles verschwindet, wie der walisische Priester-Dichter sagt?

Und auf der Insel hörte ich dann:
Ach die vom Land, die wissen ja nichts, die haben ja keine Ahnung wie es am Meer ist.
Und Sätze, die mir sagten, wie es war, wenn Inselbewohner von den anderen redeten.
Inselmenschen sind aber auch Landmenschen, ja mehr als alle anderen.

Du, meine Sprache und ich, wir zwei sind immer in der Mehrheit! – Sich mit solchen Sätzen aus den Hirnen von Heiligen Mut zutrinken am Morgen, sich den schönen Tag und das leere Blatt und den drohenden Schreibtisch schöntrinken.

V. Das Meer ist Vieles

SÄTZE ÜBER DAS MEER

Das Meer und ich, wir zwei.
Das Meer wird vom Hinausschauen auch nicht kleiner

Wie ich den Wind haßte, die Gewalt von nichts über etwas.
Sätze vom Meer sind nur vom Land aus möglich.

Die Welt und das Meer sind voller Lebewesen, die es nicht sagen können.
Nur der Wal kann manchmal ein Lied davon singen.

Die Welt ist ein Meer, die Menschen sind die stolzen und die aufgeblasenen Wellen, das Ufer ist der Tod. (Abraham a Sancta Clara)
Das Meer ist ein Bild für alles, und du mutest der Welle zu, daß sie dich kenne. (Oberlin)
Das Meer ist das ganz Andere, Lachen und Weinen geht nicht, es ist so wie bei Bach und dem Himmel über ihm.
Kleiner Versuch über das Meer, und schon ist es Abend, ja, das Meer wurde vom Hinausschauen auch nicht kleiner.
Dies schrieb ich, als ich das Meer sah.
Das Meer war freilich nie enttäuschend.
Nur der Rest war enttäuschend zu Zeiten vielleicht.

Sätze vom Meer

Was ist das Meer anderes als ein Meer?
Ich rauchte, während hinaussah und schaute. Und dann der sich einstellende Abschiedsschmerz, als ich mit meiner Zigarre am Ende angekommen war.
Das Meer wurde vom Hinausschauen auch nicht kleiner, und was war schon mein Rauch gegen das Gewicht der Welt.

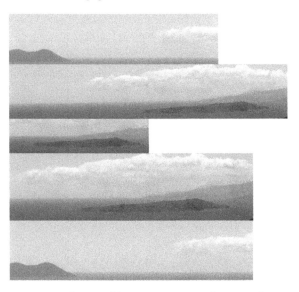

‚We are all waves of the same sea. We are all waves to the same sea.'
Mark Tobey

Das Meer: *So groß wie ein Vergissmeinnicht.*
‚*Die Dichter werden immer zu deinen größten Bewunderern zählen.*'

FINIS

Die Autorinnen und Autoren

Harald Baloch, Berater für Wissenschaft und Kultur des steirischen Diözesanbischofs

Andreas Bieringer, Akademischer Rat für Liturgiewissenschaft an der Julius-Maximilians-Universität Würzburg

Jakob Deibl, Wissenschaftlicher Mitarbeiter am Institut für Fundamentaltheologie der Katholisch-Theologischen Fakultät der Universität Wien

Anna Estermann, Universitätsassistentin für Neuere deutsche Literatur am Institut für Germanistik der Universität Salzburg

Peter Handke, Schriftsteller (zahlreiche Literaturpreise)

Hans Höller, em. Professor für Neuere deutsche Literatur am Institut für Germanistik der Universität Salzburg

Egon Kapellari, Bischof der Diözese Graz-Seckau

Klaus Kastberger, Wissenschaftlicher Mitarbeiter des Literaturarchivs der Österreichischen Nationalbibliothek und Privatdozent an der Universität Wien (www.handkeonline.onb.ac.at)

Helmuth Kiesel, Professor für Neuere deutsche Literaturgeschichte der Universität Heidelberg

Erich Kock, Schriftsteller und Publizist

Mirja Kutzer, Wissenschaftliche Mitarbeiterin am Institut für Katholische Theologie der Universität zu Köln

Johannes Neuhardt, Theologe und Kunsthistoriker, Apostolischer Protonotar

Elmar Salmann, em. Professor für Philosophie und Systematische Theologie an den Päpstlichen Universitäten Sant' Anselmo und Gregoriana

Arnold Stadler, freier Schriftsteller (Georg-Büchner-Preisträger 1999)

Alex Stock, em. Professor für Theologie und ihre Didaktik der Universität zu Köln

Jan-Heiner Tück, Professor für Dogmatik und Dogmengeschichte an der Katholisch-Theologischen Fakultät der Universität Wien

In gleicher Ausstattung
bereits erschienen:

Jan-Heiner Tück (Hg.)
Was fehlt, wenn Gott fehlt?
Martin Walser über Rechtfertigung –
theologische Erwiderungen
2013, 144 Seiten
ISBN 978-3-451-32658-5

HERDER